Institutionelle und Sozial-Ökonomie

vorher: Ökonomie und soziales Handeln

herausgegeben von
Adelheid Biesecker
Wolfram Elsner
Klaus Grenzdörffer

Band 5

Diskurs und Macht
Ein Beitrag
zur ökonomischen Handlungstheorie

Stefan Kesting

Centaurus Verlag & Media UG 1999

Der Autor, geb. 1965, Diplom-Ökonom, promovierte 1998 zum Dr. rer. pol. an der Universität Bremen. Er ist wissenschaftlicher Assistent am iiso (Institut für Institutionelle und Sozial-Ökonomie).

Die Deutsche Bibliothek – CIP-Einheitsaufnahme

Kesting, Stefan:
Diskurs und Macht : ein Beitrag zur ökonomischen
Handlungstheorie / Stefan Kesting. –
Pfaffenweiler : Centaurus Verl.-Ges., 1999
  (Institutionelle und Sozial-Ökonomie ; Bd. 5)
  Zugl.: Bremen, Univ., Diss., 1998
  ISBN 978-3-89085-946-0   ISBN 978-3-86226-863-4 (eBook)
  DOI 10.1007/978-3-86226-863-4

ISSN 0948-6178

Satz: Vorlage des Autors
Umschlaggestaltung: DTP-Studio, Antje Walter, Lenzkirch; Centaurus-Verlag

Inhaltsverzeichnis

1 Einleitung

Nachdem die wirtschaftswissenschaftliche Fachdiskussion in diesem Jahrhundert jahrzehntelang von vornehmlich makroökonomischen Problemstellungen beherrscht wurde, ist seit etwa zehn bis fünfzehn Jahren ein verstärktes Interesse an ökonomischer Handlungstheorie zu beobachten. Infragestellungen und Herausforderungen auf diesem Gebiet wie z. B. außerhalb des Faches durch den Soziologen Amitai Etzioni[1] oder innerhalb desselben z. B. durch Amartya Sen (vgl. Sen, 1990) haben Aufmerksamkeit erregt und eine neue Debatte ausgelöst. Eine Konsequenz des wachsenden Interesses für ökonomische Handlungstheorie sind Institutsneugründungen wie beispielsweise die des Sonderforschungsbereichs 504 *Rationalitätskonzepte, Entscheidungsverhalten und ökonomische Modellierung* der DFG an der Universität Mannheim[2] 1997. Im Zuge der wachsenden Beachtung, der sich ökonomische Handlungstheorie erfreut, gerät allerdings ein Aspekt noch relativ selten in den Blick: die Tatsache, daß Menschen, die ökonomisch handeln, nicht nur

---

[1] Etzioni schreibt in der Einleitung zu seinem Buch *The Moral Dimension — Toward a New Economics*: „We are now in the middle of a paradigmatic struggle. Challenged is the entrenched utilitarian, rationalistic-individualistic, neoclassical paradigm which is applied not merely to the economy but also, increasingly, to the full array of social relations, from crime to family (Etzioni, 1990: IX).

[2] Sein Forschungsprogramm gibt der Sonderforschungsbereich mit den Worten wieder: „The research program of the SFB 504 comprises the theoretical foundation, empirical analysis and economic application of behavior which cannot be described by standard expected utility theory. This research program involves projects from three different disciplines: business administration, economics, and social psychology (Sonderforschungsbereich 504, 1997).

über Preise und Geld miteinander kommunizieren, sondern sich auch ihrer Alltagssprache bedienen.

Zumindest die Lehrbuchversion des rational seine Nutzen maximierenden homo oeconomicus ist eine sprachlose Person. Um ihre Markttransaktionen auszuführen, ist es für sie nicht nötig, mit irgend jemandem zu sprechen. In der Theorie des ökonomischen Mainstream ist dieser homo oeconomicus nach dem Bild von Robinson Crusoe konstruiert, der alles und jede/n nur entweder als Ressource oder Beschränkung seiner maximierenden Kalkulation betrachtet. In der gegenwärtigen Theorieentwicklung der Neoklassik wird diese Konzeption jedoch erweitert. Donald McCloskey[3] verschiebt z. B. seine Kritik an der fehlenden Berücksichtigung sprachlich vorgetragener Argumente von der Wirtschaftswissenschaft auf den ökonomischen Alltag selbst, und die experimentelle Spieltheorie erbringt seit einiger Zeit zögerliche und deshalb umso überzeugendere Hinweise auf das Gewicht der Sprache als Koordinationsmedium für ökonomische Handlungen. Abgesehen von einigen wenigen Entwicklungen (vgl. Farrell, 1995) basiert die Spieltheorie aber immer noch weitgehend auf der Annahme des sprachlos seinen Nutzen maximierenden Individuums (vgl. Biesecker, 1996a: 10). Trotzdem kann die Spieltheorie als die im Rahmen des Mainstreams am weitesten an ihre Grenzen fortgeschrittene Theorie in dem Sinne interpretiert werden, daß der homo oeconomicus in ihr gemäß der Definition Max Webers zu einem sozialen Wesen wird[4]. Die

---

[3]Da ich mich hier hauptsächlich auf Texte beziehe, die sie vor ihrer Geschlechtsumwandlung geschrieben hat, verwende ich auch im folgenden den männlichen Namen, unter dem sie erschienen sind.

[4]Vgl. Weber, [1921]1972: 1.

AkteurIn der Spieltheorie beachtet die Handlungen der sie umgebenden anderen rationalen NutzenmaximiererInnen und bezieht sie in die strategische Planung der eigenen Handlungen mit ein. Anders ausgedrückt, es trifft in dem berühmten Gefangenendilemma Robinson auf seinen Freitag, und beide rechnen jeweils mit den Strategien des anderen.

Wie aber verändert sich die ökonomische Handlungstheorie, wenn man den Versuch unternimmt, Sprache in sie zu integrieren? Kann sie bleiben, wie sie ist, oder wird die Einführung von Sprache einige neue Dimensionen mit sich bringen? Albert O. Hirschman und Kenneth E. Boulding haben bereits in den sechziger Jahren damit begonnen, Sprache in die ökonomische Theorie aufzunehmen. Aus diesen Versuchen leitet sich die Annahme bzw. das Vorverständnis dieser Arbeit ab, daß Sprache als soziales Kommunikationsmittel eine ihr spezifische Produktivität besitzt. Diese Produktivität kann zur Entdeckung von neuen Lösungen für soziale und ökonomische Probleme und einer weniger kostenträchtigen Lösung von sozialen und ökonomischen Konflikten führen[5].

Der von Hirschman und Boulding beschrittene Weg, die Produktivität von Kommunikation in die wirtschaftswissenschaftliche Theorie einzuführen, kann mit Hilfe von Jürgen Habermas' *Theorie des kommunikativen Handelns* folgerichtig weitergegangen werden, denn diese mißt menschlicher Kommunikation eine ihr eigene Rationalität zu, die einen besonderen Aspekt der Produktivität von Sprache einfängt — nämlich, daß sie Werte bei der Koordination

---

[5]Adelheid Biesecker spricht deshalb vom „Diskurs als Entdeckungsverfahren" (vgl. Biesecker, 1996a: 16f).

ökonomischer Handlungen zur Geltung bringt, die bei Markttransaktionen nicht erfaßt werden. Die Übertragung von Habermas' *kommunikativem Handeln* aus der Lebenswelt in eine nunmehr auch lebensweltlich eingebettete Ökonomie bzw. der damit gleichbedeutende Austausch des Utilitarismus als philosophischem Fundament der Wirtschaftswissenschaft gegen die Diskursethik führt ÖkonomInnen wie Adelheid Biesecker und Peter Ulrich zur Entwicklung der *praktischen Sozialökonomie*. Die praktische Sozialökonomie verfügt mit dem kommunikativen Handeln über einen handlungstheoretischen Begriff, der den produktiven Einsatz von Sprache in der Ökonomie erklären kann.

Fallbeispiele praktischer Diskurse belegen, daß kommunikatives Handeln die gemäß Habermas und der praktischen Sozialökonomie zu erwartenden kreativen Lösungen tatsächlich erbringt. Gleichzeitig verweisen die Fallbeispiele darauf, daß Sprache nicht ausschließlich verständigungsorientiert verwandt wird, sondern daß über Sprache vermittelt auch Macht ausgeübt wird.

Macht sieht auch die praktische Sozialökonomie als primäres Hindernis für Verständigung und damit für die Entfaltung sprachlicher Produktivität im Diskurs an (vgl. u. a. Biesecker, 1996a: 16). Die Ausübung von Macht belegt sie handlungstheoretisch mit dem Begriff *strategisches Handeln*. Dieser Begriff greift jedoch zu kurz, um die Vielfalt des Machthandelns im Diskurs einzufangen. Strategisches Handeln, so wie es von der praktischen Sozialökonomie gebraucht wird, beinhaltet in der Regel nicht, daß von Diskursteilnehmenden sprachlich auf andere Einfluß genommen wird, um die eigenen Interessen durchzusetzen. Es fehlt der praktischen Sozialökonomie also eine systematisch entwickelte Begrifflichkeit für sprachvermitteltes Machthandeln im Diskurs (vgl. Biesecker, 1996a: 17). Dieser Mangel ist für sie insofern problematisch, als sie lebenspraktisch sein will, d. h. mit dem Anspruch antritt, theoretische Konzepte für praktische Diskurse zu entwickeln. Aus dieser theoretischen Lücke ergibt sich die zentrale Fragestellung dieser Arbeit: Wie kann sprachvermitteltes Machthandeln im Diskurs handlungstheoretisch abgebildet werden? Mit der Beantwortung dieser Frage leistet sie einen Beitrag zur Weiterentwicklung der ökonomischen Handlungstheorie und insbesondere des Handlungsmodells der praktischen Sozialökonomie.

Die Untersuchung beginnt mit einer Bestandsaufnahme der theoretischen Konzeptionen von Sprache in der ökonomischen Handlungstheorie, wobei besonderes Augenmerk auf die in ihnen berücksichtigten sprachtypischen qualitativen Elemente gelegt wird. Am Anfang steht McCloskeys Versuch, die Effizienz sprachlich koordinierter ökonomischer Handlungen aufzuzeigen (vgl. Teil 2.1). McCloskey bewegt sich mit seinen Hinweisen im Rahmen des ökonomischen Mainstream. Experimente der Spieltheorie belegen, daß Sprache als Koordinationsmedium die Kooperation der am Spiel Teilnehmenden nicht nur zu deren Gunsten, sondern sogar zugunsten Dritter erhöht (vgl. Teil 2.2). Albert O. Hirschmans Abgrenzung des sprachlichen Versuchs der Besserung ökonomischer und gesellschaftlicher Mängel (*Voice*) im Gegensatz zum nichtsprachlichen Mittel der Abwanderung (*Exit*), sowie seine Untersuchung des Verhältnisses beider Handlungsweisen zueinander stellt einen ersten Ansatz dar, Sprache in die ökonomische Handlungstheorie zu integrieren, wobei Hirschman durch das Hinzufügen der Haltung der Loyalität dem sprachli-

9

chen Handlungsmuster eine besondere Qualität verleiht, die marktförmiges Abwanderungshandeln nicht besitzt (vgl. Teil 2.3). Bei Boulding dient Kommunikation nicht so sehr dem Ziel der Aufhebung bestehender Mängel als vielmehr dem friedvollen Beilegen von Interessens- und Wertkonflikten (vgl. Teil 2.4). Seine Lösungen lassen sich als Unterkategorien von Exit und Voice ansehen, während sich seine Bedingungen für das Erreichen von Konsens und Kompromiß als Ausarbeitung der Haltung der Loyalität betrachten lassen. Habermas' kommunikatives Handeln und die mit ihm verbundene kommunikative Rationalität vermögen die bereits von Hirschman und Boulding im Ansatz entwickelte besondere Produktivität von Sprache als Koordinationsmittel auch ökonomischer Handlungen in sinnvoller Weise zu erklären (vgl. Teil 2.5). Die praktische Sozialökonomie nimmt Habermas' Gedanken auf und überführt sie in die Wirtschaftswissenschaft. Sie verfügt zwar mit dem kommunikativen Handeln über einen Begriff für die produktive Verwendung von Sprache, nicht aber über eine entwickelte Begrifflichkeit für den vielfältigen sprachvermittelten Einsatz von Macht in praktischen Diskursen (vgl. Teil: 2.6).

Die Fallbeispiele in Teil: 3 belegen das Potential der Sprache bei der Integration unterschiedlicher Werte und dem Entdecken neuer Lösungen für ökonomische Probleme und Konflikte. Um aufzuzeigen, welche Formen sprachvermittelten Machthandelns in praktischen Diskursen auftreten und wie Machthandeln in Diskursen wirkt, werden die Fallbeispiele auch daraufhin untersucht (vgl. Teil 3.1 - 3.5). Diskurse, die in der kritischen Öffentlichkeit ausgetragen werden, sind für die praktische Sozialökonomie neben Diskursen zum ökonomischen Ordnungsrahmen und solchen um und in Unternehmen die *Orte der Moral des Wirtschaftens* (vgl. Ulrich, 1997: 285ff). Die in dieser Arbeit untersuchten ökologisch-ökonomischen Fallbeispiele sind Diskurse in der kritischen Öffentlichkeit. Diese *Zumutbarkeitsdiskurse* (vgl. Ulrich, 1997: 162) sind näher am sozialökonomischen Ideal *entschränkter Kommunikation* (vgl. Ulrich, 1987: 356ff) als beispielsweise konkrete parlamentarische Debatten zur ökonomischen Ordnungspolitik, und es ist in ihnen eine größere Wertvielfalt gegeben als in zumeist bilateral geführten Unternehmensdialogen. Letztere stehen zudem in der Regel unter dem Primat der effizienteren wirtschaftlichen Tätigkeit der Unternehmen. Gerade die Vielfalt der Werte, von denen keiner von vornherein vorrangig ist, bietet in ökologisch-ökonomischen Fallbeispielen die Chance, die behauptete sprachliche Produktivität zur Lösung von Wertkonflikten sowie verschiedene Varianten sprachvermittelten Machthandelns zu beobachten. Die Fallbeispiele dienen in dieser Arbeit als Ausgangspunkt und Praxistest für die Bildung theoretischer Muster (*patterns*), sie folgt mit diesem Vorgehen dem Vorbild institutionalistischer Methodik (vgl. Reuter, 1994: 130ff).

Bevor aber die im Ansatz erfaßten theoretischen Muster sprachvermittelten Machthandelns in Diskursen in den folgenden Teilen weiterentwickelt werden, wird zunächst das in den Sozialwissenschaften weithin anerkannte und verwandte Einteilungsschema für Machthandlungen von Steven Lukes eingeführt und erläutert (vgl. Teil 4). Die Ausführungen zu Lukes Raster nehmen zwar relativ wenig Raum ein, sind aber an dieser Stelle nötig, weil es als ein hilfreicher Einteilungs- und Interpretationsrahmen für die folgenden sehr unterschiedlichen und vielschichtigen Machttheorien unerläßlich ist.

Um zu Ansatzpunkten für die handlungstheoretische Konzeption sprachvermittelten Machthandelns in Diskursen zu gelangen, werden im weiteren Verlauf der Arbeit die für die praktische Sozialökonomie konstitutiven Theoriegebäude — nämlich das Werk von Jürgen Habermas (vornehmlich seit Erscheinen der *Theorie des kommunikativen Handelns*, vgl. Teil 5) und die unterschiedlichen Strömungen der modernen Wirtschaftswissenschaft (vgl. Teil 6) auf deren Machtbegriffe hin untersucht. Insbesondere die Verknüpfung von Habermas' jüngster Weiterentwicklung seiner Theorie mit verschiedenen Theorieentwürfen des ökonomischen Neoinstitutionalismus führen zu einem handlungstheoretischen Modellentwurf sprachvermittelten Machthandelns im Diskurs (vgl. Teil 7).

2   Sprache in der ökonomischen Theorie

Im ersten Teil der Untersuchung wird der Frage nachgegangen, auf welche Weise bereits der Versuch unternommen wurde, Sprache als Koordinationsmittel ökonomischer Handlungen in die Wirtschaftswissenschaft zu integrieren. Ansätze finden sich am Rande der Neoklassik, im Rahmen des amerikanischen Neoinstitutionalismus sowie bei den VertreterInnen der praktischen Sozialökonomie. Die Unterabschnitte sind nicht chronologisch, sondern logisch entlang der von Ansatz zu Ansatz zunehmenden theoretischen Berücksichtigung und Ausarbeitung der besonderen qualitativen Elemente angeordnet, die mit der Versprachlichung ökonomischer Theorie verbunden sind.

2.1 Wirtschaft als Konversation

Der sich als Neoklassiker definierende Donald McCloskey befürwortet Sprache bzw. *rhetoric* in einem seiner Bücher (McCloskey, 1994: 367ff), sowie in einem neueren zusammen mit Arjo Klamer verfaßten Artikel nicht nur als sinnvolles methodologisches Hilfsmittel der Wirtschaftswissenschaft, sondern er beschreibt die Wirtschaft selbst als Konversation.

Mit Bezug auf Austins und Searles Sprechakt-Theorie zeigt McCloskey, daß Markttransaktionen Illokutionen im Sinne dieser linguistischen Philosophie sind (vgl. McCloskey, 1994: 369). Austin unterscheidet drei Perioden bzw. Elemente während eines Sprechaktes: Lokution, Illokution und Perlokution. Der Begriff *Sprechakt* wurde von Austin bewußt gewählt, um anzuzeigen, daß Sprechen und Tun in manchen Situationen eins sind[6]. Lokution bezeichnet die reine Äußerung von Sprache, die auch ein Monolog sein kann, der sich nicht direkt an eine Person richtet. Wenn Sprache benutzt wird, um sich an eine andere Person zu wenden, so wird diese Hinwendung von Austin Illokution genannt. Dieser Begriff steht also für die dialogische Phase, in der etwas zwischen den beiden Konversationspartnern passiert — in der die eine Person der anderen etwas übermittelt. Die durch die Äußerung des oder der Sprechenden ausgelösten Gefühle, Gedanken bzw. Reaktionen des oder der Angesprochenen, d. h. auch dessen bzw. deren Handeln aufgrund der Äußerung nennt Austin Perlokution.

---

[6]Der Titel des Buches, in dem er seine linguistische Theorie entwickelt, lautet: *How to Do Things with Words.*

Das Beispiel von Donald Trump[7] dient McCloskey dazu, die Bedeutung herauszustellen, die der Fähigkeit zukommt, andere mit überzeugenden Argumenten zu einem Geschäftsabschluß zu bewegen. Er spricht von *the art of felicitous speech acts* (McCloskey, 1994: 370). Für ihn ist die Kraft zu überzeugen die herausragende Eigenschaft der schumpeterschen UnternehmerIn, durch die sie z. B. Banken dazu bewegt, in ihre Erfindungen zu investieren (vgl. McCloskey, 1994: 372).

Neben dem Überzeugen ist Vertrauen Teil der Ökonomie der Sprache. McCloskey stellt heraus, daß der unternehmerische Erfolg bestimmter religiöser oder ethnischer Gruppen wie der Altgläubigen in Rußland während des achzehnten und neunzehnten Jahrhunderts oder der AuslandschinesInnen heute in Südostasien auf *reputational gossip*, also dem durch Klatsch und Gerücht verbreiteten Ansehen, aufgebaut ist. Aus dem *reputational gossip* leitet sich Vertrauen ab, weil ein Kaufmann so den Ruf des anderen kennt (vgl. McCloskey, 1994: 373). Er weist zudem darauf hin, daß eines der Charakteristika der Konversation darin besteht, nur das zu sagen, von dessen Wahrheit man überzeugt ist, und konstatiert: „A conversation of liars would end in paradox" (McCloskey, 1994: 373). Außerdem legt McCloskey dar, daß Kooperation im Unternehmen wie z. B. Teamwork darauf basiert, daß KollegInnen miteinander sprechen (vgl. McCloskey, 1994: 374) und daß die offensichtlichste Form ökonomischer Verwendung von Sprache selbstverständlich in der Werbung zu finden sei (vgl. McCloskey, 1994: 375). Ohne sie würde niemand, der gerade

---

[7]Trump ist ein amerikanischer Millionär, dem es gelungen ist, nach Verlust seines gesamten Vermögens erneut zu Reichtum und Wohlstand zu gelangen.

auf der Autobahn unterwegs sei, vom Holiday Inn an der nächsten Ausfahrt wissen. Schließlich macht McCloskey die ökonomische Relevanz von Sprache auch an der Wertpapierbörse aus:

> The chatter in the stock market — that model of economic behavior — is still another example of talk in the economy. Portfolio managers talk full time to decide on buying or selling. Stockbrokers talk to clients and to each other (McCloskey, 1994: 375).

In einem neueren Artikel zitiert McCloskey Adam Smith[8] und berechnet, daß schätzungsweise ein Viertel des Volkseinkommens der USA durch überzeugendes Sprechen (*persuasive talk*) produziert wird (vgl. McCloskey, 1995: 194).

McCloskey trägt eine Fülle von Argumenten für die ökonomische Relevanz des Überzeugens mit sprachlichen Mitteln zusammen. Ist aber der erfolgreiche Versuch einer ökonomischen AkteurIn, eine andere ökonomische AkteurIn dazu zu bewegen, das zu tun, was sie will, eine ausreichende Beschreibung der Produktivität von Kommunikation als Koordinationsmittel ökonomischer Handlungen? McCloskey schreibt: „Illocutions are about intended persuasion" (McCloskey, 1994: 369) und reduziert mit dieser Formulierung Austins Konzept der Illokution zu einem Mittel des im eigenen Interesse handelnden homo occonomicus. Ist diese Beschreibung vereinbar mit Austins Beispiel des Eheversprechens (*I thee wed*), das einen typischen Sprechakt repräsentiert und von McCloskey in seinem Text zitiert wird? Tatsächlich ist das

---

[8]„Every one is practicing oratory on others thro the whole of his life" (Adam Smith zitiert in: McCloskey/Klamer, 1995: 193).

15

Eheversprechen wohl eher der formale Sprechakt, mit dem die Heirat vollzogen wird, als der gelungene Versuch, im Interesse eines der beiden Gatten zu überzeugen. Nicht eingeschlossen in McCloskeys engen zielorientierten Begriff des Überzeugens (*persuasion*) sind Illokutionen ökonomisch Handelnder, die dazu dienen, eine Beziehung miteinander anzuknüpfen oder Illokutionen, die auf das Verständnis der Werte oder Weltbilder des Gegenüber gerichtet sind. Diese Aspekte der Illokution klingen an, wenn McCloskey auf den der Sprache inhärenten Drang zur Wahrheit verweist, doch er verfolgt diesen Gedanken nicht weiter, sondern führt statt dessen einen instrumentellen Begriff des Vertrauens (vgl. McCloskey, 1994: 372f) ein. Vertrauen, so wie er es faßt, ist nichts weiter als eine Form des Kredits — ein Vertrauensvorschuß, der anderen ökonomischen AkteurInnen zugebilligt wird, gegründet auf die Informationen über das Ansehen der Person aus den umlaufenden Gerüchten (*reputational gossip*). Es basiert nicht auf den sozialen, emotionalen und moralischen Bindungen, die in einer ethnischen oder religiösen Gemeinschaft durch geteilte Werte und Weltanschauungen entstehen. Indem er Begriffe wie Illokution und Vertrauen verwendet, nähert sich McCloskey den Grenzen, die durch das Menschenbild der orthodoxen ökonomischen Theorie gesetzt sind; er überschreitet diese jedoch nicht[9], denn ökonomische Ak-

---

[9]In einem Diskussionsbeitrag, den Deirdre McCloskey für das *Journal of Feminist Economics* verfaßt hat, schreibt sie zum einen: „Love is in this regard the opposite of market exchange" (McCloskey, 1996: 138) und schlägt andererseits als Ausgangspunkt für die feministische Ökonomik vor: „One place to start is with the observation that markets cannot work without trust ..." (McCloskey, 1996: 139). Wie allerdings das Verhältnis von Liebe zu Vertrauen zu denken ist, läßt sie in diesem kurzen Beitrag offen. Wenn sie einen Zusammenhang zwischen Liebe und Vertrauen sähe, so wären die Grenzen einer rein auf

teurInnen verwenden in seiner Perspektive Sprache erfolgsorientiert. Diese Haltung zum Gegenüber verändert sich auch durch Kommunikation nicht.

2.2 Experimentelle Spieltheorie

Experimente, basierend auf der Spieltheorie, belegen die Bedeutung der Kommunikation für die Wahl der ProbandInnen zwischen kooperativem und nicht-kooperativem Handeln. Dawes, van den Kragt und Orbell haben in den letzten zwanzig Jahren eine Serie von Experimenten durchgeführt, in deren Verlauf sie Kleingruppen von zufällig ausgewählten Personen gestattet haben, sich zehn Minuten miteinander zu unterhalten, bevor sie im Experiment eine Dilemma-Situation miteinander durchspielten. Die Ergebnisse aus diesen Experimenten wurden mit solchen von Kontrollgruppen verglichen, die vor dem Experiment nicht miteinander kommunizieren konnten. Der Abstand in der Rate der Kooperation beider Gruppen ist frappierend (vgl. fig. 6.1, Dawes et al., 1990: 104): Ohne Diskussion gaben zwischen 30 und 45 Prozent[10] der ProbandInnen einen kleinen Geldbetrag, der sich zum Nutzen aller SpielteilnehmerInnen auswirkte, sofern eine gewisse vorher festgelegte Anzahl der anderen SpielteilnehmerInnen ebenfalls eingezahlt hatte. Die freigebigen (kooperativen) SpielteilnehmerInnen riskierten also, ihre Einzahlung zu verlieren, falls nicht genügend andere ebenfalls einzahlten. Die Alternati-

---

kalkulatorischer Rationalität basierenden neoklassischen Theorie überschritten.

[10]Die Bandbreite ergibt sich aus einigen Details im Design der jeweils durchgeführten Spielsituationen (so z. B. ob der eigene Beitrag für die eigene Prämie anrechenbar ist oder nicht).

ve zur Einzahlung bestand für die Spielenden darin, den kleinen Geldbetrag einzustecken und nach Hause zu gehen, was die meisten Versuchspersonen der Kontrollgruppe ohne Kommunikation auch taten. Wurde allerdings ein kleines Gespräch unter den ProbandInnen vor den selben Spielsituationen zugelassen, so lieferten zum Vorteil aller TeilnehmerInnen zwischen 75 und 85 Prozent[11] der Versuchspersonen einen Beitrag (vgl. Dawes et al., 1990: 103).

Nachdem einige Veränderungen im Aufbau der Experimente vorgenommen wurden, um die Hypothesen auszuschließen, daß diese hohen Kooperationsraten lediglich auf bindende Versprechen oder die Erwartung einer wahrscheinlichen Auszahlung, falls die anderen SpielteilnehmerInnen annahmegemäß kooperieren würden, zurückzuführen seien (vgl. Dawes et al., 1990: 108), folgerten Dawes et al. aus ihren Experimenten, daß die wichtigste Variable zur Erhöhung der Kooperation die Gruppenidentität ist, die durch Kommunikation aufgebaut wird. In ihren Worten: „Cooperation is a function of group interactions" (Dawes et al., 1990: 109).

Dem durch Dawes et al. beschrittenen Weg folgten die Schweizer ÖkonomInnen Iris Bohnet und Bruno S. Frey, die unterschiedliche Varianten spieltheoretischer Experimente (Diktator- und Ultimatum- anstatt sogenannter *assurance*-Spiele) durchführten (vgl. Bohnet/Frey, 1995) und zudem versuchten, andere Gründe für Kooperation auszuschließen. Bohnet und Frey ermittelten noch stärkere Hinweise als Dawes et al. darauf, daß Kommunika-

---

[11]Die Bandbreite ergibt sich wieder aus einigen Details im Design der jeweils durchgeführten Spielsituationen.

tion zu kooperativem Handeln führt. In einer Tabelle, in der Bohnet und Frey die unterschiedlichen Motivationen zur Kooperation ihrer Versuchspersonen aus verschiedenen Experimenten bewerten, kommen die AutorInnen zu dem Ergebnis, daß die besten Resultate in Bezug auf die Kooperation (78%) durch Kommunikation erzielt werden und der Einfluß der Gruppenidentität, die aufgrund nichtsprachlicher Identifikation entsteht, weit geringer (23%) ausfällt (vgl. Bohnet/Frey, 1995: 178). In später durchgeführten Experimenten untersuchten Bohnet und Frey den Einfluß weiterer Charakteristika der ProbandInnen wie: Geschlecht[12], Religiosität, sozialer Druck, Kenntnis des Spiels, Studienanfang und Studienfach[13]. Bohnet und Frey entschieden sich zudem dafür, ihre ProbandInnen danach zu fragen, ob sie miteinander sprechen wollen, bevor sie in die Spielsituation eintreten und waren durch die hohe Nachfrage nach Kommunikation, selbst von seiten der *Diktatoren* im sogenannten Diktatorspiel, überrascht (vgl. Tab. 16, Bohnet/Frey, 1995: 195).

Ein Experiment, in dem ein sogenannter *Diktator* vor die Aufgabe gestellt wird, einen kleinen Geldbetrag zwischen sich und zwei weiteren Versuchspersonen aufzuteilen, zeigt, daß dieser in der Regel eher bereit ist, der Person zu geben, mit der vor dem Experiment ein kleines Gespräch stattgefunden

---

[12]Frauen kooperieren nach einem Gespräch häufiger als Männer.

[13]Die Mehrzahl der Versuchspersonen waren Studierende, davon wiederum die meisten solche der Ökonomie mit unterschiedlicher Fachsemesterzahl. Bekanntlich neigen besonders die Studierenden der Ökonomie dazu, gemäß dem von ihrem Fach propagierten Menschenbild zu handeln (vgl. Marvel, 1981). Eine Überprüfung dieser Experimente legt nahe, daß diese Übernahme für männliche, nicht aber unbedingt für weibliche Studierende der Ökonomie gilt (vgl. Seguino et al., 1996).

hat, nicht jedoch der Person, die er nicht kennt. Sprache kann also auch einen Ausschließungseffekt haben, wenn einige Personen sich ihrer bedienen dürfen, andere jedoch nicht (vgl. Frey/Bohnet, 1997: 30f). Andererseits haben Dawes et al. bereits 1988 in einem Experiment demonstriert, daß Kommunikation Kooperation auch dann erhöht, wenn die NutznießerInnen nicht der eigenen Gruppe angehören. Bohnet und Frey fassen das Ergebnis dieser Forschung wie folgt zusammen:

> . . . Communication raises cooperation even when the benefits go to others. Cooperation increases from 38% under anonymity to 79% in the *in-group* communication setting, and from 20% under anonymity to 30% in the *out-group* communication setting (Frey/Bohnet, 1997: 31)[14].

Das *in-group setting* ist eine experimentelle Spielsituation, während der die Gewinne, die durch Kooperation der Teilnehmenden erzielt werden, auch diesen selbst zugute kommen. Im *out-group setting* werden die Kooperationsgewinne dagegen an eine andere Gruppe von Personen ausgeschüttet.

Die Schweizer ÖkonomInnen schließen aus ihren Experimenten, daß Sprache eine bedeutende Rolle bei der Lösung sozialer Probleme spielt, insbesondere wenn es um öffentliche Güter geht. Sie schlagen vor, immer dann auf Kommunikation zu setzen, wenn Markt und Staat keine anwendbaren Lösungswege bieten (vgl. Bohnet/Frey, 1995: 199). An anderer Stelle schreiben sie:

---

[14]Wenn von mir nicht ausdrücklich anders gekennzeichnet, entsprechen die Hervorhebungen in diesem wie auch in allen folgenden Zitaten immer denen des Orginals.

Verbal communication is of great importance in all areas of the economy beyond perfect competition (Frey/Bohnet, 1995: 292).

Während Dawes et al. feststellen: „cooperation is a function of group interaction" (Dawes et al., 1990: 109) und die besondere Qualität der Kommunikation auf die Kategorie *Gruppenidentität* zurückführen, erleichtert Kommunikation in Bohnets und Freys Interpretation nicht so sehr die Identifikation mit einer bestimmten Person oder Gruppe, sondern die Identifikation mit dem menschlichen Gegenüber im allgemeinen und führt zu dem, was sie „other regarding behaviour" nennen (vgl. Frey/Bohnet, 1997: 29). Außerdem verweisen Bohnet und Frey darauf, daß die Spieltheorie ihre Beschränkung auf strategisches Handeln und die Ausklammerung des *Handelns mit Rücksicht auf die anderen* zwar bereits früh erkannt habe, aber dennoch bis heute daran festhalte, daß Sprache lediglich zum Austausch von Informationen und immer strategisch verwandt werde (vgl. Bohnet/Frey, 1994: 342). Die besondere Produktivität der Sprache sehen Bohnet und Frey darin, daß sie moralisches Handeln erzeugt und die kognitiven Fähigkeiten verbessert und somit effizienzsteigernd wirkt:

Communication may indeed be understood as an efficiency enhancing mechanism (Bohnet/Frey, 1994: 344).

Während die Neoklassik von starren Präferenzen ausgehe, veränderten die Teilnehmenden im Prozeß der Diskussion ihre Meinung und würden sich durch die Beteiligung laut Albert O. Hirschman viel stärker mit dem jeweiligen Thema bzw. Problem identifizieren (vgl. Hirschman, 1995c zitiert

21

in: Bohnet/Frey, 1994: 344f). Unter anderem inspiriert von Jürgen Habermas' *idealer Sprechsituation*[15] (vgl. Habermas, 1983 zitiert in: Bohnet/Frey, 1994: 346) und Benjamin Barbers *Starker Demokratie* (vgl. Barber, 1994 zitiert in: Bohnet/Frey, 1994: 344) sehen sie die besondere Produktivität der Sprache, die von der Spieltheorie nicht berücksichtigt werde, darin, daß sie neue alternative Lösungen für Probleme entdecken und entwickeln helfe (vgl. Bohnet/Frey, 1994: 346ff).

Zusammenfassend läßt sich feststellen, daß es Bohnet und Frey mit Hilfe der spieltheoretischen Experimente nicht nur gelungen ist, die Grenzen einer allein auf strategischem Handeln fußenden ökonomischen Handlungstheorie aufzuzeigen, sondern auch die in der Sprache liegenden Potentiale herauszustellen. Als Folgerung daraus fordern sie jedoch lediglich die *Begründung einer ökonomischen Kommunikationstheorie* (vgl. Bohnet/Frey, 1995: 199). Diese Begriffswahl deutet auf eine eingeschränkte Betrachtung der Sprache als Mittel eines seine Zwecke maximierenden homo oeconomicus hin. Die Forschungsergebnisse der Schweizer ÖkonomInnen, daß Kommunikation *other-regarding behaviour* erhöhe (vgl. Frey/Bohnet, 1997: 25) und Kooperation zugunsten Dritter fördere (vgl. Frey/Bohnet, 1997: 31f), gehen jedoch über das strategische Handlungsmodell des auf seinen eigenen Nutzen bedachten homo oeconomicus hinaus. Wenn durch Kommunikation andere einbezogen werden, und nicht nur kalkulatorisch als Gegner und Beschränkung der eigenen Nutzenmaximierung, so bedeutet dies eine handlungstheoretische Grenzüber-

---

[15]Bohnet und Frey sehen ihre Ergebnisse inzwischen zum Teil als Bestätigung von Habermas' Theorie des kommunikativen Handelns, vgl. Frey/Bohnet, 1997: 26.

schreitung weg vom rein strategischen Modell. Ein solches Potential der Sprache, das nicht mehr aus Nutzenerwägungen und Erfolgsorientierung heraus erklärt werden kann, legt eher die Suche nach einer kommunikativen ökonomischen Theorie statt einer ökonomischen Kommunikationstheorie nahe.

2.3   Abwanderung und Widerspruch

Zwei bedeutende Theoretiker des institutionalistischen bzw. sozio-ökonomischen Denkens haben bereits vor etwa dreißig Jahren den Versuch unternommen, Sprache als Koordinationsmittel in die ökonomische Theorie zu integrieren: Albert O. Hirschman und Kenneth E. Boulding. Während Boulding sich an verschiedenen Stellen seines thematisch weitgespannten Werkes mit der Bedeutung von Sprache für die ökonomische Theorie befaßt (vgl. Teil 2.4), konzentriert sich Hirschmans Versuch auf sein Buch *Exit, Voice, and Loyalty* und eine Reihe ergänzender Aufsätze und Diskussionsbeiträge zur Rezeption dieses Buches, die Hirschman bis heute immer wieder verfaßt[16].

In *Exit, Voice, and Loyalty* definiert Hirschman zwei bzw. drei (wenn man Loyalität einschließt) grundsätzliche Handlungsmuster, die es Mitgliedern von Organisationen oder auch ganzen Gesellschaften ermöglichen, diese sozialen Einheiten zu verbessern. In seinem Buch untersucht Hirschman die komplexe Beziehung dieser Handlungsmuster zueinander.

---

[16]Zuletzt erschien beispielsweise 1993 ein Aufsatz, der das Exit/Voice-Konzept auf den deutschen Vereinigungsprozeß anwendet (vgl. Hirschman, 1995a: 9-44). Die Verwendung von Voice als Machtmittel in Gestalt von rhetorischen Mustern, die Hirschman in seinem Buch *Denken gegen die Zukunft* diskutiert, wird in Teil: 6.5.4 behandelt.

Die Abwanderungs- oder Exit-Option[17] (Handlungsmuster Nr. 1) beschreibt das sprachlose Handeln des homo oeconomicus, wie es sich in dem in der neoklassischen Theorie angenommenen typischen Marktverhalten zeigt: Wenn die Preise eines bestimmten Produkts steigen oder dessen Qualität sinkt, sucht sich die KundIn ein Alternativprodukt (vgl. Hirschman, 1970: 4). Ebenso wird das Mitglied eine Organisation verlassen, wenn diese nicht mehr seinen oder ihren Nutzen maximiert und die StaatsbürgerIn wird aus einem Nationalstaat mit sich verschlechternden Lebensbedingungen emigrieren.

Die Widerspruchs- oder Voice-Option (Handlungsmuster Nr. 2) beinhaltet eine alternative, auf Verbesserung der Gesellschaft abzielende Handlungsform. Hier erheben Stakeholder (Betroffene und Beteiligte) ihre Stimme, beginnen sich zu beschweren oder setzen einen Diskurs mit anderen in Gang, um ihre Lebenssituation zu verbessern. Hirschman unterscheidet zwei gleichberechtigte Motivationen für das Ergreifen von Voice:

> In societies with freedom of speech and association, concerns about those matters tend to mobilize the people who are immediately affected as well as citizens who are sensitive to more or less widely shared feelings about social justice. These groups make demands for corrective action and reform, demands that are based *both on self-interest and on genuine concern for the public good,* ... (Hirschman, 1995: 243).

---

[17]Fortan verwende ich wegen ihrer Kürze und Prägnanz Hirschmans englische Originalbegriffe *Exit* und *Voice* anstatt ihrer deutschen Übersetzungen Abwanderung und Widerspruch.

Das letztgenannte Handlungsmuster findet sich sowohl innerhalb von Märkten[18] (vgl. die Teile 2.1 und 2.4 zu McCloskey und Boulding) als auch in Mediations- oder Verhandlungsprozessen sowie Disputen über eine ganze Reihe von Themen mit ökonomischer Bedeutung.

Hirschman betrachtet die Beziehung der Voice-Option zu den anderen zwei Handlungsmustern als außerordentlich komplex. Auf der einen Seite meint er, daß Menschen, die vor der Entscheidung stünden, davonzulaufen oder ihre Stimme zu erheben, in den meisten Fällen versucht seien, die erste Alternative zu wählen (d. h. den Weg des geringsten Widerstandes zu gehen) (vgl. Hirschman, 1970: 33 und 43). Wenn die Zahnpasta A beispielsweise schlecht schmeckt, wird der oder die ökonomisch Handelnde eben beim nächsten Mal die Marke B kaufen. Auf der anderen Seite sieht er Voice als wahrscheinliche und lebenstüchtige Option an, wenn eine gute Chance bestehe, eine Verbesserung zu erzielen, indem die soziale Einheit durch verbales Überzeugen in die gewünschte Richtung verändert wird. Wenn andererseits die Risiken, die mit der Exit-Option verbunden sind, hoch seien, sei wiederum die Voice-Option diejenige, die mit größerer Wahrscheinlichkeit ergriffen werde (vgl. Hirschman, 1970: 38). In diesem Fall sei Exit die letzte Option, die sich die Handelnden für die Möglichkeit offenhielten, daß ihr Widerspruch erfolglos bleibe (vgl. Hirschman, 1970: 37). Hirschman weist darauf hin, daß Gefühle der Loyalität unter den Mitgliedern einer Organisation, KundInnen

---

[18]„Doch die meisten realen Märkte enthalten Elemente von Widerspruch. Handel *ist* Kommunikation und gründet auf einem engen und beständigen Kontakt zwischen den Vertragspartnern, die sich auf ihre Absprachen verlassen und ihre Ansprüche und Beschwerden einvernehmlich regeln — ... " (Hirschman, 1993: 178).

einer Firma oder StaatsbürgerInnen eines Landes in der Tendenz bewirkten, daß Exit eingegrenzt und zu Voice ermutigt werde (vgl. Hirschman, 1970: 78 und 82). Loyalität, so wie Hirschman sie verwendet, ist somit weniger ein eigenständiges Handlungsmuster neben Exit und Voice als vielmehr eine bestimmte Haltung, die mit der Voice-Option verbunden ist und diese erleichtert[19]. Besonders in Fällen, in denen Voice benutzt oder benötigt wird, um kreative soziale Lösungen hervorzubringen (vgl. Hirschman, 1970: 80), ist Loyalität zu den betreffenden sozialen Einheiten notwendig, weil Voice mit einem bedeutenden Aufwand im Vergleich zu Exit belastet sein kann. Voice kann, um es anders auszudrücken, eine ziemlich kostspielige Handlungsoption sein. Daneben ist Voice auch ohne Loyalität immer dann die vorteilhaftere Problemlösungsvariante, wenn Kreativität vonnöten ist, weil das Problem mit großer Unsicherheit und Unwissenheit behaftet ist, wie Hirschman schreibt:

> Generalized ignorance and uncertainty about what one is after exist typically when motivation to solve a problem is outrunning understanding, and this situation arises in turn when there are pressing *public* demands to „do something" about a poorly understood problem. In such situations, then, the use of voice rather than exit is to be expected and recommended on both counts (Hirschman, 1981a: 221).

---

[19]Eine ähnliche Haltung, die in etwa der der Loyalität entspricht, beschreibt Hirschman in einem Beitrag für die *American Economic Review*, in dem es um die Vorteile fester Überzeugungen geht: „Might they learn to value both having opinions and keeping an open mind, to mix the delights of winning an argument with the pleasures of being good listeners ... " (Hirschman, 1995c: 82).

Neben dem Einfluß von Loyalität kann auch, anders als oben geschildert, die Möglichkeit von Exit Voice nicht behindern, sondern verstärken. So besteht laut Hirschman auch die Variante einer Wirkung von Exit auf Voice, bei der die Drohung mit Abwanderung die Verhandlungsmacht der Personen verstärkt, die sich entschieden haben, ihre Beschwerden oder Ansichten zu äußern (Hirschman, 1970: 82)[20]. Hirschman betont allerdings, daß selbst die KundIn, die StaatsbürgerIn oder das Mitglied einer Organisation, die nirgendwohin entfliehen könnten, deshalb noch nicht machtlos seien (vgl. Hirschman, 1970: 70). Diesen Personen bleibe nichts anderes übrig, als ihre Stimme zu erheben, und gerade deshalb nähmen sie nicht unbeträchtlichen Aufwand auf sich, um gehört zu werden. Hirschman verstärkt dieses Argument später sogar noch, indem er schreibt, daß gerade die Unsicherheit, ob sich eine bestimmte gesellschaftliche Problemlösung durchsetzen wird, auf Seiten ihrer Verfechter zu besonderen Anstrengungen führen könne (vgl. Hirschman, 1981a: 216f). In diesem Zusammenhang weist er auch auf eine Voice inhärente intrinsische Motivation hin:

> However, it is in the nature of *the* „public good" or *the* „public happiness" that striving for it cannot be neatly separated from possessing it. This is so because striving for the public happiness will often be felt not so much as a cost, but as the closest available substitute for it (Hirschman, 1981a: 216).

Wenn Unternehmen mit diesem Drang von Stakeholdern rechnen, sich öffent-

---

[20]Die verstärkende Wirkung von Exit auf Voice sieht Hirschman am Beispiel der Auflösung der DDR bestätigt (vgl. Hirschman, 1995a: 13 und 24ff).

lich für ihre Belange einzusetzen, werden sie folgerichtig versuchen, die Ablehnung zu minimieren. Das gilt insbesondere für diejenigen unter ihnen, die eine Monopolstellung einnehmen:

> ...in addition to maximizing profits the firm will tend to minimize discontent of its customers for the highly rational purpose of earning good will or reducing hostility in the community of which it is part[21] (Hirschman, 1970: 63).

Hirschman nennt auch ein die Produktivität von Voice unter Umständen einschränkendes Element: Voice kann von denen, die sie ergreifen, anstatt im öffentlichen Interesse auch allein dazu genutzt werden, die Interessen der Personen zu befördern, die an einem Diskurs teilnehmen, während die Interessen der *schweigenden Mehrheit* übergangen werden (vgl. Hirschman, 1981: 242f und Teil: 2.2). Bourdieu weist allerdings in einer Auseinandersetzung mit Hirschman darauf hin, daß dieses Problem delegierter bzw. institutionalisierter Voice, nämlich des Abweichens der SprecherIn von den Intentionen derjenigen, die sie vertritt, sich dadurch löse bzw. im Zaum gehalten werde, daß in diesem Fall eine andere Person die Rolle der wahren VertreterIn übernehmen würde (vgl. Bourdieu, 1986: 301f).

Hirschman zeigt die Bedeutung von Voice für die Ökonomie insbesondere in Situationen, wo die Exit-Option (d. h. Marktlösungen) für *Public Goods*

---

[21]Ein Buch von zwei Mitgliedern des *MIT-Harvard Public Disputes Program*, Lawrence Susskind und Patrick Field trägt den Titel: *Dealing with an Angry Public: The Mutual Gains Approach to Resolving Disputes* und ist eine Anleitung für Manager, die das im Zitat umrissene Ziel erreichen wollen.

(and Evils) (Hirschman, 1970: 98ff) nicht existiert. Außerdem legt er die hochkomplexen Wechselbeziehungen zwischen den Handlungsmustern Voice und Exit offen[22]. Während McCloskeys Begriff des Überzeugens (*persuasion*) grundsätzlich den strategischen Einsatz von Sprache meint, da sie dazu dient, die ökonomische AkteurIn A dazu zu bewegen, den Nutzen der AkteurIn B zu erhöhen, bezieht Hirschmans Konzept von Voice den strategischen Handlungstyp[23] ein, schließt aber auch einen weiteren, davon völlig verschiedenen nicht aus. Dies ist der Handlungstyp der Voice des Stakeholders, der oder die Loyalität gegenüber einer bestimmten sozialen Einheit empfindet und deren Zustand verbessern möchte. Loyalität und Wunsch nach Verbesserung können selbst dann anhalten, wenn er oder sie längst ihre Mitgliedschaft aufgekündigt haben. Für diese *unglückliche StaatsbürgerIn (unhappy citizen)* (Hirschman, 1970: 104) besteht im Grunde genommen gar keine Wahl zwischen Exit und Voice, sondern nur die zwischen „... voice from within and voice from without (after exit)" (Hirschman, 1970: 104).

Diese Haltung der Loyalität unterscheidet sich auch wesentlich von McCloskeys Begriff des Vertrauens, das sich auf kalkulierendes Abwägen von Gerüchten aus Eigeninteresse[24] gründet (vgl. Teil 2.1). Die Psychologin und

---

[22]Die Protestform des Boykotts kann z. B. als eine Kombination aus Exit und Voice angesehen werden (vgl. Hirschman, 1970: 86 und Peattie, 1994: 126ff).

[23]Die Bezeichnung strategischen Handelns als Handlungstyp übernehme ich von Adelheid Biesecker bzw. Jürgen Habermas (vgl. Habermas, [1982]1995, Bd.1. 384 zitiert in: Biesecker, 1994a: 73).

[24]Hirschman selbst sieht seinen Begriff der Loyalität in der Nähe eines bei ihm im Gegensatz zu McCloskey weniger instrumentell gefärbten Begriffs von Vertrauen (vgl. Hirschman, 1993: 172).

Pionierin feministischer Ethik, Carol Gilligan, betont in einem Aufsatz, der Hirschmans Exit- und Voice-Konzept auf die Entwicklung von Jugendlichen in der Pubertät anwendet, ebenfalls diese andere Qualität, die Hirschman mit dem Begriff Loyalität einführt:

> To the economist's view of the individual as motivated by the desire for profit and to the political theorist's view of the person as seeking power in social organisations, Hirschman thus adds a new dimension — an image of the person as motivated by loyalty or attachment to stem decline and promote recuperation (Gilligan, 1986: 283).

Obwohl Hirschman durch seine Kategorie Loyalität als Haltung und die erwähnte intrinsische Motivation für Voice dem ökonomische Handlungen koordinierenden Mittel Sprache eine ihm eigene Qualität verleiht, läßt er die Frage außer acht, wie die Mitglieder eine Verbesserung ihrer sozialen Einheit erreichen, indem sie ihren Beschwerden, Ideen und Meinungen eine Stimme geben. Hirschmans Konzept der Voice bleibt insofern statisch, als die prozedurale Produktivität dieses anderen Handlungsmusters von ihm nicht in den Mittelpunkt der Betrachtung gerückt und im Detail entwickelt wird[25].

---

[25] Eine vergleichbare Feststellung trifft Donald Schön in bezug auf Hirschmans Entwicklungstheorien, die zwar ein schrittweises Vorgehen nahelegen, aber nicht systematisch auf eine Theorie des Lernens aufbauen (vgl. Schön, 1994: 75ff) — eine Interpretation, die Hirschman bestätigt (vgl. Rodwin, 1994: 318f).

2.4 Konfliktschlichtung

Ein besonderes Augenmerk auf die prozedurale Produktivität von Kommunikation legt Kenneth E. Boulding. Boulding hat sich jedoch nicht nur mit der Bedeutung von Sprache für die Ökonomie befaßt, sondern auch mit den dazu in Beziehung stehenden Themen Konfliktlösung und Macht[26]. In einem kurzen Aufsatz mit dem Titel *The Communication of Legitimacy* verweist Boulding einerseits auf das Potential der Kommunikation bzw. bestimmter Rituale (wie das des Handschlags), beide Seiten eines hierarchischen Machtverhältnisses auf die gleiche Ebene zu heben, — er konstatiert, „. . . that communication can only take place among equals, . . . " (Boulding, 1974: 240). Andererseits macht er aber auch eine an Veblen[27] erinnernde Form der Kommunikation aus, bei der Sprache der Symbolisierung eines bestimmten Status in der Gesellschaft dient. Diese machtorientierte Verwendung von Sprache könnte man mit Veblen auch als *conspicuous conversation* bezeichnen. In seinem Buch *A Preface to Grants Economics* zeichnet Boulding drei graphische Darstellungen, um die Rolle der Kommunikation in Tausch- und Geschenkbeziehungen zu verdeutlichen (vgl. Fig. 2.1, 2.2 und 2.3, in: Boulding, 1981: 20, 22 und 23). Seine Grundidee besteht darin, daß Person A Person B etwas übergibt und darauf im Gegenzug von Person B etwas erhält. Die verbreitete neoklassische Vorstellung des reinen Flusses materieller Güter wird jedoch, laut Boulding, begleitet oder sogar im Falle eines Geschenkes allein *vergolten* durch Kommunikation, Information, Drohung, Versprechen, Bestätigung,

---

[26]Auf Bouldings Buch *Three Faces of Power* wird in Teil 6.5.3 ausführlich eingegangen.
[27]Vgl. Veblen, [1899]1993.

Überzeugen usw. (vgl. Boulding, 1981: 19). Boulding schreibt:

> In communication, of course, the possibility that what leaves one
> party will not be what the other party receives — that is, that
> X_a will not be the same as X_b, and that Y_b will not be the same
> as Y_a is very strong (Boulding, 1981: 21).

Die Mißverständnisse, die aus diesen nicht erfüllten Erwartungen entstehen,
können (neben anderen denkbaren Ursachen) zu Konflikten führen. Da Konflikte im allgemeinen, laut Boulding, entweder bitter und destruktiv oder aber
fruchtbar und konstruktiv sein können (vgl. Boulding, 1962: 306), hält er
Ausschau nach Lösungswegen, die zur letztgenannten Variante von Konflikten führen. Er unterscheidet fünf Lösungswege von Konflikten: Vermeidung
(*avoidance*), Überwältigung (*conquest*), Urteil bzw. Schlichterspruch (*award*),
Versöhnung (*reconciliation*) und Kompromiß (*compromise*).

Die erste Lösung — Vermeidung — ist fast exakt identisch mit Hirschmans
Exit-Option. Vermeidung steht für die Tatsache, daß, wenn eine der beiden
Parteien dem Konflikt aus dem Weg geht, dieser quasi nicht mehr existiert.
Genau wie in Hirschmans Exit-Begrifflichkeit sind Märkte für Boulding Me-
chanismen der Konfliktlösung durch Vermeidung (vgl. Boulding, 1962: 308).
Überwältigung ist nur ein extremer Spezialfall von Vermeidung bzw. Exit,
bei dem eine Konfliktpartei mit Gewalt aus dem Konfliktfeld gedrängt wird
(vgl. Boulding, 1962: 309).

Wenn die an einem Konflikt beteiligten Parteien sich gegenseitig weder über-
wältigen noch meiden können, ist eine geeignete Form der prozeduralen Kon-

fliktschlichtung, d. h. die eine oder andere Variante von Voice, wahrschein-
lich. Eine weitverbreitete Möglichkeit der prozeduralen Konfliktlösung ist die
Rechtsprechung. Boulding nennt sie Urteil (*award*) und definiert sie als eine
Form der Schlichtung, bei der beide Parteien sich darauf geeinigt haben, das
Urteil einer dritten, unbeteiligten Instanz als verbindlich anzuerkennen:

> ... both parties have agreed to accept the verdict of an outside
> person or agency rather than continue the conflict (Boulding,
> 1962: 310).

Der für Boulding ideale Typ der prozeduralen Konfliktlösung ist allerdings
die Versöhnung, die er folgendermaßen charakterisiert:

> ... *reconciliation*, in which the value systems of the images of the
> parties so change that they now have common preferences in their
> joint field: they both want the same state of affairs or position in
> the joint field, and so conflict is eliminated (Boulding, 1962: 310).

Diese konvergierende Modifikation der geistigen Bilder bzw. Vorstellungen
von zwei oder auch mehr Konfliktparteien ist das Ergebnis von Konversation, Argumenten, Diskussion und Debatte. Um zur Versöhnung oder einem
Konsens, wie man diese Lösung auch nennen könnte, zu gelangen, müssen
laut Boulding einige Bedingungen während des Diskurses gegeben sein:

1. Die Wertvorstellungen der beiden Konfliktparteien dürfen nicht völlig
   starr bzw. verfestigt sein (vgl. Boulding, 1962: 311).

2. Ein Erfolg des Versöhnungsprozesses ist wahrscheinlicher, wenn der Konflikt nicht den Kern, sondern eher die Ränder der Wertvorstellungen einer jeden Partei berührt (vgl. Boulding, 1962: 312).

3. Anstatt die Personen der anderen Partei zu bedrohen, ebnet eher das Zeigen von Anteilnahme den Belangen und Personen des bzw. der KontrahentInnen gegenüber den Weg zu einer Versöhnung (z. B. durch den oben erwähnten Handschlag oder ähnliche andere symbolische Gesten) (vgl. Boulding, 1962: 312).

4. Eine Kultur, in der Konsens hoch bewertet wird, bildet offensichtlich einen erleichternden Hintergrund für eine solche Lösung (vgl. Boulding, 1962: 312).

5. Diese Kultur oder Tradition wird von manchen Persönlichkeiten mehr als von anderen repräsentiert (Boulding schreibt von der *versöhnenden* als Gegenbild zu Adornos *autoritärer Persönlichkeit*) (vgl. Boulding, 1962: 313).

6. Eine unabhängige dritte Instanz, sei es als RatgeberIn oder gar MediatorIn, erleichtert die Konsenslösung (vgl. Boulding, 1962: 316ff).

Wenn Versöhnung nicht möglich ist, so stellt ein Kompromiß für Boulding die zweitbeste Lösung eines Konflikts dar. Ein Kompromiß wird angestrebt, wenn

die Wertsysteme der KontrahentInnen zu weit voneinander entfernt sind, als daß ein Konsens zu erreichen wäre, aber die Konfliktparteien dennoch bereit sind, sich auf weniger als ihre Idealposition zu einigen. Besonders in diesem Fall kann Beratung und Mediation den Verhandlungsprozeß erleichtern und zu einem Kompromiß hinleiten. Obwohl Boulding analytisch zwischen Versöhnung und Kompromiß unterscheidet, betrachtet er sie dennoch als in der Praxis vermischt bzw. als fließend ineinander übergehend:

> Frequently, however, both reconciliation and compromise go on together; indeed, some reconciliation may be necessary before compromise is possible (Boulding, 1962: 310).

Ähnlich wie Hirschmans Betonung der Stärke der Personen, denen kein anderer Ausweg bleibt, als ihre Stimme (Voice) zu erheben, so erwähnt auch Boulding das besondere Engagement der vordergründig schwächsten Verhandlungsseite, das ihr häufig die stärkste Verhandlungsposition verleiht (vgl. Boulding, 1962: 315). Die Rolle der MediatorIn besteht, laut Boulding, darin, Mißverständnisse in einem angespannten emotionalen Feld aufzuklären. Aber es sei unter Umständen für diese Person nicht ausreichend, die Kommunikation unter den OpponentInnen zu erleichtern. Die MediatorIn sollte auch Problemlösungen vorschlagen, an die keine der Konfliktparteien zuvor gedacht hat (vgl. Boulding, 1962: 318). Boulding betont die Hoffnung, die er in die Institutionalisierung der Mediation für eine wünschenswerte Zukunft unserer Gesellschaften setzt und die Notwendigkeit, bestimmten Ritualen und Prozeduren Schritt für Schritt während eines Prozesses der Konfliktschlichtung zu folgen. Es braucht seine Zeit, um zu einem Konsens oder einem fairen Kompromiß zu gelangen. Einige dieser Erwartungen und Ideen sind gegenwärtig durch die professionellen MediatorInnen[28] in den USA und Europa bereits erfüllt oder zumindest weiter entwickelt worden, wie die Flut an Literatur zu diesem Thema zeigt (vgl. z. B.: Köberle et al., 1997, Susskind/Field, 1996, Blackburn/Bruce, 1995, Renn et al., 1995, Claus/Wiedemann, 1994, Sandole/van de Merve, 1993 und Weidner, 1993).

Während Hirschman das Potential von Voice gezeigt hat, kreative Lösungen für soziale Probleme zu finden und in Gang zu setzen, betont Boulding die Produktivität der Sprache bei der Lösung von Konflikten. Boulding betrachtet Konflikte als für den gesellschaftlichen Lernprozeß und die damit verbundene Entwicklung eher nicht förderlich, auch wenn er sich der komplexen Beziehung eines gesellschaftlichen Konflikts und deren Entwicklung bewußt ist (vgl. Boulding, 1992: 190ff). Hirschman billigt dagegen (zivil ausgetragenen) Konflikten eher eine produktive Wirkung auf die gesellschaftliche Entwicklung zu (vgl. Hirschman, 1995).

Boulding geht einen Schritt weiter als Hirschman in der Analyse der Produktivität von Sprache, indem er verschiedene Formen von Voice unterscheidet und betont, daß der Diskurs ein prozedurales Konzept ist. Außerdem beinhalten Bouldings Bedingungen für eine erfolgreiche Versöhnung oder einen gelungenen Kompromiß eine detaillierte Beschreibung der Haltung, die notwendig ist, um die Produktivität der Sprache für wirtschaftliche und soziale Handlungen zu entfalten. Schließlich ergänzt Boulding das Konzept durch die

---

[28]In der überwiegenden Mehrzahl wird dieser Beruf in den USA von Männern ausgeübt (vgl. Necheles-Jansyn, 1990). In Deutschland wird dieses gerade entstehende Berufsfeld etwa zu gleichen Teilen von beiden Geschlechtern ausgefüllt (vgl. Claus, 1997).

MediatorIn — die Versöhnung und Kompromiß erleichternde Rolle der dritten, unabhängigen Partei, die nicht Teil von Hirschmans Voice-Konzept ist. Obwohl Boulding einige Bedingungen des konfliktlösenden Diskurses nennt, klärt er nicht auf, wie der Prozeß des Austausches von Argumenten zu sozialen Neuerungen und einer friedlichen und kostengünstigen Konfliktlösung oder zumindest einem Verständnis der KontrahentInnen füreinander führt.

2.5 Kommunikative Rationalität

Wie gezeigt wurde (vgl. Teil 2.1 und 2.2), hat auch die Hauptströmung der Wirtschaftswissenschaft das Produktivitätspotential der Sprache für ökonomische Handlungen entdeckt. Obwohl jedoch McCloskey das linguistische Konzept der Illokution benutzt und auf die enge Verbindung von Sprache und Vertrauen verweist, so entwickelt er doch kein Handlungsmodell, das den spezifischen Qualitäten von Kommunikation als Koordinationsmittel ökonomischer Handlungen gerecht würde, sondern verbleibt theoretisch im Rahmen des Utilitarismus.

Hirschman definiert ein sprachspezifisches Handlungsmuster (Voice) neben dem von ihm als sprachlos angesehenen Marktverhalten (Exit), und verweist auf den höheren Erfolg beim Einsatz von Voice, wenn sie von der Haltung der Loyalität begleitet wird (vgl. Teil 2.3). Diese Loyalität in Verbindung mit Voice fängt in Hirschmans Konzeption begrifflich jenes Handeln für das Gemeinwohl bzw. *other regarding behavior* ein, das, wie Bohnet und Frey gezeigt haben (vgl. Teil 2.2), durch Kommunikation verstärkt hervorgebracht wird. Voice führt zu neuen gesellschaftlichen Lösungen, zu denen man, laut Boulding (vgl. Teil 2.4), nicht durch vereinzelte Äußerungen, sondern durch einen kommunikativen Prozeß

gelangt. Für das Erreichen versöhnlicher Lösungen bzw. fairer Kompromisse nennt Boulding Bedingungen, die zugleich Elemente einer loyalen Haltung im Sinne Hirschmans beschreiben.

Für alle diese Theorieelemente finden sich begriffliche Parallelen in Habermas' *Theorie des kommunikativen Handelns.* Bouldings Bedingungen, die eine Gesprächsbereitschaft und Zugewandtheit zum Gegenüber ausdrücken, entsprechen Habermas' Verständigungsorientierung. Innerhalb einer Organisation setzt Verständigungsorientierung Loyalität voraus. Kommunikatives Handeln (eine besondere Form von Voice) führt, laut Habermas, im Idealfall zu einem Konsens, was in etwa einer Versöhnungslösung im Sinne von Boulding gleichkommt.

Obwohl Habermas kein Ökonom ist und das Handlungsmuster des kommunikativen Handelns auch nicht im Bereich der Wirtschaft ansiedelt, kann aufgrund der genannten Entsprechungen erwartet werden, daß seine Theorie die durch Hirschman und Boulding begonnene Entwicklung einer Konzeption der kommunikativen ökonomischen Handlung weiterführen könnte. Die besondere Produktivität von Sprache, die Erfindungen und Lösungen für ökonomische und soziale Probleme und Konflikte schafft, ist in Habermas' Theorie des kommunikativen Handelns mit einem der Sprache eigenen Rationalitätstyp verknüpft, der erklärt, wie die genannte Produktivität entsteht. Was charakterisiert Habermas' Konzept des kommunikativen Handelns[29]? Habermas schreibt:

> Von *kommunikativen Handlungen* spreche ich dann, wenn soziale Interaktionen nicht über die egozentrischen Erfolgskalkulatio-

---

[29]Eine Reihe von WirtschaftswissenschaftlerInnen (u. a. Adelheid Biesecker, Universität Bremen, Werner Kirsch, Universität München, Ortwin Renn, Universität Hohenheim Stuttgart und Peter Ulrich, Universität St. Gallen) arbeiten daran, kommunikatives Handeln in die ökonomische Theorie zu integrieren.

nen eines jeden Einzelnen, sondern durch kooperative Verständigungsleistungen der Teilnehmer koordiniert werden. Im kommunikativen Handeln sind die Aktoren nicht in erster Linie am eigenen Erfolg, sondern am Zustandekommen eines Einverständnisses orientiert, welches die Bedingung ist, unter der jeder Interaktionsteilnehmer seine jeweils eigenen Pläne verfolgen darf. (Habermas, 1984: 541, vgl. auch Biesecker, 1997: 220).

Kommunikatives Handeln basiert auf Sprache und vollzieht sich im Verlauf einer Diskussion. Dieser prozedurale Austausch von Argumenten, währenddessen die TeilnehmerInnen untereinander ihre Motivationen, zugrundeliegenden Normen und Weltanschauungen verstehen lernen, wird von Habermas Diskurs genannt. Im Diskurs wird von den TeilnehmerInnen erwartet, daß sie voneinander lernen und ihre Haltung gegenüber der Welt im allgemeinen oder bestimmten Problemen, die in ihr erscheinen, verändern. Diese Haltung kann man treffend als *demokratisches Ethos* bezeichnen[30]. Der ehemalige Ministerpräsident der DDR, Lothar de Maizière, charakterisierte die angesprochene Offenheit für andere in einem Interview mit einer Bremer Tageszeitung so:

Wie führt ein Dialog zum Erfolg? Das geht eigentlich nur, wenn der jeweils andere bereit ist, sich in die Stiefel des Gegenüber zu stellen, um dessen Sorgen und Nöte zu bedenken und zu teilen (Weser-Kurier vom: 01.10.1997).

---

[30]„The time has come for Habermas to acknowledge what pragmatists — especially Dewey and Mead — emphasized long ago: there is no democracy — in *theory* or in *practice* — without a *democratic ethos*" (Bernstein, 1996, vgl. auch Joas, 1997: 279).

Habermas legt dar, daß kommunikative Rationalität während eines Diskurses unvermeidbar ist, was sofort einleuchtet, wenn die grundlegende intersubjektive Bedeutung von Interaktion offengelegt wird. Wenn wir versuchen, unser Gegenüber während eines Diskurses zu überzeugen, nehmen wir an, daß die andere Person von unseren Argumenten überzeugt werden kann und folglich ihre Einstellung ändern wird. Tun wir dies, so müssen wir auch implizit zugestehen, daß das gleiche mit uns, nur in entgegengesetzter Richtung, passieren kann. Das heißt, wir sehen die Überlegenheit der Argumente der oder des anderen ein und ändern entsprechend unsere Meinung.

Habermas' prozedurale kommunikative Rationalität[31] unterscheidet zwischen drei grundlegenden Formen von Argumenten (Sprechakten), die aufgrund ihrer spezifischen Rationalität kritisiert oder verteidigt werden können. Laut Habermas haben Aussagen immer einen Bezug zu einer oder mehreren der folgenden drei Welten:

- der objektiven Welt (als der Gesamtheit aller Entitäten, über die wahre Aussagen möglich sind);

- der sozialen Welt (als der Gesamtheit aller legitim geregelten interpersonalen Beziehungen) und

---

[31]Um diesen Rationalitätstyp zu entwickeln, greift Habermas u. a. auf George Herbert Mead und auf die nunmehr seit zwei Generationen betriebene *Ordinary-Language-Philosophie* inklusive der sogenannten *Sprechakttheorie* von Austin und Searle zurück, die bestimmte Formen des Sprechens als Handeln begreift, die sie als *Illokutionen* bezeichnet. Im Zusammenhang mit McCloskey (vgl. Teil 2.1) wurde auf die Sprechakttheorie bereits kurz eingegangen.

- der subjektiven Welt (als der Gesamtheit der privilegiert zugänglichen Erlebnisse des Sprechers) (Habermas, [1982]1995, Bd. 1: 149).

Die Sprechakte gründen sich also nicht nur auf das Wissen von der objektiven Welt (also empirische Erfahrungen), sondern auch auf die Normen der Gesellschaft, in der der Diskurs stattfindet (Habermas' soziale Welt) und die persönlichen Werte der an den Diskursen Teilnehmenden (Habermas' subjektive Welt) (vgl. Biesecker, 1997: 220). Daraus ergeben sich drei Dimensionen der kommunikativen Rationalität. Eine kommunikative Handlung ist rational, wenn sie folgende Bedingungen erfüllt:

- daß die gemachte Aussage wahr ist (bzw. daß die Existenzvoraussetzungen eines nur erwähnten propositionalen Gehalts tatsächlich erfüllt sind);
- daß die Sprechhandlung mit Bezug auf einen geltenden normativen Kontext richtig (bzw. daß der normative Kontext, den sie erfüllen soll, selbst legitim) ist und
- daß die manifeste Sprecherintention so gemeint ist, wie sie geäußert wird (Habermas, [1982]1995, Bd. 1: 149).

Die Geltung der Aussage:

Ich werde morgen in Tokyo den Vertrag unterzeichnen,

kann beispielsweise als unbegründet zurückgewiesen werden, weil

- sie nicht wahr sein kann: *Bis morgen wirst Du (wegen der Zeitverschiebung) gar nicht in Tokyo sein können;*

- sie nicht richtig sein kann: *Dazu hast Du gar keine Vollmacht;* oder

- sie nicht wahrhaftig ist: *Du willst mich auf den Arm nehmen* (das Beispiel ist entnommen aus: Habermas, 1996: 78).

Um kommunikativ rational zu sein, muß eine Aussage also objektiv richtig, sozial wahr und subjektiv wahrhaftig sein. Um die Gültigkeit der Argumente entlang der eben genannten drei Welten bzw. drei Rationalitätskriterien zu überprüfen, benutzen die am Diskurs Teilnehmenden die von ihnen geteilte Lebenswelt als Hintergrund, vor dem sie ihre Argumente vortragen, bzw. als Reservoir, aus dem sie sie schöpfen.

Aus der situationszugewandten Perspektive erscheint die Lebenswelt als ein Reservoir von Selbstverständlichkeiten oder unerschütterten Überzeugungen, welche die Kommunikationsteilnehmer für kooperative Deutungsprozesse benutzen. Einzelne Elemente, bestimmte *Selbstverständlichkeiten* werden aber erst *in der Form eines konsentierten und zugleich problematisierbaren Wissens* mobilisiert, wenn sie *für eine Situation relevant* werden (Habermas, 1995, Bd. 2: 189, vgl. auch ders., 1995, Bd. 1: 451f, 455 und Bd. 2: 191f).

Insbesondere mit dem Bezug zur sozialen und subjektiven Welt integriert also der Diskurs als Koordinationsmechanismus, anders als der rein auf instrumenteller Rationalität basierende neoklassische Marktmechanismus, explizit andere Werte als allein die, die sich in monetärem Angebot oder ebensolcher Nachfrage ausdrücken lassen. Für die Entwicklung von kreativen Lösungen für Konflikte und Probleme, die in einem Diskurs behandelt werden, würden sich Habermas und die von ihm inspirierten ÖkonomInnen deshalb nicht wie Boulding allein auf Vorschläge der MediatorIn verlassen, sondern auf alle am Diskurs teilnehmenden Personen bauen. Aus dem Zusammenführen der verschiedenen aufeinander bezogenen Äußerungen ergibt sich die besondere Produktivität des diskursiven Prozesses.

Im folgenden soll es darum gehen, welche Probleme damit verbunden sind, das kommunikative Handeln in einen Typ ökonomischen Handelns zu überführen. Einige an Habermas orientierte ÖkonomInnen unternehmen diesen Versuch, obwohl Habermas selbst sein Konzept des kommunikativen Handelns ausdrücklich nicht für die Ökonomie entwickelt hat.

2.6 Praktische Sozialökonomie

In der Wirtschaftswissenschaft hat sich, vertreten vor allem durch Adelheid Biesecker und Peter Ulrich, der Zweig der *praktischen Sozialökonomie*[32] herausgebildet, der versucht, Habermas' *kommunikatives Handeln* in die Ökonomik zu integrieren[33]. Die ersten Teile dieser Arbeit (vgl. Teil 2.1 bis 2.4) haben gezeigt, daß am Rand des neoklassischen Mainstreams (McCloskey

---

[32]Die Bezeichnung „praktische Sozialökonomie" hat eine ihrer Wurzeln im Begriff der „Sozialökonomie", so wie sie von K. William Kapp gebraucht wurde (vgl. Ulrich, 1987: 221).

[33]Hinzuzurechnen wären dieser Richtung auch bestimmte Arbeiten Hans Peter Widmaiers. Obwohl Widmaiers Konzept der „Dialogik als Endeckungsverfahren" eher auf Martin

und Bohnet/Frey) bereits Anzeichen für ein Erkennen der Bedeutung von Sprache als Koordinationsmittel ökonomischer Handlungen vorhanden sind und daß der Neoklassik kritisch gegenüberstehende Ökonomen (Hirschman und Boulding) schon Ansätze zur Integration von Sprache in die Wirtschaftswissenschaft entwickelt haben. Ulrich sieht eine solche Tendenz zur Wende von der utilitaristischen hin zur kommunikativen Ethik auch im *New Institutionalism* (vgl. Ulrich, 1987: 248, wo er sich beispielsweise auf Williamson, 1975 bezieht) und der *Vertragswissenschaft* bzw. *Constitutional Economics* von Buchanan gegeben (vgl. Ulrich, 1987: 266f und ders., 1997: 197), während Biesecker diese Einschätzung nicht teilt (vgl. Biesecker, 1994: 19).

Durch die Eingliederung von Sprache als Koordinationsmittel ökonomischer Handlungen in die Wirtschaftswissenschaft und insbesondere die Umschichtung ihres normativen Fundaments von der utilitaristischen zur kommunikativen Ethik ist diese, laut Ulrich, auf dem Weg zu einem Paradigmenwechsel (vgl. Ulrich, 1987: 13 und 341ff), weil damit die Herstellung ökonomischer Effizienz in Verständigungsprozesse eingebettet ist:

Bubers Dialogik als auf Jürgen Habermas' kommunikativem Handeln aufgebaut ist, kommt er doch zu ähnlichen Ergebnissen wie Biesecker und Ulrich, die ebenfalls auf einen sprachlich orientierten Paradigmenwechsel in der Ökonomik hinzielen (vgl. Widmaier, 1996 und Widmaier/Wichert, 1995). Außerdem gehört Werner Kirsch zu dem kleinen Kreis der sich auf Habermas beziehenden ÖkonomInnen, auch wenn er im Unterschied zu den oben genannten keinen durch das kommunikative Handeln ausgelösten Paradigmenwechsel sieht, sondern zu begründen versucht, daß dieser Handlungstyp sich nicht grundsätzlich von der rationalen Nutzenmaximierung des homo oeconomicus unterscheidet, da auch kommunikatives Handeln teleologisch und zweckorientiert sei. Kirsch strebt eine Integration von Habermas' Theorie in die moderne Managementlehre an (vgl. Kirsch, 1992).

Es gibt kein ökonomisches Optimierungskriterium, das *außerhalb* argumentativer Konsensfindungsprozesse der Betroffenen über die Präferenzordnung der zu befriedigenden Bedürfnisse und über die Verteilung der Verfügungsrechte über Ressourcen und produzierte Güter bestimmbar wäre (Ulrich, 1987: 341).

Biesecker spricht von *Ökonomie als Raum sozialen Handelns*, denn die Integration der Steuerungsressource Kommunikation neben Geld, Macht und Normen in die Ökonomie bedeute, wie sie schreibt, auch eine Abkehr von Habermas' strenger Trennung von System und Lebenswelt und dessen eindeutiger Zuordnung der Ökonomie zum System (vgl. Biesecker, 1994: 11). Biesecker beschreibt den Paradigmenwechsel mit den Worten:

Damit ist die Vorstellung der traditionellen ökonomischen Theorie (wie auch von Habermas ...), daß die ökonomischen Strukturen nur eigeninteressiertes, ausschließlich zweckorientiertes Handeln zulassen, ausdrücklich aufgegeben (Biesecker, 1994: 8).

Für Biesecker wie Ulrich geht mit dem Austausch des Utilitarismus gegen die Diskursethik als Grundlage der Wirtschaftswissenschaft eine Entscheidung für ein wesentlich verändertes Menschenbild der ökonomischen Theorie einher. Biesecker schreibt von der *Entscheidung für den kommunikationsfähigen, handlungskompetenten Menschen* (Biesecker, 1994: 1)[34], während Ulrich die Feststellung trifft:

---

[34]Biesecker führt neben dem Handlungstyp des kommunikativen auch noch das normengeleitete und verantwortliche Handeln ergänzend zum in der Ökonomik für gewöhnlich verwendeten instrumentellen und strategischen Handeln ein (vgl. Biesecker, 1994: 3ff).

Der zuvor sprachlose Homo oeconomicus (bzw. REMM)[35] wird
für potentiell mündig erklärt (Ulrich, 1987: 357).

Über Sprache verfügende ökonomische AkteurInnen koordinieren in der Vorstellung der praktischen Sozialökonomie ihre Handlungen über den Diskurs,
der von ihnen als regulative Idee verstanden und von der in Teil 2.5 dieser
Arbeit beschriebenen kommunikativen Rationalität getragen wird (vgl. Ulrich, 1987: 356 und Biesecker, 1994: 4). Andererseits dienen Diskurse ganz
praktisch der Lösung von Wertkonflikten im täglichen Leben (vgl. Biesecker,
1994: 20f und Ulrich, 1987: 357ff) und sind dann unvollkommen, gemessen
am Anspruch kommunikativer Rationalität (vgl. Ulrich, 1987: 357):

Der praktische Diskurs muss stets in der (kaum je idealen) Praxis
geführt werden (Ulrich, 1997: 82).

Die praktische Sozialökonomie sieht ihre Aufgabe darin, die in der Rea-
lität stattfindenden praktischen Diskurse schrittweise zu vervollkommnen,
wobei der ideelle Diskurs — als regulative Idee — die Richtung vorgibt (vgl.
Biesecker, 1994: 16 und 20f und Ulrich, 1987: 351 und 365ff). Die praktische Sozialökonomie sieht ihren Beitrag nicht darin, theoretisch vorgefertigte
Lösungen für ökonomische Probleme, die mit Wert- und Interessenskonflik-
ten verbunden sind, anzubieten, sondern sie macht Verfahrensvorschläge, in
denen die Bedingungen theoretisch reflektiert sind, die es den Betroffenen
und Beteiligten selbst ermöglichen, fair und kreativ Lösungen für die anstehenden Probleme und Konflikte zu finden. Ob sich die Verfahrensvorschläge

---

[35]Resourceful, Evaluative, Maximizing Man (vgl. Ulrich, 1987: 231).

und theoretischen Ideen der praktischen Sozialökonomie bewähren, erweist ihre Erprobung in der Praxis. Ulrich beschreibt dieses Wechselspiel aus theoretischer Entwicklung und praktischer Erprobung, die wieder auf die Theorie zurückwirkt etc., so:

> Es bleibt also nur der Weg gangbar, schrittweise pragmatische Organisationskonzepte für die annäherungsweise Verwirklichung der Metainstitution der idealen Kommunikationsgemeinschaft in den realen politisch-ökonomischen Institutionen zu entwickeln und dabei so nah und so selbstkritisch wie möglich an den eigenen lebensweltlichen Hintergrundüberzeugungen bzw. an denen der Betroffenen anzuknüpfen (Ulrich, 1987: 367).

Die Anwendung kommunikativer Rationalität auf die Ökonomie hat Ulrich die Kritik des Doyens der Diskursethik Karl-Otto Apel eingetragen, der (obwohl er dem Projekt der praktischen Sozialökonomie grundsätzlich gewogen ist) von „...geradezu ungeheuerlichen Idealisierungen ..." (Apel, 1992: 143) spricht. Apel betont, daß es notwendig sei, sich mit dem „...Problem der *Herstellung der Anwendungsbedingungen* ..." (Apel, 1992: 142) des Diskurses als regulativer Idee zu befassen und verweist darauf,

> ..., daß man nicht darum herumkommt, die *ethisch kommunikative Rationalität des Idealprinzips der Diskursethik* in all den realen Situationskontexten, in denen praktische Diskurse (noch) nicht möglich sind, mit der strategischen Rationalität der erfolgsorientierten Instrumentalisierung der anderen zu „vermitteln".

Und man muß sich dann darüber im klaren sein, daß die hier gemeinten realen Interaktionssituationen keineswegs nur die von Max Weber ausgesprochenen der *Politik* sind, sondern strukturell alle Situationen, in denen der *argumentative Diskurs* mehr oder weniger eindeutig durch *Verhandlungen* (die Angebote und Drohungen enthalten) ersetzt werden muß — und auch alle Situationen, in denen das *Überzeugenwollen* der *verständigungsorientierten* Kommunikation durch das *Überredenwollen* der *verdeckt strategischen* Kommunikation ersetzt wird (Apel, 1992: 145).

Dieser von Apel als Kritik an der praktischen Sozialökonomie formulierte Hinweis übersieht, daß Ulrich und Biesecker sich dieses Problems durchaus bewußt sind[36]. Aus der Sicht der praktischen Sozialökonomie ist das Haupthindernis auf dem Weg zu praktischen Diskursen, die faire und kreative Lösungen für Wert- und Interessenskonflikte ermöglichen, die Einwirkung von gesellschaftlicher Macht auf diese diskursiven Prozesse, wie Ulrich und Biesecker immer wieder betonen (vgl. Ulrich, 1987: 29, 44, 128, 294 und 441, sowie Biesecker, 1994: 7 und 21f):

Anders sieht es mit dem Problem der Macht aus. Verständigung kann nur gelingen, wenn alle Beteiligten gleichwertig zu Wort kommen, wenn es keine Macht gibt (Biesecker, 1996a: 16).

Ulrich schreibt in seinem Buch mit dem Titel *Integrative Wirtschaftsethik*:

---

[36]Ulrichs Replik auf die von Apel vorgetragene Kritik findet sich in einer Fußnote in: Ulrich, 1997: 372.

Wir stehen bei zwischenmenschlichen Konflikten letztlich stets vor der Alternative, ob diese einfach mittels *Macht* oder aber mit *guten Gründen* gelöst werden sollen (Ulrich, 1997: 31, vgl. auch ders., 1997: 235).

Macht im Diskurs wird von der praktischen Sozialökonomie zumeist als gesellschaftliche Strukturkategorie aufgefaßt. Sie wird in der Regel als etwas betrachtet, das vorsprachlich — quasi von außen — in den Diskurs hineinwirkt[37]. So schreibt Biesecker von geschlechtsspezifischen und eigentumsbegründeten Machtstrukturen (vgl. Biesecker, 1994: 21 und 6), während bei Ulrich ebenfalls von Macht als durch Eigentum garantierte Verfügungsmacht bzw. Marktmacht (vgl. Ulrich, 1987: 375ff, sowie ders. 1997: 193f; 266, 351, 370ff und 442), Sanktionsmacht (vgl. Ulrich, 1997: 319 und 442) und vor allem Sach- bzw. Systemzwang (vgl. Ulrich, 1987: 83, 114, 128f, 478 und ders., 1997: 131f, 149ff, 360, 378, 402ff und 432) die Rede ist. Die Kehrseite der Verfügungsmacht und des Systemzwangs ist strukturelle Ohnmacht bei denen, die über nur geringes oder kein Eigentum verfügen (vgl. Ulrich, 1997: 212 und ders., 1987: 454ff). Macht in Form eines Sach- bzw. Systemzwangs hat sich, laut Ulrich, im Prozeß der geschichtlichen und kulturellen Entwicklung moderner Industriegesellschaften in der Vorstellung der in ihr lebenden Menschen losgelöst von bewußt handelnden Subjekten (vgl. Ulrich, 1987: 391 und ders., 1997: 131ff). Dies sei jedoch eine Fiktion (mit allerdings sehr realen

---

[37]Eine Ausnahme stellt die kleine Fallstudie von Adelheid Biesecker zum Bremer Straßenbahnforum dar, in der die Autorin verschiedene Machtformen im Diskurs selbst beobachtet und analysiert (vgl. Biesecker, 1996).

Auswirkungen, vgl. Ulrich, 1997: 11), denn:

> Nicht der marktwirtschaftliche Wettbewerb als solcher nötigt un-
> ternehmerisch tätige Wirtschaftssubjekte zu etwas Bestimmtem,
> vielmehr stellen sie sich selbst bzw. die Unternehmensleitung erst
> mit ihren Zweckvorgaben an das Unternehmen unter konkrete
> Sachzwänge. Je strikter dabei das Gewinninteresse verfolgt wird,
> umso drückender sind logischerweise diese Zwänge; im Grenzfall
> der Gewinnmaximierungsprämisse erscheinen sie als nahezu to-
> tal oder deterministisch (Ulrich, 1997: 403, vgl. auch ders., 1997:
> 157).

Wie aus dem Zitat hervorgeht, sind es, laut Ulrich, z. B. die Unternehme-
rInnen, die Sach- und Systemzwänge, aber auch Sanktions- und Verfügungs-
macht (vgl. Ulrich, 1997: 442) im Diskurs in strategisches Handeln übersetzen. Strategisches Handeln definiert er wie folgt:

> Strategisches Handeln liegt also dort vor, wo einerseits ein vorent-
> schiedener „privater" Erfolg angestrebt und durchzusetzen ver-
> sucht wird und andererseits vom *sozial-interaktiven* Charakter
> der Wirkungszusammenhänge (Nutzeninterdependenz) nicht ab-
> gesehen werden kann; jeder Akteur ist daher an gezielter *Einfluß-
> nahme* auf seine Gegenspieler interessiert (Ulrich, 1997: 84).

Der Begriff strategischen Handelns wird von den VertreterInnen der praktischen Sozialökonomie als antipodischer Handlungstyp zum verständigungs-

orientierten Handeln aufgefaßt[38]. In aller Regel wird er analog zu seiner Verwendung in der Spieltheorie benutzt, d. h. die in der oben zitierten Textstelle genannte Einflußnahme geschieht nicht sprachvermittelt und auf die Gedanken, Werte, Einschätzungen etc. des Diskursgegenübers prozedural einwirkend, sondern wird durch bloße Sanktions- und Verfügungsmacht erzwungen (vgl. Ulrich, 1997: 432). In dem auf Sprache basierenden Koordinationsmechanismus Diskurs ist das Eindringen von Macht nicht allein als Belohnung und Drohung denkbar (insbesondere, wenn diese Machtformen neutralisiert wurden), sondern auch als rein über Sprache vermitteltes Handeln. Apel unterscheidet in der oben zitierten Kritik an Ulrich deshalb zwischen *Verhandlung* und *Überredenwollen*.

Sprachlich vermitteltes Machthandeln wird von den VertreterInnen der praktischen Sozialökonomie jedoch nicht völlig außer acht gelasssen. So merkt Biesecker beispielsweise an:

> Innerhalb des Verständigungsprozesses wird Macht auch über Sprache ausgeübt (Biesecker, 1996a: 17).

Und Ulrich kritisiert den Machtbegriff der Spieltheorie als zu simpel, indem er von:

---

[38]Charles F. Sabel kritisiert diese von Habermas ausgehende Gegenüberstellung mit zwei Argumenten: „But this distinction of types of action is doubly suspect. First the notion of strategic action trivializes the problem of economic cooperation. ... Second, the notion of communicative action suggests that the *universalizable* truths of science, morality, and law produced in discourse are so purified through conversation as to be almost beyond criticism" (Sabel, 1994: 270f).

... der Sinnlosigkeit der Definition rationalen Handelns unter strategischer Ungewissheit als nutzenmaximierendes Individualhandeln (Ulrich, 1987: 217)

schreibt. Kommunikatives Handeln ist jedoch in der praktischen Sozialökonomie definitionsgemäß machtfrei (vgl. Ulrich, 1997: 31). Sie hat bis heute für über Sprache vermitteltes Machthandeln keinen systematischen handlungstheoretischen Begriff[39], obwohl gelegentlich von ihr auf solche Formen von Macht im Diskurs verwiesen wird. So schreibt Ulrich von *strategischer Rhetorik statt verständigungsorientierter Kommunikation* (vgl. Ulrich, 1987: 294) und an anderen Stellen vom Aufbau öffentlichen Legitimationsdrucks (vgl. Ulrich, 1997: 93, 307 und 320), der auf das Unternehmen wirkt. Allerdings blendet er an dieser Stelle (vgl. Ulrich 1997: 288) sprachvermittelte Macht aus, die von den Unternehmen und deren *Interessenlobbies* (vgl. Ulrich, 1997: 318) auf die Öffentlichkeit ausgeht. Weitere Beispiele für solche Einflußnahme, die sich in Texten der praktischen Sozialökonomie finden, sind: Werbung (vgl. Biesecker, 1994: 23 und Ulrich, 1997: 329), demokratischer Unternehmensdialog als Akzeptanzsicherung, sowie Verhandlung und suggestive Überredung (vgl. Ulrich, 1997: 447ff).

Daraus folgt die Notwendigkeit, Begriffe für das sprachvermittelte Machthandeln im Diskurs zu entwickeln und damit einen Beitrag zur Handlungstheorie der praktischen Sozialökonomie zu leisten, die, wie gezeigt wurde, bisher nur kursorisch mit diesem Problem verfuhr. Wie oben erwähnt, entwickelt die praktische Sozialökonomie ihre theoretischen Konzeptionen in enger Anbin-

---

[39]Als erster Anlauf zu einer solchen Konzeption ist Biesecker, 1996 anzusehen.

dung an Erfahrungen aus der Praxis. Im nächsten Abschnitt dieser Arbeit wird deshalb zunächst überprüft, ob kommunikatives Handeln in der Praxis tatsächlich kreative und faire Lösungen entwickeln hilft und ob in praktischen Diskursen Formen von sprachvermitteltem Machthandeln zu beobachten sind. Erst danach wird auf die Frage eingegangen, wie dieses Machthandeln handlungstheoretisch konzeptualisiert werden kann.

Die sich an die Interpretationen der Fallbeispiele anschließenden theoretischen Teile der Arbeit nehmen auch die in den vorangegangenen Teilen 2.1 bis 2.4 bereits gelegentlich enthaltenen und bislang vernachlässigten Hinweise auf sprachliches Machthandeln auf. McCloskeys erfolgsorientiertes Überzeugen kann z. B. als eine Form des Einsatzes von Sprache als Machtmittel (vgl. Teil 2.1) betrachtet werden, und die spieltheoretischen Experimente belegen eine Entmachtung aller Personen, die vom Diskurs ausgeschlossen sind oder denen sprachlicher Ausdruck nicht zur Verfügung steht (vgl. Teil 2.2). Hirschmans Voice wird unter Umständen eher Gehör finden, wenn sie von Machtressourcen unterfüttert ist (vgl. Teil 2.3), und die von Boulding betonten sprachlich ausgedrückten Statusunterschiede zwischen Personen bedeuten ebenfalls sprachliches Machthandeln (vgl. Teil 2.4).

Um anzuzeigen, daß der hier gebrauchte handlungstheoretische Begriff von Macht weiter ist als das auf Sanktion und Belohnung basierende strategische Handeln, wird im folgenden der Such- und Arbeitsbegriff *Machthandeln* verwendet.

3 Fallbeispiele

Im folgenden soll die praktische Relevanz der von der ökonomischen Theorie im allgemeinen und der praktischen Sozialökonomie im besonderen behaupteten Produktivität der Sprache bei der Koordination ökonomischer Handlungen (vgl. Teil 2.1-2.6) anhand von einigen ökonomisch-ökologischen Fallbeispielen ausgewiesen werden. Außerdem geht es um die Frage, ob die im Teil 2.6 behauptete sprachvermittelte Einwirkung von Macht in praktischen Diskursen aufzufinden ist und in welchem Verhältnis sie zum kommunikativen Handeln steht. Die Beobachtungen aus den Fallbeispielen fließen in die zu entwickelnde handlungstheoretische Konzeption von sprachvermitteltem Machthandeln ein. Das Ziel der Interpretation der Fallbeispiele ist also nicht nur der Ausweis der Relevanz vorhandener Theorie, sondern sie sollen auch den Begriff des Machthandelns präzisieren und damit der Beginn hermeneutischer Theorieentwicklung sein[40].

Als Fallbeispiele wurden Diskurse zu ökonomisch-ökologischen Konflikten, die in der Öffentlichkeit ausgetragen wurden, ausgewählt, weil sie beispielhaft für einen der *drei Orte der Moral des Wirtschaftens* im Sinne von Peter Ulrich stehen. Er unterscheidet Diskurse von Wirtschaftsbürgern in der kritischen Öffentlichkeit von solchen, die über die nationale und supranationale Rahmenordnung des Marktes und solchen, die zur Geschäftsintegrität und Unternehmenspolitik geführt werden (vgl. Ulrich, 1997: 16 und 285ff). Die Relevanz der Produktivität von Sprache zur Koordination ökonomischer

---

[40]Zur besonderen Rolle des Praxisbezugs in der praktischen Sozialökonomie vgl. Teil: 2.6, zu ihrer hermeneutischen Methode vgl. Biesecker, 1992: 64.

Handlungen ist in diesen *Zumutbarkeitsdiskursen* (vgl. Ulrich, 1997: 162) eher zu erwarten als in konkreten parlamentarischen Debatten zur ökonomischen Ordnungspolitik, denn sie sind näher als diese am Ideal *entschränkter Kommunikation* (vgl. Ulrich, 1987. 356ff). Im Unterschied zu Unternehmensdialogen ist in öffentlichen Zumutbarkeitsdiskursen eine größere Wertvielfalt vertreten als in den zumeist bilateral geführten Unternehmensdialogen, die zudem zumeist unter dem Primat der effizienten Organisationsentwicklung (also unter dem eines bestimmten Werts) geführt werden[41]. Gerade die Wertvielfalt in ökonomisch-ökologischen Diskursen bietet die Chance, die behauptete sprachliche Produktivität zur Lösung von Wertkonflikten und verschiedene Varianten sprachvermittelten Machthandelns zu beobachten. Außerdem geht es in den hier ausgewählten Fallbeispielen immer auch um öffentliche Güter, für deren Bereitstellung Sprache als Koordinationsmittel besonders geeignet zu sein scheint, wie bereits Bohnet und Frey (vgl. Teil 2.2) und auch Hirschman (vgl. Teil 2.3) betonten.

3.1   Diskursregeln

Um das Ziel eines Konsenses oder zumindest eines fairen Kompromisses in praktischen Diskursen in der Öffentlichkeit zu erreichen, haben Habermas und von Habermas inspirierte SozialwissenschaftlerInnen verschiedener Fach-

---

[41]Die analytische Unterscheidung in drei Arten von Diskursen wird in praktischen Diskursen allerdings überschritten. So wird es in einem der Diskurse in der kritischen Öffentlichkeit um Unternehmenspolitik gehen, und in einigen anderen wird der zunächst in der kritischen Öffentlichkeit geführte Diskurs auf parlamentarischer Ebene fortgeführt.

richtungen (vgl. Habermas, 1997b: 370f und 383, Biesecker, 1997: 221, Ulrich, 1997: 316 und 319f sowie Renn, 1996: 179ff und Renn/Webler, 1994) einen Satz von Regeln für den Diskurs als Koordinationsmechanismus in Wirtschaft und Gesellschaft entwickelt. Ortwin Renn und Thomas Webler leiten ihre Regeln nicht nur aus Habermas' Theorie ab, sondern auch aus der amerikanischen Mediationsliteratur und ihrer praktischen Erfahrung als Mediatoren ökologischer Konflikte. Adelheid Biesecker reformuliert die von Habermas genannten Bedingungen des Diskurses (vgl. Habermas, 1991: 41). Die folgende Liste enthält im wesentlichen die von Renn und Webler aufgestellten und auch praktisch erprobten Diskursregeln, ergänzt durch die von Boulding genannten Bedingungen für Versöhnung[42] und die von den oben genannten Theoretikern formulierten Regelsätze.

1. Alle potentiell betroffenen Personen sollten die Möglichkeit erhalten, ihre Werte und Interessen in den Diskussionsprozeß einzubringen.

2. Der Diskurs ist ein langsamer Prozeß, deshalb sind starre Zeitvorgaben nicht wünschenswert, hoher Zeitdruck sollte vermieden werden. Auf der anderen Seite ist ein Zeitpunkt für die Entscheidung nach einem überschaubaren Zeitraum festzulegen.

---

[42]Ähnlich wie Boulding (vgl. Teil 2.4) unterscheidet Renn Kompromiß und Konsens (Versöhnung): „...im Gegensatz zum Kompromiß beschreibt der Konsens eine Problemlösung, die alle Parteien aus innerer Einsicht und Eigenverpflichtung zur Fairneß freiwillig akzeptieren und die sie selbst ihrer ursprünglichen Forderung vorziehen" (Renn, 1996: 174f). „Wenn es zu keinem Konsens kommt, kann und darf es auch zu einer Kompromißlösung kommen, bei der um eine „faire" Verteilung von Lasten und Gewinnen verhandelt wird" (Renn, 1996: 177).

3. Die Verfahrensregeln, mit Hilfe derer letztendlich eine Entscheidung getroffen wird, sind offen bzw. veränderbar (Konsens, Mehrheitsentscheidung?).

4. Das Ergebnis oder die Lösung des Problems sollte für alle Parteien offen sein. Klar umrissene Positionen sollten in allgemeiner formulierte Interessen übersetzt werden.

(Es muß die Möglichkeit bestehen, jegliche Position wie auch Teilergebnisse zu revidieren. Der Diskurs sollte ein offenes Ende haben (vgl. Biesecker, 1997: 221.)

(Die Wertvorstellungen der Verhandlungsparteien dürfen nicht völlig starr bzw. verhärtet sein. Der Erfolg des Versöhnungsprozesses ist wahrscheinlicher, wenn der Konflikt sich eher auf den Rand als den Kern der Wertvorstellungen der beteiligten Parteien bezieht (vgl. Boulding, 1962: 311f).)

5. Alle Teilnehmenden haben die gleichen Rechte und Pflichten   auch wenn außerhalb des Diskurses Hierarchien und Machtverhältnisse bestehen. Die am Diskurs Teilnehmenden haben gleichberechtigten Zugang zu Informationen.

6. Die am Diskurs Teilnehmenden sollten gewillt sein, voneinander zu lernen.

(Gegenseitige Akzeptanz (vgl. Biesecker, 1997: 221), Reflexionsbereitschaft (vgl. Ulrich, 1997: 316).)

(Traditionell als privat angesehene Themen dürfen nicht von vornherein von der Diskussion ausgeschlossen werden (vgl. Habermas, 1997b: 371.), Legitimationsbereitschaft (vgl. Ulrich, 1997: 316).)

7. Verschiedene Argumentationsformen sind erlaubt, aber emotionale Äußerungen sollten in kognitive oder normative transformiert werden.

8. Ein neutraler Mediator sollte die Diskurse moderieren.

   (Mediation und Beratung helfen, eine Lösung des Konflikts zu finden (vgl. Boulding, 1962: 310).)

9. Positionen oder Parteien moralisch zu verurteilen, ist untersagt. Die Parteien sollten strategisches Handeln unterlassen.

   (Anstatt der Person der anderen Seite zu drohen, erleichtert die Anteilnahme an dem Rivalen die Versöhnung (vgl. Boulding, 1962: 312).)

   (Die Abwesenheit von Macht in dem Sinne, daß keine am Diskurs beteiligte Person die Bedingungen des Diskurses diktieren kann, ist notwendig (vgl. Biesecker, 1997: 221).)

Die von Boulding genannte Bedingung für Versöhnung, die sich auf den kulturellen Rahmen bezieht, läßt sich keiner der Regeln unmittelbar zuordnen: Eine Kultur, in der Konsens hoch bewertet wird, unterstützt eine ebensolche Lösung. Diese Kultur oder Erfahrung spiegelt sich in manchen Persönlichkeiten stärker wider als in anderen (vgl. Boulding, 1962: 312f).

Alle diese Regeln dienen letztlich implizit oder explizit dazu, kommunikatives Handeln zu befördern und strategisches Handeln und zum Teil auch Machthandeln vom Diskurs auszuschließen. Inwiefern dies tatsächlich in praktischen Diskursen gelingt, zeigt das erste Fallbeispiel eines von Renn und Webler im schweizer Kanton Aargau durchgeführten Mediationsverfahrens.

3.2 Fall 1: Restmülldeponie im Aargau (vgl. Renn/Webler, 1996)

Auf ihre Diskursregeln aufbauend haben Renn und Webler ein eigenes Partizipationsmodell entwickelt und schon mehrfach angewandt. Ihr Mediationsverfahren basiert in erster Linie auf Habermas' theoretischen Überlegungen sowie auf Ideen und Erfahrungen aus Dienels Planungszellen (vgl. Dienel, 1978) und der amerikanischen Mediationsliteratur (vgl. z. B. Renn, 1996). Im folgenden soll am Beispiel des von Renn, Webler und ihren KollegInnen in der Schweiz durchgeführten Mediationsverfahrens die Produktivität kommunikativen Handelns aufgezeigt werden.

Anwendungsbeispiel in der Schweiz war die Standortwahl für eine Abfalldeponie im östlichen Teil des Kantons Aargau. Das kantonale Abfallkonzept sieht den Bau einer Deponie in jeder der drei Regionen des Kantons vor. Nach starker Opposition gegen die Deponieprojekte im westlichen und nördlichen Kantonsteil beschloss das zuständige Baudepartement, für die Deponie im östlichen Kantonsteil einen Versuch mit neuen Partizipationsmodellen durchzuführen (Seiler/Webler, 1995: 184).

Ziel des Diskurses war es, aus den 13 Standorten eine Liste von zwei bis vier ernsthaften Kandidaten zu erstellen, die in der folgenden Erkundungsphase auf ihre Eignung überprüft werden sollten. ... Aus jeder der 13 Gemeinden wurden acht Einwohner ausgewählt, von denen jeweils zwei in eine von vier Kommissionen berufen wurden. Somit waren in jeder Kommission gleich viele Repräsentanten aus jeder möglichen Standortgemeinde vertreten (Renn/Webler, 1996: 194).

Die Kommissionen trafen sich zwei- bis drei-wöchentlich über einen Zeitraum von sechs Monaten und arbeiteten parallel, aber unabhängig voneinander. Das Mediationsteam hätte die Kommissionsmitglieder gerne mit einer Zufallsauswahl und nach repräsentativen Kriterien ausgewählt und auf den Entscheidungsmodus Konsens verpflichtet:

> Although we proposed consensus, to our surprise, the panels rejected it as a decision rule for placing communities on the priority list, arguing that consensus was politically impractical. Panelists also felt it would place too much pressure on the representatives of selected sites to vote with all the others once the group had come to a convincing conclusion. All panels voted unanimously that they wanted a voting procedure based on some kind of qualified majority vote. Yet, interestingly, all four panels reached consensus in their final verdict in spite of initial skepticism (Renn et al., 1996: 157).

Die Kommissionsmitglieder zu bestimmen, wurde den Gemeinden überlassen, die ihre Delegierten nach einem jeweils unterschiedlichen Auswahlverfahren wählten (Freiwillige, MeinungsführerInnen, politisch Aktive, etc.). Eine Zufallsauswahl wurde von den Gemeinden als im Widerspruch zur politischen Kultur in der Schweiz stehend empfunden.

Das von Renn und Webler entwickelte Mediationsverfahren soll hier in seinen Informations- und Bewertungsabläufen nicht im einzelnen beschrieben werden (vgl. dazu: Renn/Webler, 1996; Renn, 1996; Renn et al. 1995; Renn et al. 1993 und Webler et al. 1991). Wie in dem Verfahren üblich, wurde nach einem Experten-Workshop von den Kommissionen jeweils ein hierarchisch geordneter Wertbaum erstellt, der die Grundlage für die Standortbewertung bildete:

Nachdem alle Standortbewertungen durchgeführt worden waren, erwies sich die Argumentation für die jeweils gefundene Rangfolge als so einleuchtend, daß in allen vier Kommissionen einstimmige Ergebnisse erzielt wurden. Auch diejenigen, die als Anwohner von einem vorderen Platz in der Reihenfolge potentiell stärker betroffen waren, stimmten also dem jeweiligen Gruppenergebnis zu. Zusätzlich zu der Standortrangfolge erarbeiteten die Beteiligten auch Defizitstrategien für den Umgang mit nachteiligen Punkten der ansonsten als geeignet empfohlenen Standorte sowie allgemeine Empfehlungen für die Deponieplanung. Von großem Interesse ist außerdem, daß sich die vier Kommissionen unabhängig voneinander für den gleichen Standort an der Spitze der Rangordnung entschieden. In der weiteren Rangfolge allerdings unterschieden sich die Empfehlungen der verschiedenen Kommissionen. Um diese Unterschiede auszugleichen, wurden aus den vier Kommissionen jeweils fünf Mitglieder ausgewählt, die in einem Kommissionsausschuß (Superkommission) die bestehenden Differenzen ausgleichen sollten. Im Herbst 1993 traf der Kommissions-ausschuß zusammen und legte eine Reihenfolge der in Zukunft zu betrachtenden Standorte fest (Renn/Webler, 1996: 195).

Unterschiede bei den Bewertungen der einzelnen Gruppen gab es hinsicht-lich ihrer Kriterien. So hoben die ersten beiden Gruppen technische Kriterien stärker hervor, während die zwei anderen Gruppen soziale bzw. Gerechtig-keitskriterien höher bewerteten. Obwohl die Mediationsgruppe den Diskurs grundsätzlich nach den oben erwähnten Regeln durchführte (vgl. Renn et al., 1996: 162), ist der große Zeitdruck während des Verfahrens von den Kom-missionsmitgliedern kritisiert worden (vgl. Regel 2 und Renn/Webler, 1996: 199). Zum anderen ist kritisch anzumerken, daß weniger als 20% der am Diskurs teilnehmenden Personen Frauen waren — vielleicht eine Folge der Auswahl durch die Gemeinden selbst (vgl. Regel 1 und Renn et al., 1996: 161).

Der besonders konsensorientierte Verlauf des Verfahrens ist zum einen auf das eingeschränkte Mandat der Standortwahl, zum anderen auf die politi-sche Kultur der Schweiz zurückzuführen. Allerdings konnte Renn mit seinem Verfahren in der Region Nordschwarzwald ähnlich einstimmige Ergebnisse erzielen (vgl. Renn/Webler, 1996: 197), wo zwar auch das Argument des auf die Standortwahl eingeschränkten Mandats galt, nicht jedoch das kulturelle.

Der Übergang vom Diskursergebnis zur politischen bzw. Verwaltungsebene gestaltete sich wie folgt:

Im November 1993 schloß sich die Behördendelegation dem Votum des Kommissionsausschusses weitgehend an, wobei allerdings die Rangfolge der verbliebenen Standortmöglichkeiten nicht übernommen, sondern eine erneute Festlegung der Rangfolge nach weiteren geologischen Tests gefordert wurde (Renn/Webler, 1996: 196).

Dieses Sich-hinweg-Setzen über die in der Superkommission festgelegte Reihenfolge hat zu Irritationen bei den betroffenen Gemeinden geführt:

Eine Reihe von Kommissionsmitgliedern sprach von Manipulation, ... (Renn/Webler, 1996: 198).

Dies kann als Zeichen dafür gewertet werden, daß selbst in einem im Vergleich mit anderen geradezu ideal verständigungsorientiert verlaufenen Diskurs wie dem Aargaubeispiel Probleme der Anbindung der Konsensbeschlüsse an die politischen Entscheidungsebenen

bestehen (vgl. Renn/Webler, 1996: 186).

Ortwin Renn und Frank Claus (ein ebenfalls in Deutschland an vielen Diskursen beteiligter Mediator) berichteten auf dem Mainzer Umweltsymposium 1997 übereinstimmend, daß in aller Regel in den Mediationsverfahren *wunderbare* Konsensbeschlüsse gefällt werden, die danach nicht umgesetzt werden. Dieses Anbindungs- bzw. Umsetzungsproblem hängt mit dem Verhältnis von strategischem und kommunikativem Handeln während der Diskurse zusammen. Renn sprach auf dem obengenannten Symposium von einer *Überi-*

dentifikation mit dem Gemeinwohl in funktionierenden Diskursen — ein Eindruck, der von Claus bestätigt wurde. Wenn eine solche Überidentifikation entsteht, fällt es den am Diskurs Teilnehmenden schwer, die eigenen Gruppeninteressen nicht zu sehr in den Hintergrund geraten zu lassen und sich nach dem Ende des Diskurses wieder auf strategisches Handeln umzustellen. Eine solche Umstellung ist notwendig, um die in verständigungsorientierter Atmosphäre erzielte Konsenslösung im rauhen Klima der Politik zu verwirklichen. Besonders schwer fällt die Vermittlung, wenn die Entscheidungsträger nicht am Diskurs beteiligt waren, und die Medien die Öffentlichkeit nicht über den Diskursverlauf informiert haben, weil ihre Beobachtung des Diskurses nicht zugelassen wurde und/oder weil sie mehr Interesse an einer Berichterstattung über Konflikt als über Konsens haben[43].

Renn und Webler sehen folgerichtig:

> ...eine Herausforderung für die Architekten und Organisatoren von solchen Diskursen, innovative Elemente des Verbindens zwischen Verständigung und Strategie, zwischen Argument und Aushandlung, zwischen Betroffenheit und Entscheidungshoheit, kurzum zwischen Sozialsystem und Politik zu entwickeln und zu erproben (Renn/Webler, 1996: 201)[44].

---

[43]Eine positive Rolle im Verlauf eines Diskurses spielte zum Beispiel die Bremer Lokalpresse während des in dieser Stadt durchgeführten Straßenbahnforums (vgl. Biesecker, 1996).

[44]Zur grundsätzlichen Einschätzung von Mediationsverfahren vgl. auch Seiler/Webler, 1995 und diverse Beiträge in Renn et al., 1995 und Claus/Wiedemann, 1994).

3.3 Fallbeispiele ohne Mediation

Anhand des Aargau-Fallbeispiels wurde demonstriert, wie sich die Produktivität kommunikativen Handelns entfaltet, falls es gelingt, strategisches und auch Machthandeln insgesamt aus den Diskursen zu verbannen. Die erzielten Beschlüsse blieben jedoch in der Umsetzung stecken, denn die Anwendung der entdeckten Lösung ist bis heute nicht im Rahmen des Mediationsverfahrens geregelt, geschweige denn garantiert.

Um nicht nur die Frage nach der Relevanz kommunikativen Handelns in der Praxis zu beantworten, sondern auch Formen des Machthandelns im Diskurs aufzuzeigen und deren Verhältnis zum kommunikativen Handeln zu untersuchen, werden im folgenden die von Renn ausgearbeiteten Regeln als interpretatives Raster genutzt, um an Fallbeispiele, aus denen strategisches bzw. Machthandeln nicht von vornherein ausgeschlossen wurde, folgende Fragen zu stellen: Wenden die Protagonisten in diesen Diskursen die oben angegebenen Regeln an, und kann die Befolgung dieser Regeln die Produktivität kommunikativen Handelns freisetzen? Welche Formen des Machthandelns treten in den Diskursen auf, und behindern oder befördern sie die erwähnte Produktivität?

Die drei Fallstudien ökonomisch-ökologischer Konflikte, die hier präsentiert werden, wurden ausgewählt, weil ihre relativ detaillierte Beschreibung des Diskursverlaufs in der Fachliteratur eine Interpretation entlang der Diskursregeln möglich macht. Gemäß ihrer Ausgangssituation sind unterschiedliche Problemlösungstypen denkbar[45]. Das heißt, im Prinzip könnte für die ersten

---

[45]In der Terminologie der Spieltheorie würden sie als zwei Win-Win- und eine Nullsum-

zwei Fälle eine Lösung gefunden werden, von der alle Beteiligten profitieren. Für das dritte Beispiel der Verwendung von Land, ist der Diskurs von vornherein eine Angelegenheit, in der ökologische und ökonomische Ziele kaum miteinander versöhnbar sind.

Im folgenden werde ich eine Fallgeschichte jeweils kurz beschreiben und dann entlang des Rasters von Renns Diskursregeln versuchen, in der Fallgeschichte empirisch-interpretativ eine Antwort auf die oben gestellten Fragen zu finden.

3.3.1 Fall 2: Die Verbesserung der Grundwasserqualität in Iowa (vgl. John, 1994)

Iowa hat wohl die landwirtschaftlich am meisten erschlossene Landschaft aller amerikanischen Staaten. 90% des Bundesstaats werden landwirtschaftlich genutzt, wovon wiederum 75% des Bodens mit Monokulturen wie Mais und Sojabohnen bepflanzt sind. Um diese marktfähigen landwirtschaftlichen Produkte anzubauen und den Ertrag von 60 Bushels Mais pro Acre[46] 1960 auf über 120 Bushels im Jahre 1980 zu steigern, verwandten die LandwirtInnen Iowas in hohem Maße Agrochemikalien wie u. a. Stickstoffdünger und Herbizide. Diese Chemikalien beeinträchtigten die Qualität des Trinkwassers so stark, daß dessen Nitratwerte die Gesundheitsrichtwerte der amerikanischen Bundesbehörden überschritten.

Um dieses Problem anzugehen, führten acht unterschiedliche Institutionen

---

men-Ausgangssituation bezeichnet werden.

[46]Ein Bushel entspricht 36,3687 mal 10^{-3} m^3 und ein Acre beträgt 4046,86 m^2 (vgl. Trapp, 1992: 118ff)

(darunter Universitätsinstitute, Umweltgruppen und Umweltbehörden) dieses Staates 1981 ihre Ressourcen zusammen und gründeten 1984 das sogenannte *Ad Hoc Karst Committee*. Das Ziel dieses staatlich geförderten Komitees war es, die Wasserverschmutzung zu erforschen, die Öffentlichkeit (insbesondere die in der Landwirtschaft tätigen Personen) über dieses Problem aufzuklären und ein Programm zu entwickeln, das die Wasserverunreinigung reduzieren sollte.

Die Arbeit des Komitees führte zum Grundwassergesetz des Staates Iowa im Jahre 1987. 1989 ernannte *Renew America* Iowa zum in der Wasserqualität führenden Staat in den USA und 1992 vergab die *EPA*[47] ihren Preis für Vermeidung von Umweltverschmutzung an das *Interagency Iowa Consortium on Agriculture and Groundwater Quality*. Das *Ad Hoc Committee* hatte sich inzwischen in eben jenes Konsortium umbenannt.

Wie kam es zu diesem offenkundigen Erfolg? Als erster Grund wäre zu nennen, daß alle Betroffenen und Beteiligten (Stakeholder) von den LandwirtInnen, WissenschaftlerInnen, ParlamentarierInnen und UmweltschützerInnen bis hin zu den VertreterInnen der chemischen Industrie (vgl. Regel 1) am Diskurs des Konsortiums teilnahmen (vgl. John, 1994: 90f). Zweitens wurden die Diskussionen des Komitees offen geführt, und die Teilnehmenden vermieden es, die Kompetenz oder Existenzberechtigung der KontrahentInnen in Zweifel zu ziehen. Ein ökologisch orientierter Parlamentarier beschrieb diese Haltung so:

---

[47]Die *Environmental Protection Agency (EPA)* ist das amerikanische Pendant zum deutschen Bundesumweltamt.

You cannot make people change without trusting them (John,
1994: 98).

Dieser Kommunikationsstil und die Form des rationalen Arguments (die anscheinend den meisten der oben aufgelisteten Diskursregeln entsprachen)
wurden ermöglicht: erstens durch die Tatsache, daß die Gruppe auf bereits
langandauernde Freundschaften und Arbeitsbeziehungen aufbauen konnte
(vgl. John, 1994: 89) und zweitens dadurch, daß das Komitee von zwei gleichberechtigten Beamten geleitet wurde, die von allen als neutral angesehen
wurden (vgl. John, 1994: 89) (vgl. Regel 8). In seinem Vorschlag für ein
Grundwasserschutzgesetz versuchte das Konsortium, zunächst die Haltung
der Betroffenen zu ändern, was in der Folge auch die Verwendung von Chemikalien durch jede BürgerIn herabsetzen würde. Ein Parlamentarier beschrieb
diesen Ansatz so:

When new ideas come along, some people adopt them quickly;
the majority come along a little later; and a few hold out until
the end (John, 1994: 98).

Es hätte beispielsweise keinen Sinn gehabt, Standardwerte festzulegen und
den Verkauf von Chemikalien zu regulieren, sobald die Verschmutzung einen
bestimmten Punkt überschritten hätte, weil die LandwirtInnen solche Maßnahmen leicht hätten umgehen können. Also folgte das Konsortium den Diskursregeln 4, 5 und 9, indem es immer darauf hinwies, daß *jede* Person und
nicht nur die Landwirtschaft oder die Industrie zumindest zum Teil für das
Problem mitverantwortlich war. Was im übrigen ebenso für die Risiken galt,

denen alle gleichermaßen ausgesetzt waren (vgl. John, 1994: 102). Außerdem schlug das Konsortium landwirtschaftlichen Genossenschaften und den Verkaufsstellen für landwirtschaftliche Chemikalien vor, die direkten Verkäufe zu verringern und stattdessen Information und Beratung über den effizienten Einsatz dieser Chemikalien zu verkaufen (vgl. Regel 4).

Trotz der bis dahin sichtbaren Produktivität des kommunikativen Handelns begann die *Iowa Fertilizer and Chemical Association (IFCA)* mit aggressiver Lobbyarbeit gegen den Gesetzentwurf zum Grundwasserschutz, als dieser dem Parlament zur Entscheidung vorlag. Die IFCA eröffnete diese Phase der harten Konfrontation, obwohl sie am Konsortium teilgenommen hatte (vgl. John, 1994: 102)[48]. Beide Parteien (die den Gesetzentwurf verteidigende und attackierende) setzten nun Machtmittel ein (vgl. die damit verletzte Regel 9). Die für den Gesetzentwurf streitenden ParlamentarierInnen und UmweltschützerInnen waren jedoch erfolgreicher in der Mobilisierung der Öffentlichkeit als die IFCA:

It was the public against the chemical industry (John, 1994: 104).

Die Form des Machthandelns, die während dieser Phase der Konfrontation zum Einsatz kam, war sogenanntes *Lobbying*, d. h. das Erzeugen öffentlichen

---

[48]Diese Wendung legt die Vermutung nahe, daß die IFCA von Beginn der Verhandlungen an nur vorgab, kommunikativ zu handeln, in Wahrheit aber lediglich verdeckt ihre Interessen vertrat. Ihr Handeln kann also mit der neoklassischen Handlungstheorie erklärt werden. Die IFCA nahm an dem Diskurs teil, solange sie meinte, damit ihren Interessen dienen zu können, und griff auf Machthandeln zurück, sobald dieses versprach, ihren Nutzen zu maximieren.

Drucks auf die entscheidende Instanz (das Parlament)[49]. Zusätzlich nutzte die IFCA finanzielle Ressourcen, um ihnen angenehme KandidatInnen in der folgenden Wahlperiode zu unterstützen. Die Lösung des Konflikts bestand in einem Kompromiß. Eine abgeschwächte Version des durch das Konsortium formulierten Gesetzentwurfs wurde verabschiedet (vgl. John, 1994: 105). Allerdings wurde nach dieser Periode der harten Konfrontation die Person an der Spitze der IFCA durch eine andere ersetzt, die sich gegenüber ökologischen Belangen weit aufgeschlossener zeigte (vgl. John, 1994: 110). Dies läßt darauf schließen, daß der Verband der chemischen Industrie seine Haltung in dieser Frage geändert hatte. Die IFCA war nun bereit einzugestehen, daß landwirtschaftliche Chemikalien ein Umweltproblem darstellen:

> The willingness of the IFCA and others to accept the proposition that farm chemicals might be an environmental problem has opened the door to cooperation between IFCA and its former adversaries (John, 1994: 120).

Schlußfolgerungen aus Fall 2:

Während der ersten Periode dieses Umweltkonflikts folgten die am Diskurs Beteiligten weitgehend den Regeln des kommunikativen Handelns (mit Ausnahme einer anscheinend verdeckt strategisch agierenden Partei), und kreative Lösungen für das Problem der Trinkwasserverschmutzung durch landwirtschaftliche Chemikalien wurden entwickelt. Ein das kommunikative Handeln

---

[49]John nennt das: „Riding a wave of media stories" (John, 1994: 104).

zusätzlich erleichternder Faktor waren die bereits bestehenden Freundschaften und kollegialen Beziehungen.

Dieser ersten Diskursperiode folgte eine zweite, in der strategisches und sprachvermitteltes Machthandeln vorherrschte. In dieser Phase wurden Machtressourcen wie Geld genutzt, aber auch sprachvermittelte Macht (z. B. über die Medien) eingesetzt. Die von der Ausstattung mit materiellen Ressourcen schwächer her scheinende Partei konnte trotzdem die im Diskurs entwickelte Lösung, wenn auch in abgeschwächter Form, letztendlich durchsetzen.

3.3.2 Fall 3: Stromsparen in Colorado (vgl. John, 1994)

Das Problem, um das es in diesem Fall geht, hat zwei Aspekte. Auf der einen Seite ist die Bereitstellung von preiswerter Energie eng verbunden mit wirtschaftlichem Wachstum, auf der anderen Seite ist die Erzeugung von Energie und das damit verknüpfte wirtschaftliche Wachstum verantwortlich für die Verschmutzung der Luft mit Kohlendioxid.

Seit den siebziger Jahren stiegen in Colorado wie auch vielfach andernorts die Kosten der Elektrizitätserzeugung, und die Energieunternehmen erhöhten ihre Preise. Die Gründe für die wachsenden Kosten waren ansteigende Rohölpreise und Zinsen sowie sinkende Skalenerträge:

First, the price of oil and other fossil fuels jumped, raising operating costs. Second, interest rates rose, making large-scale, multiyear construction projects more expensive. Third, the cost of building new generating facilities increased as economies of scale began to peter out (John, 1994: 212).

Die Folge dieser Entwicklung waren harsche Konflikte zwischen den Elektrizitätswerken und ihren KundInnen über die steigenden Stromgebühren, woraufhin unabhängige staatliche Stellen, die sogenannten *Public Utility Commissions* gegen monopolistische Strompreise aktiv wurden. In den USA wurden schon im neunzehnten Jahrhundert öffentliche Kommissionen ins Leben gerufen, um beispielsweise das damals entstehende Eisenbahnnetz zu regulieren. Nach diesem Vorbild begann zunächst ebenfalls im neunzehnten Jahrhundert die Regulierung der Stromerzeugung auf nationaler Ebene. Anfang dieses Jahrhunderts entstanden dann auf der Ebene der amerikanischen Bundesstaaten die *Public Utility Commissions*, die u. a. sowohl die Höhe und Struktur der Stromgebühren als auch die Bedingungen und Qualität der Dienstleistungen regulieren sollten. Aufbau, personelle Zusammensetzung und finanzielle Ausstattung dieser staatlichen Energiekommissionen variieren stark von Bundesstaat zu Bundesstaat[50]. Preisgestaltung und Politik der Elektrizitätswerke werden also nicht unabhängig von diesen Unternehmen bestimmt, denn sie werden von der öffentlichen Energiekommission kontrolliert, die in Colorado drei vom Gouverneur ernannte KommissarInnen leiten. Wenn die Elektrizitätserzeuger die Gebühren erhöhen wollen, so werden diese in einem formellen Gesetzesverfahren unter Beteiligung der Energiekommission festgesetzt. Das heißt, nachdem die Energiekommission den

---

[50]Ich erhielt diese Informationen zu den Energiekommissionen vor allem in Colorado von Edythe Miller (einer ehemaligen Kommissarin der Energiekommission Colorados), der ich an dieser Stelle noch einmal herzlich danke. Etwaige Darstellungsfehler liegen selbstverständlich in meiner Verantwortung.

neuen Stromgebühren zugestimmt hat, müssen diese auch noch durch das Parlament des Bundesstaates bestätigt werden.

In Colorado kam es 1987 erneut zu einem mit der Elektrizitätsversorgung verbundenen ökonomischen Problem. John beschreibt den Sachverhalt so:

> At the time, the Colorado economy was quite depressed, because of low energy prices and a sharp downturn in the western energy industry, as well as the end of a speculative boom that had been fueled by energy-related growth (John, 1994: 230).

Ausgelöst von dieser aktuellen Krise und den seit den siebziger Jahren vorangegangenen Überlegungen zum Energiesparen in der Kommission sowie Anregungen aufgrund ähnlicher Entwicklungen in anderen Bundesstaaten initiierte die *Colorado Public Utility Commission* eine Serie von zwanzig offenen Gesprächskreisen zu speziellen Themen, in denen u. a. die Unternehmenspolitik der Elektrizitätswerke und deren mögliche Hinwendung zu stromsparenden Verfahrensweisen diskutiert wurde. Vor diesen informellen Gesprächsrunden gab es Überlegungen, Energieeinsparung in einem kooperativen Prozeß zu entwickeln, wie er von einem Professor der Harvard Business School auf einem Gastvortrag enthusiastisch vorgestellt wurde. Da die lokalen Experten jedoch weniger begeistert waren, kam es lediglich zu den erwähnten öffentlichen Informationsveranstaltungen (vgl. John, 1994: 230).

Folgende Maßnahmen zur Energieeinsparung wurden vorgesehen: Nachfrageorientiertes Management (Demand-Side Management, kurz: DSM), Integrierte Ressourcen-Planung (Integrated Resource Planing, kurz: IRP) und Entkoppelung (Decoupling). DSM bedeutet hier, daß, anstatt neue Kraftwerke zu bauen, Maßnahmen ergriffen werden, um die Nachfrage nach Elektrizität zu senken:

> Utilities encourage and finance DSM through free or subsidized energy-saving equipment, rebates, educational campaigns, and technical assistance (John, 1994: 204, Tab. 6-1).

IRP steht für die integrierte Planung des zukünftigen Energiebedarfs:

> Comprehensive planing of future demand for electricity and of alternative measures including both DSM and supply-side measures to meet this demand (John, 1994: 204, Tab. 6-1).

Entkopplung soll die Verbindung zwischen dem Umsatz der Elektrizitätswerke und ihren Einnahmen durchtrennen, so daß die Einnahmen des Stromerzeugers nicht reduziert werden, wenn KundInnen aufgrund erfolgreicher Überzeugungsarbeit, weniger Strom nachfragen (vgl. John, 1994: 204, Tab. 6-1). Das kann z. B. dadurch erreicht werden, daß das Energieunternehmen Gebühren für fachgerechte Beratung zum Energiesparen einnimmt und dadurch die Einbußen bei den Stromgebühren ersetzt. All diese Verfahrensweisen wurden zumeist nicht in Colorado entwickelt und sind auch nicht nur dort, sondern auch an anderen Orten anwendbar. Es geht also in diesem Fallbeispiel eher um den Prozeß der Implementierung dieser Energiesparpolitik als um deren Erfindung.

Nach einer Reihe von Anstößen und Vorüberlegungen, die sich über mehrere Jahre hinzogen, ging der Impuls zum Umdenken und zur Umsetzung einer Energiesparpolitik 1988 von den öffentlichen Informationsgesprächen aus. Zum Beispiel gaben die Elektrizitätswerke auf diesen Treffen ihren Plan bekannt, in weitere Kohlekraftwerke zu investieren (vgl. John, 1994: 231), worauf der Ingenieur eines Molybdänbergwerks (ein Großkunde der Elektrizitätswerke) die Hand hob und berichtete, daß seine Firma in Computersteuerung investiert habe und dadurch in der Lage sei, eine große Menge Energie einzusparen. Solche Vorkommnisse und personelle Veränderungen im Spitzenmanagement der Elektrizitätswerke öffneten das Unternehmen für die Ideen des Energieeinsparens.

1989 wurde überraschend ein überzeugter Vertreter der Energiesparpolitik, Gary.Nakarado, als neuer *Public Utility Commissioner* ernannt. Nakarado verfügte, laut John, über besonders integrative Charaktereigenschaften:

Nakarado brought to the commission a strong interest in team building and cooperation (John, 1994: 232 und vgl. insbesondere: Regel 6 und 9).

Der neue Kommissar begann sofort mit einer umfassenden Entwicklung des Gedankens der DSM in einer Folge von fünf Sitzungen.

Anfang 1991 eröffneten die Elektrizitätswerke ihr erstes offizielles Gebührenverfahren nach acht Jahren. Dies führte zu einer formellen Einigung zwischen den Stromerzeugern, der Kommission und vielen anderen Interessengruppen, in einen kooperativen Prozeß von aufeinander folgenden Gesprächsrunden einzutreten, der zu einer formellen Entscheidung der Kommission über IRP, DSM und Entkoppelung hinleiten sollte (vgl. John, 1994: 235). Da das Energieunternehmen jedoch aus verschiedenen Gründen (vgl.: John, 1994: 237) bald darauf ein starkes Interesse daran hatte, das Gebührenverfahren schnell zuende zu bringen, forderte es die Kommission auf, eine Entscheidungen über Energiesparpolitik bis zum nächsten Gebührenverfahren zu verschieben. Als Gegenleistung dafür erklärte es sich damit einverstanden, zwanzig Millionen US-Dollar an die KundInnen zurückzuzahlen, die Stromgebühren zu senken, die Gasgebühren nur moderat anzuheben und eine geringere Gewinnspanne bis zu einer Entscheidung im nächsten Gebührenverfahren zu akzeptieren. Eine solche Lösung wurde von Nakarado und den anderen Mitgliedern der Kommission nicht akzeptiert. Sie legten ihr Veto ein.

Zu diesem Zeitpunkt eröffnete die Kommission erneut einen formellen kooperativen Prozeß zu den Themen: DSM, IRP und Entkoppelung, an dem das Energieunternehmen sowie weitere Interessengruppen beteiligt wurden:

> There were several intervenors besides OEC and the LAW Fund[51], including the gas industry, the city of Denver, electrical contractors, and several renewable energy groups (John, 1994: 239).

Diese Zusammensetzung umfaßte alle Stakeholder (vgl. John, 1994: 241), also war Diskursregel 1 erfüllt. Der Diskussionsprozeß über DSM verlief schleppend (vgl. Regel 2). Ein Grund für die Langsamkeit bestand darin, daß diese frühen Zusammenkünfte von RechtsanwältInnen dominiert wurden, einer Berufsgruppe, die in ihrer Berufspraxis lernt, einen bestimmten Standpunkt unter allen Umständen in einem Konflikt durchzuhalten und nicht

---

[51]OEC steht für: Office of Energy Conservation (eine staatliche Behörde Colorados) und LAW Fund für: Land and Water Fund (eine Umweltschutzorganisation).

aber den Regeln 3 bis 7 während einer Verhandlung zu folgen. Sobald jedoch die RechtsanwältInnen nicht mehr an den kooperativen Sitzungen zur DSM teilnahmen, gaben alle Seiten Schritt für Schritt ihre prinzipiellen Positionen für oder gegen DSM auf (die Teilnehmenden folgten also insbesondere den Regeln 4 und 6), und es konnte ein Kompromiß erzielt werden (vgl. John, 1994: 243). Unklar bleibt, ob der Anwalt des Energieunternehmens, der die Sitzungen moderierte, die Position eines neutralen Mediators einnahm (vgl. Regel 8).

Zum Thema Entkoppelung konnte im Verlauf der Verhandlungen ein Konsens unter den KommissarInnen erreicht werden, aber einige andere Stakeholder sprachen sich während des Diskurses dagegen aus. Es wurde jedoch auch in dieser Frage ein Kompromiß ausgehandelt (vgl. John, 1994: 244). Gary Nakarado war zuerst für Entkoppelung, dann dagegen und teilte schließlich das konsentierte Votum der Kommission für Entkoppelung (vgl. John, 1994: 242). Dies deutet darauf hin, daß die Regeln 3, 4 und 6 während des Diskurses zur Entkoppelung Bestand hatten.

Im Gegensatz zu den ersten beiden Gesprächsrunden waren die beteiligten Parteien während der Diskussionen zu IRP anscheinend nicht in der Lage, von ihren klar umrissenen Positionen Abstand zu nehmen (vgl. Regel 4). Während der LAW Fund strikt auf der Position beharrte, daß die IRP die Umweltkosten abschätzen sollte, die durch den Beitrag zum Treibhauseffekt entstünden, war das Energieunternehmen ebenso vehement gegen die Erfassung dieses Effekts in konkreten Zahlen. Die KommissarInnen und andere Stakeholder nahmen eine mittlere Position zwischen diesen Extremen ein (vgl. John, 1994: 246). Die Kohlebergwerke begannen zusammen mit einigen anderen Industriezweigen, den Standpunkt der Elektrizitätswerke öffentlich zu unterstützen und den Konflikt auf die parlamentarische Ebene zu heben[52]:

> In February 1993, a legislator from the coal-producing region filed a bill that would prohibit the commission from considering environmental externalities at all (John, 1994: 247).

Daraufhin versuchte der LAW Fund, die Öffentlichkeit und lokale Umweltgruppen für seine Sache zu mobilisieren. Der Konflikt hatte also eine Wendung genommen, nach der insbesondere Regel 9 nicht mehr befolgt wurde. Nachdem die Erdgasförderer sich auf die Seite der UmweltschützerInnen und ihrer Verbündeten stellten, wurde ein Kompromißgesetzentwurf durch das Parlament verabschiedet, in dem es hieß:

> ... if the commission took account of environmental impacts, it must also estimate economic impacts, including the possibility of increased employment and income in gas and DSM industries (John, 1994: 247).

Schlußfolgerungen aus Fall 3:

Obwohl in der Ausgangssituation als Win-Win-Situation klassifiziert, die grundsätzlich zum Vorteil aller Beteiligten gelöst werden kann, scheint der

---

[52]Laut Edythe Miller ist dies eine weitverbreitete Praxis bei diesen Auseinandersetzungen, weil das Parlament in der Regel nicht die Kommission unterstützt, sondern sich auf Seiten der Industrie befindet.

Fall *Stromsparen in Colorado* kein besonders gutes Beispiel für die kreative und Konflikte lösende Produktivität des kommunikativen Handelns zu sein. Der Grund dafür liegt vor allem im institutionellen Rahmen, in dem die Entscheidungen hin zu einer energiesparenden Verfahrensweise in den USA getroffen werden. Es sind die formellen Gebührenverfahren, in deren Rahmen letztlich die Entscheidungen gefällt werden und diese tragen den Charakter von parlamentarischen Konfrontationen:

> Rate cases, which are legal confrontations, are still where final decisions are made ... (John, 1994: 249).

Trotz dieser konfrontativen Struktur konnten zumindest in zwei der zur Entscheidung anstehenden Verfahrensweisen (DSM und Entkoppelung) faire Kompromisse erzielt werden, was ohne das periodische Einhalten zumindest einiger Diskursregeln während der Gesprächsrunden, die von der Kommission initiiert wurden, nicht möglich gewesen wäre. Da alle Stakeholder an dem kooperativen Prozeß beteiligt waren, wurde der Konflikt komplexer:

> Collaboration is not an absence of conflict, just a style of conflict that emphasizes opportunities for everyone to gain something from the process (John, 1994: 252).

Besonders in der letzten Phase des Disputes über IRP handelten die am Diskurs Teilnehmenden nicht mehr kommunikativ, sondern bedienten sich des Machthandelns, indem sie sich in der Auseinandersetzung einer auf Sprache basierenden Mobilisierung von Öffentlichkeit bedienten und Interessenskoalitionen bildeten, um in ihrem Sinne Druck auf das Parlament auszuüben.

3.3.3 Fall 4: Der Schutz von Feuchtgebieten in Illinois (vgl. Gould et al., 1996)

Diese Interpretation des ökologischen Konfliktes über die Nutzung eines Feuchtgebietes in einem kleinen Ort am Rande des Cook County Illinois basiert auf der detaillierten Beschreibung von Kenneth A. Gould und seinen Kollegen Allan Schnaiberg und Adam S. Weinberg. Das Dorf, um das es hier geht, liegt etwa eine Autostunde entfernt von einer bedeutenden Großstadt. 1989 zogen zwei Frauen, Lynn und Teri, mit ihren Familien aus der Stadt in eine Neubausiedlung des Ortes in unmittelbarer Nachbarschaft eines 45 Acres umfassenden Feuchtgebietes. Kurz nachdem sie sich eingerichtet hatten, fanden Lynn und Teri heraus, daß geplant war, eine vierspurige Straße direkt hinter ihren Häusern durch das Feuchtgebiet zu führen. Lynn und Teri wollten die Realisierung dieser geplanten Baumaßnahme verhindern, die die Gegend in einen *Verkehrsalptraum (traffic nightmare)* (vgl. Gould et al., 1996: 44) verwandeln würde.

Ihre erste Aufgabe bestand darin, ihre NachbarInnen[53] davon zu überzeugen, daß die kleinen Leute nicht, wie von jenen angenommen, immer die Dummen seien, und es keine Möglichkeit gebe zu gewinnen[54]. Das heißt, Lynn und Teri mußten die Einstellung ihrer NachbarInnen in einer diskursiven Richtung verändern, wie sie sich in den Diskursregeln 1 bis 9 widerspiegelt.

Nachdem dieser erste Schritt erfolgreich vollzogen war, gründeten die Stake-

---

[53]Das heißt, die anderen von der Straße betroffenen Bewohner der Siedlung, die ebenfalls gerade aus der Stadt dorthin gezogen waren.

[54]„...people are on the take and there is no way you can win" (Gould et al., 1996: 45).

holder eine Gruppe, die sie *Feuchtgebietswächterlnnen (Wetland Watchers)* nannten. Die Gruppe hatte die Möglichkeit, den Baubeginn der Straße zu drei verschiedenen Zeitpunkten zu verhindern, denn, um das Land seinem Besitzer zu nehmen, bedurfte es:

1. einer Abstimmung der Dorfgemeindevertretung,

2. der Genehmigungen von verschiedenen Bundesstaats- und Bundesbehörden und

3. der finanziellen Unterstützung durch das Verkehrsministerium von Illinois (*Illinois Department of Transportation (IDOT)*) (vgl. Gould, et al., 1996: 45).

Bevor sie in die erste Runde des Diskurses mit Bürgermeister und Gemeinderat eintraten, begannen Lynn und Teri, die Informationen zu sammeln, die sie für das Einbringen ihres Falles benötigten. Diese Informationsbeschaffung war für sie mit erheblichem Aufwand verbunden, denn als sie amerikanische Bundesstaats- und Bundesbehörden wie z. B. das IDOT oder das amerikanische Bundesumweltamt (*Environmental Protection Agency (EPA)*) anriefen, wurden sie von einem Büro zum anderen weiterverbunden, ihrer Bitte um Rückruf wurde nicht entsprochen, oder die BeamtInnen forderten von ihnen zusätzliche technische Beschreibungen des Feuchtgebietes usw. (Gould et al., 1996: 45). Diskursregel 3 war also in diesem Konflikt verletzt, und Lynn und Teri mußten die bittere Erfahrung machen, wie zeitraubend ein öffentlich geführter Disput sein kann (vgl. Diskursregel 2). Eine weitere Schwierigkeit, mit der sich die FeuchtgebietswächterInnen konfrontiert sahen, war die mangelnde diskursive Einstellung ihres Gegenübers[55], denn der Stadtplaner, der für den mangelhaft erstellten Bebauungsplan verantwortlich war, hatte bereits in der Vergangenheit einige kostspielige Fehler begangen, und dieses Straßenbauprojekt sollte ihm dazu dienen, sein Gesicht zu wahren und seinen Arbeitsplatz zu erhalten (vgl. Gould et al., 1996: 47). Außerdem hatte er den Ruf, seine Ideen auch zu vertreten und nie *einen Rückzieher zu machen* (d. h. bei ihm kann von der Nichtbefolgung der Diskursregeln 3, 4 und 6 ausgegangen werden). Der Stadtplaner war mit dem Bürgermeister und den meisten GemeinderätInnen gut befreundet (vgl. Gould et al., 1996: 46).

An dem Abend, als das geplante Bauprojekt öffentlich diskutiert wurde, machten die FeuchtgebietswächterInnen den Fehler, ihre Sache sehr emotional vorzutragen und brachten für die Erhaltung dieses Stücks Natur in erster Linie ästhetische Argumente vor (d. h. sie beachteten Regel 7 nicht). Außerdem verletzten sie Regel 9, indem sie sofort damit drohten zu klagen und wohlhabende DorfbewohnerInnen als ihre Verbündete herausstellten, die viel reicher waren als die meisten Gemeinderatsmitglieder. Trotzdem erreichten die FeuchtgebietswächterInnen, daß die Abstimmung des Gemeinderates über das Projekt zunächst verschoben wurde. Indem sie auch die folgenden Gemeinderatssitzungen besuchten, respektierten sie Diskursregel 2, und in ihrem Versuch, rationaler und technisch versierter auf diesen Versammlungen zu erscheinen, folgten sie nun Regel 7, auch wenn anscheinend nur einige

---

[55] „...they ...expected an open forum on this issue of public concern" (Gould et al., 1996: 46).

von ihnen damit Erfolg hatten. Ein Gruppenmitglied beschreibt die Haltung der Gemeinderatsmitglieder so:

> Even if you had your hand up for half an hour, they would look over you if you had established yourself as emotional (Gould et al., 1996: 49).

Über die Dauer des gesamten Konfliktes rangen die FeuchtgebietswächterInnen darum, ein Gleichgewicht des Informationsstandes zu erreichen (vgl. Regel 5), selbst als einer ihrer Verbündeten im Ort ein ExpertInnenteam für sie bereitstellte (vgl. Gould et al., 1996: 48). Der lokale Verbündete war ein ortsansässiger Bauunternehmer, dem das Feuchtgebiet gehörte und der dort Häuser anstatt der geplanten Straße errichten wollte[56]. Denn auch diese zusätzlich von den ExpertInnen beschafften Informationen bewirkten keine Orientierung des Diskurses

auf Verständigung, weil der Gemeinderat nicht willens war, auf Argumente zu hören, die dem Projekt widersprachen, insbesondere dann nicht, wenn diese von Außenstehenden vorgebracht wurden (Gould et al., 1996: 49).

Während der folgenden Sitzungen begann der Gemeinderat, die Gruppe als InteressenvertreterInnen ernst zu nehmen. Zur selben Zeit verhielten sich die GemeinderätInnen zunehmend aggressiv (Regel 9 wurde verletzt). Gould et al. beschreiben dieses Verhalten so:

---

[56]Er hielt diesen Plan für eine Weile geheim und lüftete ihn erst später, als der Konflikt auf die nächste Verwaltungsebene gewandert war.

Rather than answering questions the group raised, they would deflect the questions with new questions of their own. Furthermore, some board members openly attacked the participants (Gould et al., 1996: 49).

Nachdem sechs Monate, der Diskussionen auf Gemeinderatssitzungen vergangen waren, wandte sich der Bauunternehmer an die nächsthöhere kommunale Ebene (*County Board of Appeals*), um den Bebauungsplan des Gebietes abzuändern und sich für seine Baupläne dort die nötige Zustimmung zu holen. Nachdem er so seine Intention, auf dem Feuchtgebiet Häuser zu bauen, offenlegte, wurde aus dem vorherigen Verbündeten der FeuchtgebietswächterInnen nun ihr Gegner auf der *County*-Ebene. Es ist dies also wieder ein Beispiel, wo die Partei, die ökonomische Interessen vertritt, strategisch von einer kooperativen zu einer konfrontativen Haltung wechselt, wenn das ihrem Ziel der Nutzenmaximierung dient (vgl. Fall 2). Obwohl die Gruppe auch auf dieser Ebene des Konflikts wieder einen Informationsnachteil hatte, z. B. waren die MitarbeiterInnen des *Board of Appeals* im allgemeinen nicht willens, auf das Informationsbedürfnis der FeuchtgebietswächterInnen einzugehen (vgl. Gould et al., 1996: 51)[57], gelang es Lynn, einen guten Kontakt zu einer bestimmten Mitarbeiterin aufzubauen, die sicherstellte, daß ihre Petitionen und Briefe in die Akten aufgenommen und den Mitgliedern des Gremiums vorgelegt wurden (vgl. Gould et al., 1996: 51). Das war sehr bedeutend für den Fortgang des Geschehens, denn die FeuchtgebietswächterInnen hatten

---

[57]Während der Bauunternehmer Erfahrung im Umgang mit der Behörde hatte, mußten die FeuchtgebietswächterInnen u. a. erst die Regeln des Verfahrens herausfinden.

einen Termin für das Einbringen von Petitionen versäumt. Außerdem durften und konnten sie an der Sitzung des *Board of Appeals* in der Hauptstadt des Bundesstaates nicht teilnehmen. Durch Vermittlung der eben erwähnten Angestellten bekam Lynn die Gelegenheit, mit dem für den Bebauungsplan zuständigen Gremiumsmitglied zu sprechen und überzeugte ihn, im Sinne der Gruppe vor dem *County Board* aufzutreten (ein Indiz für die Kraft kommunikativen Handelns und Diskursregel 6). Das heißt, diese Angestellte öffnete das ansonsten eher geschlossene Verfahren im Sinne der Diskursregeln 3 und 5, obwohl in ihm Regel 1 nicht erfüllt wurde.

Zu dieser Zeit hatte das noch verbleibende Grüppchen der Aktiven unter den FeuchtgebietswächterInnen damit begonnen, Verbindungen zu den Behörden auf Bundesstaats- und Bundesebene aufzunehmen (vgl. Gould et al., 1996: 50). Das nächste Ereignis, das den Konflikt in Richtung eines rationalen Diskurses bewegte, war die Entlassung des Stadtplaners. Seine Arbeit übernahmen zwei von außen kommende Fachkräfte, die nicht in den Konflikt verwickelt waren und keine eigenen Interessen verfolgten (vgl. Gould et al., 1996: 52). Die neuen Planer handelten entsprechend der Diskursregeln 4, 5, 6 und 9. Da einer der Planer derselben Kirchengemeinde wie Teri angehörte, hatte die Gruppe *einen direkten Draht* zu ihm (vgl. Gould et al., 1996: 52).

Obwohl die neuen Planer schnell herausfanden, daß die Behörden auf Bundesstaats- und Bundesebene (IDOT und EPA) die Straße nicht befürworteten, hielt der Gemeinderat an dem Bauprojekt mit der Begründung fest, die Straße würde das Wirtschaftswachstum fördern (vgl. Gould et al., 1996: 53). Erst als ruchbar wurde, daß die vom Gemeinderat in Auftrag gegebene Originalstudie das Bauvorhaben nicht empfahl, und daß der Gemeinderat der Dorföffentlichkeit nur eine überarbeitete und geschönte Fassung des Gutachtens gezeigt hatte, wurde die Straße auch auf Dorfebene niedergestimmt. Das öffentliche Vorführen der manipulativen Finten des Gemeinderates gab der Gruppe der FeuchtgebietswächterInnen Gelegenheit, ihre Argumente im Sinne einer Harmonie von Ökonomie und Ökologie zu reformulieren (vgl. die Diskursregeln 3, 4 und 6). In den Worten von Gould et al.:

> They could now argue that the road was fiscally unsound, was technically unfeasable and would promote the wrong type of development (Gould et al., 1996: 53).

Schlußfolgerungen aus Fall 4:

Gould et al. sprechen deutlich aus, daß dieser Fall ein Konflikt um ökonomische Interessen war:

> For Lynn and Teri, it was as an issue of open land scarcity and hence one of quality of life and property values. For the developer and village speculators, the conflict was about the increasing scarcity of developable land needed to maintain local growth rates (Gould et al., 1996: 59).

Gould et al. unterscheiden zwei Idealtypen der Entscheidungsfindung. Einen, bei dem der Entscheidungsprozeß offen ist für jede Person, und die Diskussion solange fortgeführt wird, bis ein Konsens erzielt wird — also ein rationaler Diskurs im Sinne von Habermas; und einen anderen, in dem die Regierung oder nachgeordnete Behörden autokratisch entscheiden (ohne Partizipation der Beteiligten und Betroffenen). Der hier beschriebene Fall liegt in der Mitte zwischen beiden Extremen, wie Gould et al. schreiben:

> At each of these levels the development of practice was not democratic or autocratic but open; ... (Gould et al., 1996: 66).

Es zeigten sich folgerichtig, gemessen am Maßstab von Renns Regeln, auch einige Elemente kommunikativen Handelns während dieses Disputs. Das Ergebnis dieses Konflikts kann als Konsens interpretiert werden, der durch konsequent angewandtes kommunikatives Handeln trotz vielfältiger machtvoller Widerstände und sonstiger Hindernisse erzielt wurde, denn bis auf den Bauunternehmer ist die getroffene Entscheidung gegen die Straße im Interesse aller Dorfbewohner. Auch wenn es zu keinem Kompromiß kam, so wäre im Prinzip auch eine solche Lösung denkbar gewesen, z. B. eine, bei der der Bauunternehmer nur einen Teil des Feuchtgebietes bebaut hätte. Eine verstärkte Anwendung kommunikativen Handelns durch den Bauunternehmer und/oder den Gemeinderat hätte vielleicht zu einer solchen Lösung geführt, besonders wenn man die kompromißorientierte Haltung der FeuchtgebietswächterInnen berücksichtigt:

> The groups[58] wanted to make compromises with developers and state participants, but they never found another stakeholder with whom to compromise (Gould et al., 1996: 80).

---

[58]Gould et al. untersuchten insgesamt 17 Gruppen in unterschiedlichen Teilen des Landes, die alle versuchten, Feuchtgebiete vor geplanten Baumaßnahmen zu bewahren.

Dieser Fall unterscheidet sich zudem von den beiden vorausgegangenen durch das Fehlen klar abgegrenzter Perioden des entweder kommunikativen oder Machthandelns. Statt dessen mischen sich über die Dauer des Konflikts ständig beide Handlungsmuster.

Außerdem zeigt er die Bedeutung von Koalitionsbildung und wechselnden Koalitionen über die Zeitspanne des Disputs (vgl. Gould et al., 1996: 52, Tab. 2.1) und verweist auf die Wichtigkeit von persönlichen Beziehungen für kommunikatives Handeln. So ist es den FeuchtgebietswächterInnen gelungen, kommunikatives Handeln in kommunikative Macht zu verwandeln und dadurch einen Diskurs wieder zu öffnen, der bereits geschlossen war. Der Übergang von kommunikativem Handeln in kommunikative Macht bedeutet auch, daß kommunikative Macht eine Wirkung *gegen* KontrahentInnen im Konflikt erzielt, die den definitorischen Rahmen von Verständigung überschreitet.

Daneben illustriert der Fall der FeuchtgebietswächterInnen und ihr Sieg beispielhaft Hirschmans und Bouldings Beharren auf der besonderen Kraft der schwächsten Konfliktpartei (vgl. Teil: 4 und Teil: 5).

3.4 Fall 5: Das Mediationsverfahren zum Abfallwirtschaftskonzept im Kreis Neuss (vgl. Pfingsten/Fietkau, 1995)

Das Wissenschaftszentrum Berlin (WZB) hat von 1991 bis 1993 ein Mediationsverfahren zum Abfallwirtschaftskonzept (AWK) des Kreises Neuss

(NRW) angeregt, durchgeführt und vor allem wissenschaftlich begleitet [59].

Die Studie des WZB wird als Fallbeispiel aufgenommen, denn sie untersucht neben vielen anderen Aspekten auch das Verhältnis von kommunikativem zu strategischem und Machthandeln in Diskursen. Für die Forschungen des WZB stellte die Frage nach der diskursiven oder strategischen Haltung der an der Mediation Teilnehmenden eine Unterfrage zu der allgemeineren Frage dar,

> ... ob und unter welchen Voraussetzungen sich Mediationsverfah-
> ren bei konfliktreichen umweltrelevanten Planungen und Maßnah-
> men in der Bundesrepublik Deutschland in ökologischer, sozialer
> und politisch-administrativer Hinsicht erfolgreich einsetzen lassen
> (Fietkau/Weidner, 1994: 99).

Bevor auf die hier interessierenden Forschungsergebnisse des Neusser Verfahrens eingegangen werden kann, sollen der Fall kurz dargestellt und die vom WZB verwendeten empirischen Methoden beschrieben werden. Ausgangspunkt für das Neusser Mediationsverfahren war ein im September 1991 vom Kreistag des Kreises Neuss beschlossenes Abfallwirtschaftskonzept (AWK), über das in der Folge (teilweise heftige) Auseinandersetzungen geführt wur-

---

[59]Mit der Verfahrensweise, qualitative und quantitative sozialwissenschaftliche Methoden zeitgleich mit dem Mediationsverfahren einzusetzen, hat das Forschungsteam des WZB nach eigener Aussage „wissenschaftliches Neuland betreten", da alle bekannten Fallbeschreibungen bisher entweder aus der Distanz und deshalb mit methodisch problematischem Vorgehen erfolgten oder aus der Feder von mehr oder minder direkt am Verfahren beteiligten Personen stammten (vgl. Fietkau/Weidner, 1994: 107).

den (vgl. Fietkau/Weidner, 1994: 100). Das AWK wurde von Bürgerinitiativen und den im Kreistag vertretenen Grünen kritisiert:

> Die öffentliche Kontroverse um das AWK bezog sich auf die Ausschöpfung von Abfallvermeidungs- und verwertungspotentialen, den Bedarf an Entsorgungskapazitäten und bestimmte Abfallbehandlungstechniken, vor allem die vorgesehene Müllverbrennungsanlage (MVA) (Pfingsten/Fietkau, 1995: 9).

Ziel des Mediationsverfahrens, das vom WZB vorgeschlagen und schließlich finanziell und organisatorisch unterstützt wurde, war es, daß das AWK

> ..., von einem breiten Konsens der Bevölkerung getragen wird, daß es der Umwelt und den Menschen im Kreis Neuss nützt und gegebenenfalls Standortnachteile ausgleicht (Fietkau/Weidner, 1994: 101).

Das Verfahren wurde von einem vom WZB mit ausgewählten, sonst aber nach allen Richtungen unabhängigen Mediator geleitet und durchgeführt (vgl. Diskursregel 8).

> Es haben neun große Mediationssitzungen sowie mehrere Sitzungen mit einem beabsichtigt kleineren Teilnehmerkreis stattgefunden (Fietkau/Weidner, 1994: 100).

> Die Beteiligten vertraten etwa dreißig Gruppen, die ein breites Interessenspektrum im Kreis Neuss widerspiegeln: Kreisverwaltung,

die im Kreistag vertretenen politischen Parteien (CDU, SPD, FDP und die Grünen), Umweltverbände (u. a. Bund für Umwelt- und Naturschutz), Bürgerinitiativen (u. a. Bürgerinitiative gegen Müllverbrennung), Städte und Gemeinden, aber auch Vertreter aus der Wirtschaft (z. B. Industrie- und Handelskammer, Deutscher Gewerkschaftsbund) und der Kirchen nahmen daran teil. Pro Gruppe durften maximal drei Vertreter in das Verfahren entsandt werden; mit dieser Regel gingen die Beteiligten jedoch flexibel um. Im Verlauf des Verfahrens pendelte sich die Zahl der Sitzungsteilnehmer auf etwa 35 bis 40 Personen ein, die die genannten Gruppen repräsentierten (Pfingsten/Fietkau, 1995: 11f, vgl. Diskursregel 1).

Der Kreisverwaltung Neuss kam im Vergleich zu den anderen am Diskurs Teilnehmenden eine Sonderrolle zu, denn sie hatte das AWK konzipiert und den damit zusammenhängenden politischen Entscheidungsprozeß organisiert:

Sie war gleichzeitig Interessenvertreterin und Sachwalterin des politisch-administrativen Verfahrens (Weidner/Fietkau, 1994: 109).

Dadurch wurde Diskursregel 5 verletzt, denn die Gleichheit der am Diskurs Teilnehmenden war nicht gewährleistet. Das Mediationsverfahren hatte insgesamt den Effekt, den Zeitdruck auf die Entwicklung des AWK zu mildern (vgl. Fietkau/Weidner, 1994: 112 und Regel 2), und schwache finanzielle Ressourcen einzelner beteiligter Gruppen wurden zumindest teilweise durch einen Unterstützungsfonds ausgeglichen (vgl. erneut Regel 5 und Fietkau/Weidner, 1994: 110).

Als einvernehmliche Lösung wurde durch die Mediation erreicht, daß die bereits fixierten Maßnahmen zur Abfallvermeidung und -verwertung intensiviert und ausgebaut wurden. Dadurch sowie durch die verbesserte Datenlage konnten die prognostizierten zu verbrennenden und zu deponierenden Restabfallmengen drastisch reduziert werden.

> Zur *Verbrennungsfrage* konnte dagegen im Mediationsverfahren kein Konsens, sondern lediglich eine Mehrheitsentscheidung herbeigeführt werden (Pfingsten/Fietkau, 1995: 13, vgl. Regel 3).

Der Streit, ob der nicht zu vermeidende Restmüll verbrannt oder biologisch-mechanisch behandelt werden und die Frage, an welchem Standort dies geschehen soll, mündete nach Beendigung des Mediationsverfahrens in eine parlamentarische Auseinandersetzung (vgl. Fietkau/Weidner, 1994: 106). Es wurden also in diesem Verfahren ein *strittiger Kompromiß* bzw. Teilkonsense erzielt (vgl. Pfingsten/Fietkau, 1995: 22). Die kurze Fallbeschreibung macht deutlich, daß die mehr oder weniger formalen Diskursregeln: 1, 2, 3, 8 und 5 (mit einer fallspezifischen Einschränkung) weitgehend eingehalten wurden. Die eher haltungs- bzw. handlungsbezogenen Diskursregeln 4, 6 und 9 waren zum Teil Inhalt der vom WZB durchgeführten empirischen Erhebungen.

Das WZB hat in seiner prozeßbegleitenden sozialwissenschaftlichen Untersuchung verschiedene quantitative und qualitative Methoden kombiniert:

- teilnehmende Beobachtung durch zwei bis vier Projektmitglieder an allen Sitzungen,

- Tonbandaufzeichnungen der Mediationssitzungen,

- strukturierte Interviews mit den Verfahrensbeteiligten sowie mit Vertretern relevanter Kontextgruppen,

- Interviews mit dem Mediator und

- Fragebogenerhebungen nach jeder Sitzung bei den Verfahrensbeteiligten, beim Mediator und bei den wissenschaftlichen *Außenbeobachtern* (Fietkau/Weidner, 1994: 107).

Durch diesen Methodenmix wurde die problematische statistische Auswertung der Fragebögen[60] aufgefangen. Ausgegangen ist das Forschungsteam des WZB von der Hypothese, daß es unter den Beteiligten zwei unterschiedliche Verfahrensorientierungen gibt — eine strategische und eine verständigungs-orientierte:

> Dabei sollten acht Items eine Sichtweise repräsentieren, die die Verhandlungssituation als Kampf bzw. als Interessenkonflikt interpretiert. Dieser ersten Itemgruppe wurden acht weitere Items paarweise zugeordnet, die eher den Aspekt gemeinsamen diskursiven Lernens betonen (Pfingsten/Fietkau, 1995: 59).

---

[60] Es wechselten die am Mediationsverfahren teilnehmenden Personen und deren Anzahl von Sitzung zu Sitzung (vgl. Pfingsten/Fietkau, 1995: 32), und die Stichprobe war zumeist kleiner als 40 (vgl. Pfingsten/Fietkau, 1995: 29 und 32).

Das Selbstverständnis der MediationsteilnehmerInnen, das die Untersuchung ermittelte, bringen die WZB-ForscherInnen auf die knappe Formel: *diskursive Lobbyisten* (vgl. Pfingsten/Fietkau, 1995: 71). Nach Pfingsten und Fietkau schließe sich eine interessenbezogene Sichtweise und diskursive Verfahrensbeurteilung nicht unbedingt aus, vielmehr sei eine Mischung aus kooperativen und kompetitiven Einstellungen festzustellen. So gaben die Verfahrensbeteiligten zwar fast immer mehrheitlich an, daß sie sich als InteressenvertreterInnen definierten. Nur für einen Teil war die Entscheidung noch offen und eine wechselseitige Verständigung wahrscheinlich. Dennoch, so schreiben Pfingsten und Fietkau, sahen nur wenige die anderen Gruppen als GegnerInnen, sondern eher als KooperationspartnerInnen und glaubten, voneinander lernen zu können:

> Man will weniger überzeugen als verstehen und bemüht sich um eigene Offenheit in der Argumentation (Pfingsten/Fietkau, 1995: 60).

Während des Verfahrens glaubten Beteiligte zunehmend an eine konsensuelle Lösung und betrachteten die Sitzungen immer weniger als Kampf.

Gleichzeitig nahm der schon anfangs relativ geringe Prozentsatz, der sich als entscheidungsoffen einschätzenden Personen ab (vgl. Pfingsten/Fietkau, 1995: 61). Insgesamt zeigte sich, so die AutorInnen der WZB-Studie, daß — mit Ausnahme der letzten Sitzung — die interessenbezogene Einstellung immer stärker ausgeprägt gewesen sei als die diskursive Orientierung, wenn auch im Verlauf des Verfahrens die diskursive zu- und gleichzeitig (tendenziell) die interessenbezogene Orientierung abgenommen habe (vgl. Pfingsten/Fietkau, 1995: 63f).

Wie die Bezeichnung *diskursive Lobbyisten* ausdrückt, schließen sich also beide Verfahrensorientierungen nicht gegenseitig aus. Ist eine der beiden Orientierungen aber dominant, so ist das eher persönlichkeits- bzw. situationsdenn gruppenspezifisch:

> Die beiden Teilgruppen politisch-administratives System und Umweltgruppen unterscheiden sich nicht signifikant in bezug auf die positionelle bzw. diskursive Orientierung (Pfingsten/Fietkau, 1995: 65).

Einstellungsveränderungen nehmen die Verfahrensbeteiligten nur vereinzelt bei sich wahr, sie berichten aber von einer verbesserten, sachlichen und fairen Konfliktaustragung sowie von einer größeren (vereinzelt auch geringeren) Offenheit anderer Akteure als erwartet (vgl. Pfingsten/Fietkau, 1995: 72). Die Forschungsgruppe des WZB hat die Diskursbeteiligten zudem am Ende des Mediationsverfahrens aufgefordert, die beiden zentralen Verhandlungsgruppen Kreisverwaltung und Umweltgruppen in bezug auf ihr Verhalten im Mediationsverfahren einzuschätzen (vgl. Pfingsten/Fietkau, 1995: 112). Es ergaben sich interessante Unterschiede in der Selbst- und Fremdeinschätzung der AkteurInnen, die unterstreichen, wie bedeutend die eigene Haltung für das Gelingen eines Diskurses ist:

> Dabei divergieren die Selbst- und Fremdeinschätzungen von Flexibilität, Kompromißbereitschaft und anderen Verhaltensattribu-

ten der Verfahrensbeteiligten. Bei den Selbst- und Fremdeinschätzungen der Befragten zeigt sich eine gewisse Differenzierungsfähigkeit auf der einen und pauschale Zuschreibungen auf der anderen Seite. So werden die Kreisverwaltung und die Umweltgruppen als zentrale Akteure im Verfahren in verschiedener Hinsicht positiv bewertet. Beide gelten nach Ansicht vieler als kompetent, kooperativ, kreativ und transparent. Auf den ersten Blick folgen die Einschätzungen damit keinem Freund-Feind-Schema. Bei einer Analyse getrennt nach Selbst- und Fremdeinschätzungen zeigt sich allerdings, daß die Selbstbilder beider Akteure jeweils deutlich positiver ausfallen als die entsprechenden Fremdbilder. Insgesamt zeigt sich die Tendenz, Flexibilität, Kompromißbereitschaft, Kreativität, Transparenz und andere *mediationsförderliche* Attribute bei anderen in geringerem Umfang als bei sich selbst zu erkennen. Dies kann sich als Mediationshindernis erweisen. (Pfingsten/Fietkau, 1995: 118).

Im übrigen nahmen sich nicht nur die Beteiligten wechselseitig als zu wenig offen wahr, sie wurden auch vom Mediator so eingeschätzt (vgl. Pfingsten/Fietkau, 1995: 135).

Schlußfolgerungen aus Fall 5:

Die Begleitforschung des Neusser Mediationsverfahrens durch das WZB stellt eine Mischung aus konfligierenden Interessen und der kommunikativen Suche nach neuen Lösungen bei den am Diskurs Teilnehmenden fest. Die verständigungsorientierte Haltung tritt bei den Beteiligten in einem von Person zu Person variierenden Mischungsverhältnis mit einer erfolgsorientierten Haltung auf und ist von der Persönlichkeit der einzelnen und nicht von der jeweiligen Gruppenzugehörigkeit oder der Art der Interessen (Partikularinteressen bzw. Gemeinwohl) abhängig. Während des Diskurses wird zwar Machthandeln durch das relativ strenge Einhalten der Diskursregeln und deren Garantie durch den Mediator ausgeschlossen, aber da in einer zentralen Frage kein Konsens oder fairer Kompromiß erzielt werden konnte, ging dieser Konflikt nach Beendigung der Mediation in eine parlamentarische Konfrontation über. Diese Studie untermauert also das bereits aus der Interpretation der anderen Fallbeispiele gewonnene Ergebnis, daß kommunikatives und Machthandeln in ökonomisch-ökologischen Diskursen vermischt bzw. phasenweise auftritt.

3.5 Zusammenfassende Schlußfolgerungen aus den Fallbeispielen

Bei allen hier behandelten Fallbeispielen ging es um den grundsätzlichen Konflikt zwischen wirtschaftlicher Tätigkeit bzw. Wirtschaftswachstum und der damit unweigerlich verbundenen Umweltbelastung. Diese beiden Aspekte wurden von den einzelnen Konfliktparteien, sei es im Sinne des Gemeinwohls oder ihrer Partikularinteressen, unterschiedlich bewertet. Die Diskurse hatten deshalb nicht nur ein Sachproblem, sondern immer auch einen Wertkonflikt zu lösen.

Die Fallbeispiele belegen die Produktivität von Diskursen beim Finden neuer

Lösungen wie z. B. neuer Verfahren, um die Wasserverschmutzung zu verringern (vgl. Fall 2) oder die Müllentsorgung zu verbessern (vgl. Fall 5), sowie beim Entschärfen von Konflikten über das Umsetzen solcher neuer Lösungen in die Praxis (vgl. Fall 3) und das Finden des geeignetsten Standorts (vgl. Fall 1). Während Lynn und Teri versuchten, das Feuchtgebiet in ihrer Nachbarschaft zu bewahren, verliehen sie Werten eine Stimme (z. B. der Lebensqualität oder dem ökologischen Wert dieses Biotops), die ansonsten durch Markt und Staat übersehen und überhört worden wären (vgl. Fall 4). Diskurs als Koordinationsmechanismus integriert also Werte, die durch andere Koordinationsmechanismen nicht beachtet werden.

Es ist demzufolge sinnvoll, den Diskurs als Koordinationsmechanismus auch ökonomischer Handlungen entlang der gedanklichen Linie des ersten theoretischen Teils weiterzuentwickeln. Allerdings scheint es nahezu unmöglich zu sein, Machthandeln in praktischen Diskursen völlig auszuschließen, wie es die meisten Diskursregeln implizit und Diskursregel neun explizit vorgeben. Die Fallbeispiele zeigen, daß es zu den verschiedensten Formen strategischen Handelns kommt: Mobilisierung von Öffentlichkeit, Koalitionsbildungen, verbale Aggression und Einsatz von finanziellen und anderen Machtressourcen. Andererseits hat das Vorhandensein von Machthandeln und seine Anwendung durch die am Diskurs teilnehmenden Personen auch nicht die durch kommunikatives Handeln erzielte Verständigung völlig zerstört oder unmöglich gemacht. Die hier ausgewerteten praktischen Erfahrungen belegen also nicht nur den Nutzen einer kommunikativen ökonomischen Theorie, sondern erfordern zugleich die Integration von Formen des Machthandelns in diese Theorie. Dabei muß u. a. berücksichtigt werden, daß kommunikatives Handeln in kommunikative Macht übergehen kann.

Außerdem spielte ein weiteres Element in den Fallbeispielen eine wichtige Rolle, das theoretisch noch nicht erfaßt wurde, nämlich persönliche Beziehungen und die Ausprägung bestimmter Persönlichkeiten, die eine Haltung bei den am Diskurs Teilnehmenden verstärken, die kommunikatives Handeln erleichtert bzw. befördert. Beide Aspekte sind in Bouldings Bedingungen für Versöhnung enthalten, in Hirschmans *Loyalität* oder Renns Diskursregeln finden sie sich jedoch nur implizit über die vorausgesetzte Haltung wieder. Den Praktikern ist dieses Defizit an Kenntnissen darüber, wie die verständigungsorientierte Haltung entsteht, und daß sie durch Regeln allein nicht zu garantieren ist, bewußt. Mitunter kann sogar ein festgefahrener Konflikt eine verständigungsorientierte Haltung hervorbringen. So schreibt Webler:

Acting on „higher" motives than one's own interests is moral action. This is the key ingredient to cooperation — the willingness of the participants to set their personal interests aside as they search for the best decision for all. Neither the standard discursive criteria nor Habermas's discourse ethics or ideal speech situation can force people to act morally. Nonetheless, a moral attitude is necessary for the success of communicative action. ... Work needs to be done to understand how structural conditions of the discourse can promote participants to adopt a moral attitude. This will add to previous work to identify aspects of the problem setting that facilitate moral action, such as gridlock — when no one can gain from the status quo. People are also induced to act morally when they require each other's cooperation to acquire a common good or when the level of social cohesion and the sense of social responsibility is high (Webler, 1995: 71f).

4 Die Methode der Einordnung von Machttheorien nach Steven Lukes

Nachdem im vorigen Teil die Relevanz und Potenz kommunikativen Handelns zur Koordination ökonomischer Handlungen in praktischen Diskursen aufgezeigt und der Begriff Machthandeln anhand seiner unterschiedlichen Ausformungen, wie z. B. Mobilisierung von Öffentlichkeit und Koalitionsbildung in der Praxis anschaulich geworden ist, geht es nun um die Frage, wie (sprachvermitteltes) Machthandeln handlungstheoretisch konzipiert werden kann, um es in die praktische Sozialökonomie, d. h. eine kommunikative ökonomische Theorie, zu integrieren. Es wird dabei auch um die Frage gehen, in welchem Verhältnis Machthandeln zu den bis heute in der praktischen Sozialökonomie gebrauchten Begriffen des kommunikativen und strategischen Handelns steht. Es sei daran erinnert, daß strategisches Handeln von ihr zumeist im engen Zusammenhang mit Belohnung und Drohung gedacht wird (vgl. Teil 2.6 und Ulrich, 1997: 442), und daß als ein Ergebnis aus den interpretierten Fallbeispielen der Übergang kommunikativen Handelns in kommunikative Macht festzuhalten ist, die nach dieser Wandlung nicht mehr vornehmlich verständigungsorientiert eingesetzt wird.

Für den Entwurf eines Handlungsmodells entlang der eben erwähnten Fragestellung werden die beiden für die praktische Sozialökonomie konstitutiven Theoriestränge herangezogen, nämlich das Werk von Habermas (insbesondere seit Erscheinen der *Theorie des kommunikativen Handelns*) und die ökonomische Theorie. Ähnlich wie schon bei der Auswertung der Fallbeispiele wird auch im folgenden die hermeneutische Vorgehensweise durch einen Interpretationsrahmen unterstützt. Den Hintergrund für die Suche nach handlungstheoretischen Konzeptionen, die Machthandeln im Diskurs erklären können, bildet Steven Lukes' Einteilungsschema von Machttheorien in zwei grundsätzliche Konzeptionen, von denen er die eine wiederum in drei Dimensionen gliedert.

Im folgenden soll das für die Sozialwissenschaften weithin anerkannte Einteilungsraster von Steven Lukes kurz vorgestellt werden. Lukes *Dimensionen der Macht* liefern einen Maßstab der Bewertung und Einteilung bei der hermeneutischen Befragung der Machtkonzeptionen Habermas' und der Wirtschaftswissenschaften. Die Anwendung dieses Maßstabs verfolgt das Ziel, am Ende ein systematisches Handlungsmodell sprachvermittelten Machthandelns für solche Diskurse zu skizzieren, die ökonomische Handlungen koordinieren.

Steven Lukes' kleine Schrift *Power – A Radical View* von 1974 nimmt für den Fortschritt der sozialwissenschaftlichen Machttheorie immer noch eine besonders herausragende Stellung unter den *führenden Beiträgen* zum Thema Macht ein, wie John Scott in der Einleitung zu seiner dreibändigen Zusammenstellung der Machtkonzeptionen der Soziologie und Politologie zwischen 1939 und 1991 im englischen Sprachraum und darüber hinaus schreibt[61].

Lukes konstatiert, daß alle Machttheorien von zwei Grundmustern ausgehen. Diese Grundmuster lassen sich mit den schon von Hirschman und Boulding

---

[61] „The papers that are reprinted in these volumes are representative of the leading contributions that have been made to the debate on social power over the years" (Scott, 1994: General Commentary (op. cit. ohne Seitenangabe)).

(vgl. Teil 2.3 und 2.4) gebrauchten und hervorgehobenen Begriffen Konflikt und Konsens treffend umschreiben. Das erste Muster, das im Durchsetzen von Interessen gegen andere besteht, faßt Scott kurz wie folgt zusammen:

> The first of these concepts sees power as arising wherever A affects B in a manner that is contrary to B's interests. Such an approach sees power relations as asymmetrical: they are zero-sum relations which involve actions in which there is potential resistance or conflict beween agents. Power is, from this point of view, an element in a conflict of sectional interests (Scott, 1994: General Commentary).

Während er das zweite Grundkonzept so skizziert:

> The second concept of power that Lukes identifies — the non-sectional or non-zero sum concept — sees power as existing only in and through processes of legitimation. Power is seen as a collective capacity that arises from structures of harmonious communal organisation (Scott, 1994: General Commentary).

Die führenden VertreterInnen der zweiten Grundkonzeption sind Talcott Parsons und Hannah Arendt (vgl. Scott, 1994: General Commentary; Lukes, 1974: 27ff sowie ders., 1982: 137), auf deren Machtbegriffe im übrigen zum einen Habermas' Macht als Medium (Parsons) und zum anderen dessen kommunikative Macht (Arendt) zurückgehen (vgl. Teil 5 und die entsprechenden Unterkapitel).

Lukes meint, die der zweiten Grundannahme folgenden Theorien liefen Gefahr, die Aspekte der Beziehung und des Konflikts aus den Augen zu verlieren. Diese aber seien es gerade, die das Studium der Macht so interessant machten:

> They focus on the locution „power to" ignoring „power over".
> Thus power indicates a „capacity", a „facility", an „ability", not
> a relationship. Accordingly, the conflictual aspect of power — the
> fact that it is exercised *over* people — disappears altogether from
> view (Lukes, 1974: 31).

Lukes zufolge geht der als zentral angesehene Aspekt der Machtbeziehung, nämlich die Sicherung des Sich-Unterwerfens von Menschen unter an sie herangetragene Forderungen, indem ihr Widerstand umgangen oder überwunden wird, verloren [62]. Wie die an Habermas' Machtkonzeption geübte Kritik belegt (vgl. Teil 5.3), sind die von Lukes grundsätzlich an der konsensuellen — von ihm symmetrisch (vgl. Lukes, 1982: 136) genannten — Grundkonzeption von Macht festgestellten Mängel ernst zu nehmen. Lukes meint darüber hinaus, daß seine differenzierte Fassung der ersten Konzeption alle Aussagen der zweiten Konzeption umfaßt (vgl. Lukes, 1974: 31). Diese Integration der symmetrischen unter die asymmetrische Machtkonzeption gelingt Lukes indes nur insoweit, als er die Stärken der zweiten Konzeption ausklammert

---

[62]Die Bedeutung, die Lukes konfligierenden partikularen Interessen zumißt, ist auch der Ausgangspunkt seiner Kritik an Habermas' universalpragmatischem Ansatz in dessen *Theorie des kommunikativen Handelns* (vgl. Lukes, 1982a).

und wegdefiniert, indem er von der von ihm besonders betonten Neugier am Interessenkonflikt ausgeht:

> ...influence and authority may or may not be a form of power — depending on wether a conflict of interests is involved. Consensual authority, with no conflict of interest, is not, therefore, a form of power (Lukes, 1974: 32).

Den eigentlichen Widerspruch zwischen der ersten und zweiten Konzeption — nämlich, ob rationale Verständigung bzw. rationales Überzeugen eine Form von Macht und Einfluß ist — kann Lukes, wie er selbst schreibt (vgl. Lukes, 1974: 32f), nicht auflösen, und er hält ein solches theoretisches Unternehmen auch für unmöglich.

Die Kritik an Lukes' Versuch der Einordnung der konsensuellen Machtvorstellung unter die konfligierende mindert aber keineswegs die Nützlichkeit der drei Dimensionen von Macht zur Einordnung und Bewertung von Machtformen und Theorien, die nicht nur von Scott, sondern auch von zahlreichen anderen Machttheoretikern anerkannt wird (vgl. u. a. Imbusch, 1997: 11, Sandner, 1992: 74ff, Bartlett, 1989: 9f und Clegg, 1989: 87). Lukes' drei Dimensionen konfligierender Macht sind folgendermaßen definiert:

In der ersten Dimension ist Macht an konkreten Handlungen von Individuen zu beobachten, die in Entscheidungssituationen einer Gruppe ihre Interessen bezogen auf zur Entscheidung vorgebrachte Themen vertreten. Der Konflikt tritt offen zutage, und auch die subjektiven Interessen der am politischen Prozeß Teilnehmenden sind klar erkennbar.

In der zweiten Dimension ist Macht nicht nur am Handeln der Menschen, sondern auch an ihrem Nicht-Handeln ablesbar. Macht wird nicht nur im offen ausgetragenen Konflikt benutzt, sondern auch, indem durch Organisationen und kollektive Prozesse bestimmte Themen aus dem Entscheidungsprozeß herausgehalten werden. Es bestehen also potentielle Konfliktgegenstände und damit auch verdeckte Konflikte. Dennoch wird von deutlich erkennbaren subjektiven Interessen ausgegangen, die aber unter Umständen unterdrückt sind und im Untergrund schwelen. Die nicht zur Sprache gebrachten Konfliktthemen sind aber prinzipiell bei den Betoffenen erfragbar.

Die dritte Dimension von Macht ist durch eine durchgreifende Manipulation gekennzeichnet. Macht ist von den Handlungen und Entscheidungen der Individuen losgelöst. Macht wird ausgeübt, indem Entscheidungsprozesse und alle Themen, die als Teil der politischen Tagesordnung denkbar sind, sozial und kulturell vorgeprägt werden. Es existieren also Konfliktthemen und potentielle Themen, nur ist die Menge der potentiellen Themen um solche erweitert, die den handelnden Individuen eventuell gar nicht bewußt sind. Es gibt also nicht nur beobachtbare offene und verdeckte, sondern auch latente Konflikte, wobei letztere den Widerspruch zwischen geäußerten, bewußten, subjektiven Interessen der Menschen und ihren realen, objektiven Interessen kennzeichnen (vgl. Lukes, 1974: 21ff; Clegg, 1989: 88ff sowie Bartlett, 1989: 9f und ders., 1994: 169ff, sowie Imbusch, 1997: 11).

Tabelle 1: Dimensionen der Macht (nach Steven Lukes)

	Three-dimensional view incorporates the first, second and a third dimension		
	Two-dimensional view incorporates the first and a second dimension		
	One-dimensional view incorporates only the first dimension		
Key elements	**First dimension**	**Second dimension**	**Third dimension**
Objects of analysis	Behaviour	Interpretive understanding of intentional action	Evaluative theorization of interests in action
	Concrete decisions	Non-decisions	Political agenda
	Issues	Potential issues	Issues and potential issues
Indicators	Overt conflict	Covert conflict	Latent conflict
Field of analysis	Express policy preferences revealed in political participation	Express policy preferences embodied in sub-political grievances	Relation between express policy preferences and 'real interests'

Quelle: Clegg, 1989: 90.

Aus Lukes Einteilung in konsensuelle und konfligierende Machttheorien, wovon zumindest die konfligierenden in die oben dargestellten drei Dimensionen einteilbar sind, ergibt sich folgendes Schema, das im weiteren Verlauf der Arbeit für die Einordnung von Machtbegriffen genutzt wird:

Tabelle 2: Lukes' Einteilungsschema		
Machtformen	**1. und 2. Dimension**	**3. Dimension**
konfligierend		
konsensuell		

Scott sieht die Leistung von Lukes' dreidimensionaler Sicht der Macht in seiner Überwindung des methodologischen Individualismus (vornehmlich die erste, aber auch noch die zweite Dimension gehen auf den methodologischen Individualismus zurück) und seiner Beachtung der Existenz und Bedeutung von kollektiven Einheiten. Seine Begriffe der objektiven Interessen und der latenten Konflikte lassen ein Nachdenken über einen gesellschaftlich eventuell bestehenden falschen oder manipulierten Konsens zu (vgl. Scott, 1994: General Commentary und Lukes, 1974: 50). Beobachtbar ist ein solcher latenter Konflikt allerdings nur, wenn er in einen verdeckten und/oder zu einem späteren Zeitpunkt in einen offenen Konflikt übergeht. Ein Instrument des Herausschälens oder Aufdeckens der objektiven Interessen ist in Lukes' Worten *democratic participation* (vgl. Lukes, 1974: 33), also beispielsweise öffentliche Diskurse. Um Mißverständnissen vorzubeugen, wäre noch darauf hinzuweisen, daß auch Lukes' dritte Dimension der Macht handelnde Menschen vorsieht (vgl. Scott, 1994: General Commentary). Lukes selbst lehnt eine strukturelle Auffassung entpersönlichter Macht ab, wie beispielsweise seine Kritik an Foucault zeigt (vgl. Lukes, 1982: 147)[63].

Daß Lukes Einteilung von Machtformen und -theorien in zwei Grundkonzeptionen und drei Dimensionen für die Frage nach der Macht im Diskurs relevant ist, soll kurz an den Ergebnissen der Interpretation der drei Fallbeispiele gezeigt werden (vgl. Teil 3 und die entsprechenden Unterkapitel). In allen Fällen wurde deutlich, daß sowohl das kommunikative Handeln, das der zweiten Grundkonzeption von Macht entspricht, Bedeutung hatte als auch Machthandeln im Sinne der ersten Grundkonzeption. Auch bei konsensuellen und kooperativen Teilergebnissen gab es in allen drei Fallbeispielen Interessenskonflikte. Sowohl im Iowa- wie im Colorado-Fall folgte auf eine Phase des konsensuellen kommunikativen Handelns eine Phase der harten Konfrontation vor einer Parlamentsentscheidung. In dieser zweiten Phase war Machthandeln der Beteiligten auf der Ebene von Lukes' erster Dimension zu beobachten. Durch den im Colorado-Fall erwähnten vorgegebenen parlamentarischen Rahmen ist dort ein Ausschluß bestimmter Themen im Sinne der zweiten Dimension denkbar. Im Illinois-Fall begegnet uns ein Beinahe-Ausschluß eines für die eine Konfliktpartei wichtigen Themas durch das County Board of Appeals (die Einwände der GegnerInnen der Bebauung des Feuchtgebietes wären dort beinahe nicht auf die Tagesordnung der Sitzung gesetzt wor-

---

[63]Carporaso/Levine weisen auf zwei zentrale Schwierigkeiten der dritten Dimension hin. Die erste besteht darin, objektive von subjektiven Interessen zu trennen und die zweite in der Frage, ob eine Person oder Gruppe existieren muß, die bewußt Konflikte latent hält, oder ob es eine Form von unpersönlicher Macht gibt, die von niemandem ausgeht.

den). Diese Machtform der zweiten Dimension der ersten Konzeption konnte aber durch kommunikatives Handeln gemäß der zweiten Konzeption verhindert werden. Einen Beleg für die Relevanz der dritten Dimension bieten der Colorado- und der Illinois-Fall, denn im ersten Fall hätte aufgrund der Win-Win-Ausgangslage der objektiven Interessen eigentlich ein Konsens erzielt werden müssen. Daß es zu Konflikten kam, deutet darauf hin, daß zumindest eine Partei subjektive Interessen verfolgt hat, die nicht mit ihren objektiven übereinstimmten. Ähnlich ist es im Illinois-Fall: Hier ist das Ergebnis ein Konsens trotz des offensichtlichen Ausgangskonflikts der subjektiven Interessen. Das kann nur bedeuten, daß die subjektiven Interessen der unterlegenen Partei nicht ihren objektiven Interessen entsprachen, also wiederum ein Beleg für die dritte Dimension der Macht.

5 Entwicklung der Machtbegriffe bei Jürgen Habermas

In den Fallbeispielen wird kommunikativ gehandelt, allerdings nicht von allen am Diskurs Teilnehmenden und nicht in jeder Phase der Diskurse (vgl. Teil 3). Statt dessen kommen verschiedene Formen der Macht zum Einsatz, die hier zunächst unter dem Such- und Arbeitsbegriff *Machthandeln* gefaßt werden. Es wird ein anderer als der von Habermas und der praktischen Sozialökonomie verwandte Begriff des *strategischen Handelns* gewählt, weil Machthandeln mehr umfaßt (z. B. auch über Sprache vermittelte Macht) (vgl. Teil 2.6 und 3) als strategisches Handeln, das laut Habermas immer zugleich erfolgsorientiertes, d. h. rational am Eigennutz orientiertes Handeln ist (vgl. Ulrich 1997: 84 und Habermas, 1996: 84).

Im folgenden wird Habermas' Werk (insbesondere seine Reaktionen auf Kritik und daran orientierte Weiterentwicklung seiner Theorie seit dem Erscheinen der *Theorie des kommunikativen Handelns*) daraufhin untersucht, wie er Machthandeln handlungstheoretisch faßt, d. h. welche seiner theoretischen Erklärungen, Begriffe oder Handlungstypen zur Konzeption von Machthandeln genutzt werden können.

5.1 Habermas' Interpretation des Machtverständnisses von Hannah Arendt

Habermas greift in den siebziger Jahren Hannah Arendts Machtbegriff auf[64] und entwickelt in einer kritischen Auseinandersetzung damit seinen bis heute sein Werk durchziehenden handlungstheoretischen Dualismus aus kommunikativem und strategischem Handeln. In seinem Artikel *Hannah Arendt's Communications Concept of Power* von 1977 konfrontiert Habermas die Machtbegriffe von Hannah Arendt und Max Weber. Arendt schreibt:

> *Macht* entspricht der menschlichen Fähigkeit, nicht nur zu handeln oder etwas zu tun, sondern sich mit anderen zusammenzuschließen und im Einvernehmen mit ihnen zu handeln. Über Macht verfügt niemals ein Einzelner; sie ist im Besitz einer Gruppe und bleibt nur solange existent, als die Gruppe zusammenhält (Arendt, 1994: 45).

Max Weber formuliert dagegen:

> Macht bedeutet jede Chance, innerhalb einer sozialen Beziehung den eigenen Willen gegen Widerstreben durchzusetzen, gleichviel worauf diese Chance beruht (Weber, 1972: 28).

---

[64]Vgl. zu Arendts Machtbegriff: Becker, 1997: 167ff und die kritische Würdigung von Habermas' Interpretation dieser Konzeption durch Röttgers, 1990: 255ff.

Im Vergleich dieser beiden widersprüchlichen Definitionen gibt Habermas derjenigen von Arendt den Vorzug, d. h. einer in Lukes' Begriffen konsensuellen Konzeption von Macht:

> The fundamental phenomenon of power is not the instrumentalization of *another's* will, but the formation of a *common* will in a communication directed to reaching understanding (Habermas, 1994: 76)[65].

An Arendts Machtkonzeption kritisiert Habermas jedoch — gewissermaßen mit Weber — daß sie das, was sie *Gewalt* nennt, völlig aus dem politischen Raum verbannen möchte (vgl. Habermas, 1994: 85). Gewalt bedeutet bei Arendt immer den instrumentellen Einsatz von Gewaltmitteln (vgl. Arendt, 1994: 47). Zwar erwachse legitime Macht allein aus kommunikativ erzeugten gemeinsamen Überlegungen, schreibt Habermas, aber daneben existierten strategisch geführte Machtkämpfe um politische Positionen (vgl. Habermas, 1994: 85). Sowohl kommunikativ errungene legitime Macht wie strategisch gewonnene illegitime Macht könnten zudem in Form von struktureller Gewalt dazu genutzt werden, die legitime Macht stärkende und erzeugende Kommunikation zu blockieren (vgl. Habermas, 1994: 88). Habermas sieht also trotz seiner Entscheidung für einen Primat der konsensuellen Konzeption deren Unzulänglichkeiten verglichen mit der konfligierenden (vgl. Lukes' Typologie in Teil 4).

---

[65]Im Kern beinhaltet diese Interpretation von Arendts Machtbegriff durch Habermas bereits seinen später ausgearbeiteten Begriff des kommunikativen Handelns.

Im folgenden Abschnitt wird ausgeführt, wie die drei eben genannten Machtformen (kommunikative, strategische Macht und strukturelle Gewalt) von
Habermas in seiner *Theorie des kommunikativen Handelns* unter dem Einfluß von Parsons, Luhmann u. a. weiterentwickelt werden[66].

5.2 Habermas' Machtbegriffe in der Theorie des kommunikativen Handelns

Einen wichtigen Raum in seinem Theoriegebäude nimmt Habermas' Ausarbeitung einer von Parsons und Luhmann inspirierten Medientheorie der
Macht ein[67]. Habermas folgt Parsons in der Abbildung des Mediums Macht
am Prototyp des Mediums Geld:

> Das Recht, Geld zu besitzen, impliziert den Zugang zu Märk-
> ten, auf denen Transaktionen möglich sind; das Recht, Macht
> auszuüben, impliziert in der Regel das Innehaben einer Stelle
> im Rahmen einer Organisation, in der Machtverhältnisse hier-
> archisch geordnet sind (Habermas, 1995, Bd. 2: 404).

Macht als Medium dient laut Habermas gesellschaftstheoretisch der Erhaltung des Subsystems Politik bzw. Staat, wo Macht als Ressource zur Erledi-
gung bestimmter Aufgaben dient. Macht als Medium nutzen kann nur, wer

---

[66]Parsons' Ideen fließen, obwohl an dieser Stelle nicht erwähnt, auch schon in Habermas'
Arendt-Artikel ein (vgl. zu Parsons' Machtbegriff: Giddens, 1997: 131ff).

[67]Sie wird zum Beispiel von Clegg in seinen *Frameworks of Power* diskutiert (vgl. Clegg,
1989: 133ff).

eine entsprechend legitimierte Position in einer Organisation bzw. Hierarchie innehat (vgl. Habermas, 1995, Bd. 2: 239 und 404).

Handlungstheoretisch denkt Habermas sich die Funktionsweise des Mediums Macht als eine Interaktion von Befehl und Gehorsam bzw. Verweigerung. Entlastend für die Handlungskoordination und Systemintegration wirkt das Medium Macht, weil Begründungen bei einem Befehl nicht gegeben werden müssen; Befehle werden nicht diskutiert, sondern entweder befolgt oder verweigert (vgl. Habermas, 1995, Bd. 1: 65 und 403). Ist der Befehl durch Sanktionen abgesichert, die die BefehlshaberIn gegen die BefehlsempfängerIn einsetzen kann (vgl. Habermas, 1995, Bd. 1: 404), und kann bei letzterer eine instrumentelle Grundhaltung vorausgesetzt werden (vgl. Habermas, 1995, Bd. 2: 401), so funktioniert das Medium Macht reibungslos, und auf die Anordnung folgt die entsprechende Tat.

Das Medium Macht, verbunden mit dem Grundmuster des Machthandelns als instrumentellem (monologischen) Handlungstyp und Gegenpol zum Grundmuster des kommunikativen Handelns, weist allerdings im Vergleich zum Medium Geld einen entscheidenden Unterschied auf. Macht bedarf der Legitimation als Vertrauensgrundlage (vgl. Habermas, 1995, Bd. 2: 404ff), und diese Legitimation ist an ihre Vermittlung über Sprache gebunden (Habermas, 1995, Bd. 2: 388). Der Mechanismus von Befehl und Gehorsam funktioniert zumindest besser, wenn er vorher argumentativ begründet worden ist. Befehle können, auch wenn sie durch Zwangsmittel gedeckt sind, zur Verweigerung und dem Aufbau von Gegenmacht führen (vgl. Habermas, 1995, Bd.2: 400ff). Dies ist weitaus unwahrscheinlicher, wenn der Einsatz des Mediums Macht legitimiert, d. h. kommunikativ vermittelt worden ist.

Daraus ergeben sich für Habermas empirisch und handlungstheoretisch Misch-
und Übergangsformen des kommunikativen und instrumentell-strategischen
Handelns[68]. So können z. B. die von Parsons zusätzlich zu Geld und Macht
verwendeten Medienbegriffe Einfluß (umgangssprachlich „Prestige", „Ruf"
oder „Reputation") und Wertbindung (bedeutet „Moralische Autorität"), die
grundsätzlich von Habermas als verständigungsorientiert bewertet werden,
manipulativ und damit erfolgsorientiert eingesetzt werden (vgl. Habermas,
1995, Bd. 2: 410). Es besteht, so Habermas, auch die Möglichkeit der *systematisch verzerrten Kommunikation* (vgl. Habermas, 1995, Bd. 1: 445), in der
Kommunikationspartner bewußt oder unbewußt vorgeben, verständigungsorientiert zu handeln, in Wirklichkeit aber erfolgsorientiert sind:

> Solche Kommunikationspathologien lassen sich nämlich als Er-
> gebnis einer Konfusion zwischen erfolgs- und verständigungsori-
> entierten Handlungen begreifen. In Situationen verdeckt strate-
> gischen Handelns verhält sich mindestens einer der Beteiligten
> erfolgsorientiert, läßt aber andere in dem Glauben, daß alle die
> Voraussetzungen kommunikativen Handelns erfüllen (Habermas,
> 1995, Bd. 1: 445).

Daneben können Situationen auftreten, die strategisches Handeln zwingend
vorgeben, obwohl alle am Diskurs Teilnehmenden verständigungsorientiert

---

[68]Instrumentelles Handeln wird dann strategisch, wenn z. B. auf den Befehl nicht reibungslos die Ausführung folgt, sondern die BefehlshaberIn die möglichen unterschiedlichen
Reaktionsweisen der Untergebenen einkalkulieren muß.

bleiben. Solch ein Fall tritt ein, wenn die aus den Lebenswelten der Diskutanten gewonnenen Situationsdefinitionen keine gemeinsame Schnittmenge haben:

> Wenn diese Gemeinsamkeit nicht vorausgesetzt werden kann, müssen die Aktoren mit verständigungsorientiert eingesetzten Mitteln strategischen Handelns versuchen, eine gemeinsame Situationsdefinition herbeizuführen oder, was in der kommunikativen Alltagspraxis meist nur in Form von „Reparaturleistungen" vorkommt, direkt aushandeln (Habermas, 1995, Bd. 2: 185)[69].

Habermas erwähnt also neben den zwei grundsätzlichen Handlungstypen des instrumentell-strategischen und des kommunikativen Handelns noch weitere empirisch beobachtbare Mischformen, wie das verdeckt strategische Handeln im kommunikativen und das verständigungsorientiert eingesetzte strategische Handeln, die alle bestimmte Aspekte des Machthandelns berücksichtigen. Habermas' handlungstheoretische Typologie des Machthandelns ist also vielfältiger, als es der durch ihn mit hervorgerufene Eindruck des strengen Dualismus aus kommunikativem und strategischem Handeln zunächst vermittelt.

Außerdem verwendet er noch den Begriff der strukturellen Gewalt für die dem verständigungsorientierten Handeln Rahmen setzende Macht. Ähnlich wie schon in seinem Aufsatz von 1977 beschreibt Habermas, wie strukturelle Gewalt Kommunikation einschränkt und die Kommunikationsteilnehmer

---

[69]Diese Schwierigkeit wird insbesondere bei interkulturellen Diskursen auftreten (vgl. Habermas, 1997: 56ff).

unbemerkt auf eine bestimmte Verständigungsform festlegt (vgl. Habermas, 1995, Bd. 2: 278). Strukturelle Gewalt wäre in Lukes' Einteilung eine konfligierende Machtkonzeption der zweiten bzw. dritten Dimension, da durch sie vorgegeben wird, welche Themen auf der Tagesordnung präsent sind bzw. überhaupt als diskutierbar erscheinen (vgl. Teil 4).

5.3 Kritik an Habermas' Machtkonzeption in der Theorie des kommunikativen Handelns

Auf der Suche nach einem handlungstheoretischen Machtbegriff, der die Wirkung von Machthandeln im Diskurs erklärend beschreibt, sind vor allem drei häufig an Habermas' *Theorie des kommunikativen Handelns* geäußerte Kritikpunkte wesentlich:

1. die Ausblendung von Macht überhaupt,

2. die Verschränktheit der von Habermas zumindest analytisch scharf unterschiedenen Handlungstypen des kommunikativen und instrumentell-strategischen Handelns und

3. das Identifizieren eines Handlungstyps durch Habermas mit einem bestimmten Handlungsbereich bzw. einer bestimmten Form der Handlungskoordination.

Zu Punkt 1:

Während Johannes Berger Habermas „... die Ausblendung von Macht- und Dissensphänomenen ..." (Berger, 1986: 264) vorwirft, verweist Johann Arnason auf die Vielfalt unterschiedlicher soziologischer Machttheorien und fordert ein:

> ... daß die medientheoretische Auffassung der Macht sich mit diesen Alternativpositionen zumindest auseinandersetzen müßte ... (Arnason, 1986: 306f).

Ähnlich fundamental ist Axel Honneths Kritik formuliert. Sie bringt auf den Punkt, was auch mit Bergers und Arnasons Bemerkungen gemeint ist, nämlich das Fehlen eines handlungstheoretischen Machtbegriffs bei Habermas:

> Die kategoriale Lücke, die dadurch im System der handlungstheoretischen Grundbegriffe entsteht, wird sich schließlich in der Konstruktion der Gesellschaftstheorie darin niederschlagen, daß Habermas den Begriff der Macht nicht mehr handlungstheoretisch, sondern nur noch systemtheoretisch einzuführen vermag (Honneth, 1985: 317).

Diese Kritik macht deutlich, daß die im vorigen Abschnitt erwähnten handlungstheoretischen Mischformen aus strategischem und kommunikativem Handeln, die einen weiteren Machtbegriff bei Habermas erahnen lassen, in dessen in der *Theorie des kommunikativem Handelns* entwickeltem Theoriegebäude nur ein Nischendasein fristen, während an prominenter Stelle von ihm strategisches Handeln aus einem Medienbegriff von Macht abgeleitet wird.

Zu Punkt 2:

Häufiger noch als das gänzliche Fehlen eines handlungstheoretischen Machtbegriffs wird von einer Vielzahl von InterpretInnen der *Theorie des kommunikativen Handelns* der strenge Dualismus von Habermas' Handlungstypen bemängelt (vgl. Röttgers, 1990: 256, Berger, 1986: 266; Alexander, 1986: 96 und 106; McCarthy, 1986: 210 und Honneth, 1985: 328ff). An Stelle der von Habermas vorgetragenen Dichotomie, so die Kritiker, seien die Handlungstypen empirisch miteinander verschränkt, bzw. es bestehe ein Handlungskontinuum mit zahlreichen Mischformen zwischen den Extrempunkten des instrumentell-strategischen und kommunikativen Handelns. Manche Kritiker verweisen auch auf den strategischen Charakter der Sprache, so schreibt z. B. Röttgers:

> Kommunikation dient nicht nur der Verständigung, sondern auch der Auseinandersetzung, nicht nur der Einheit, sondern auch der Distanz, nicht nur dem Konsens, sondern auch dem Dissens, und zwar nicht kontingenterweise, wie Habermas ja noch zugestehen würde, sondern ihren wesentlichen Funktionen nach (Röttgers, 1990: 298).

Inhaltlich ähnelt dieses Argument dem der Kritik von Bourdieu, der Habermas, wie Wayand schreibt, eine Ausklammerung der Machtverhältnisse vorwirft,

> ...die in den Kommunikationsbeziehungen in veränderter Form
> wirksam sind (Bourdieu, 1990: 19, zitiert in: Wayand, 1998: 232).

Joas bringt die Dualismuskritik folgendermaßen zum Ausdruck:

> Die Diskussion hat durchaus deutlich machen können, daß die
> vorgetragene Unterscheidung nur als analytische Unterscheidung
> sinnvoll ist. In jeder gesellschaftlichen Tätigkeit finden sich nämlich
> Aspekte beider Handlungstypen; ... (Joas, 1992: 174).

Zu Punkt 3:

Der dritte Kritikpunkt bezieht sich ebenfalls auf die dichotomische Anlage von Habermas' Theorie, nur daß hier nicht auf die Verflochtenheit beider Handlungstypen verwiesen wird, sondern deren Zuordnung zu jeweils einem Handlungsbereich (kommunikatives Handeln in der Lebenswelt und instrumentell-strategisches Handeln im System bzw. in den Subsystemen: Staat und Ökonomie) bemängelt wird (vgl. Berger, 1986: 268; McCarthy, 1986: 211 und Honneth, 1985: 329). Hans Joas formuliert dieses Argument auf folgende Weise:

> Die Rede von Subsystemen zweckrationalen Handelns ist daher
> nicht nur unhaltbar, weil sie einem gesellschaftlichen Bereich nur
> einen Handlungstypus zubilligt, sondern auch, weil sie unterstellt,
> ein Subsystem sei über den in ihm herrschenden Handlungstypus
> überhaupt charakterisierbar (Joas, 1992: 195).

5.4 Habermas' Entgegnungen auf die Kritik

Habermas hat in seiner *Replik auf Einwände* (1984: 475ff) und der *Entgegnung* (1986: 327ff) auf diese drei Kritikpunkte geantwortet.

Zu Punkt 1:

Der generellen Kritik, er habe keinen handlungstheoretischen Begriff der Macht, begegnet Habermas mit seiner Antwort auf Giddens in der *Replik*. Er stellt dort zunächst klar, daß, soweit Interaktionen nicht über Verständigung koordiniert würden, als einzige Alternative nur die Gewalt bliebe, weshalb er typologisch zwischen kommunikativem und strategischem Handeln unterscheide, und fährt fort:

> Das Konzept der Macht möchte ich aber für die Ebene der *Handlungszusammenhänge* (oder der Gesellschaft) reservieren (Habermas, 1984: 547f).

Daraus erklärt sich die exponierte Stellung von Habermas' Medienbegriff der Macht. Habermas bezieht sich an dieser Stelle auf Arendt, die bekanntlich (vgl. Teil 5.1.) kommunikativ legitimierte Macht von illegitimer Gewalt unterscheidet, nennt aber auch Webers Begriff der Herrschaft[70] nützlich ... *im Sinne institutionalisierter Macht/Gewalt-Mixturen* (Habermas, 1984: 548). Durch die Unterscheidung und das Beziehen der Begriffe Macht, Gewalt

---

[70] „Herrschaft soll heißen die Chance, für einen Befehl bestimmten Inhalts bei angebbaren Personen Gehorsam zu finden; ... " (Weber, 1972: 28, vgl. auch ausführlicher ders., 1972: 122 und 541ff).

und Herrschaft aufeinander meint Habermas, strukturelle Gewalt erklären zu können:

> Mit dem Kommunikationsbegriff der Macht können wir die Institutionalisierung von Gewaltverhältnissen als eine Transformation von Gewalt in eine mit dem Schein der Legitimität ausgestattete Macht verständlich machen. Wenn man die *Gewalt* als Alternative zum handlungskoordinierenden Verständigungsmechanismus und *Macht* als Produkt verständigungsorientierten Handelns einführt, gewinnt man weiterhin den Vorteil, die Formen indirekter Gewaltausübung, die heute dominieren, in den Griff zu bekommen (Habermas, 1984: 548).

Habermas macht sich hier erneut die ursprünglich von Arendt stammende Vorstellung der Transformation von Verständigung in Macht zu eigen, d. h. den Übergang von kommunikativem Handeln in kommunikative Macht, wie er auch in den Fallbeispielen anzutreffen war, und stellt ihn dem der strukturellen Gewalt gegenüber. Strukturelle Gewalt entsteht letztlich durch den manipulativen Gebrauch von Sprache in der Öffentlichkeit, denn der Eindruck von Legitimität kann nur durch sprachliche Mittel erzielt werden.

Zu Arnasons Kritik am Fehlen einer Auseinandersetzung mit anderen Machtkonzeptionen als den eben genannten, äußert sich Habermas ausdrücklich in den *Entgegnungen* nicht (vgl. Habermas, 1986: 328). In seiner Antwort auf die u. a. von Berger und Honneth vorgetragene Kritik bezieht sich Habermas ebenfalls auf die oben beschriebenen drei Machtbegriffe und ordnet den von Berger gebrauchten Begriff *Dissens* der Verständigungsorientierung und Macht zunächst dem strategischen Handeln zu (vgl. Habermas, 1986: 372), verweist dann aber auf den Übergang zwischen den Handlungstypen:

> Gewalt, Einfluß und Herrschaft sind verschiedene Erscheinungsformen der Macht, wobei die in normative Autorität überführte Macht zwischen den Handlungstypen gleichsam die Seite wechselt (Habermas, 1986: 372).

Habermas schließt erneut mit seiner Sichtweise von struktureller Gewalt:

> Makrosoziologische Machtverhältnisse spiegeln sich in jener Mikrophysik der Macht, die in die Strukturen verzerrter Kommunikation eingebaut ist (Habermas, 1986: 372).

Er zieht also als Beleg seiner durchaus vorhandenen handlungstheoretischen Machtbegriffe die in seiner *Theorie des kommunikativen Handelns* bereits am Rande erwähnten Kategorien heran. Die auf gesellschaftlicher Ebene als Medium fungierende Macht kann demnach handlungstheoretisch je nach Legitimationsgrad als kommunikative Macht, Herrschaft, Einfluß oder Gewalt erscheinen.

Zu Punkt 2:

Der eben erwähnte Übergang der Macht von einem Handlungstyp auf den anderen findet in den von Habermas in seiner *Replik* und der *Entgegnung* zugestandenen Mischformen der Handlungstypen kommunikativ und strategisch seinen Ausdruck[71] (vgl. Habermas, 1984: 542). Er hält aber daneben an der Überzeugung fest, der oder die Handelnde selbst und sogar eine soziologisch geschulte BeobachterIn könne jederzeit sagen, welchen der beiden alternativen Handlungstypen er oder sie gerade benutze:

> Durch Täuschung und Selbsttäuschung entstehen die erwähnten Mischformen; und für Beobachter wird es oft schwierig sein, eine korrekte Zuschreibung vorzunehmen. Aber subjektiv, aus dem Blickwinkel des Aktors, stellen sich Erfolgs- und Verständigungsorientierung nicht als verschiedene analytische Aspekte desselben Verhaltens, sondern als Alternative dar (Habermas, 1984: 544, vgl. auch: ders., 1984: 574).

In der *Entgegnung* schreibt er darüber noch hinausgehend:

> Weil die Struktur des verständigungsorientierten Sprachgebrauchs den kommunikativ Handelnden Einstellungen und Perspektiven auferlegt, die mit der *unvermittelt* am eigenen Erfolg ausgerichteten kausalen Einflußnahme auf den Gegenspieler unvereinbar sind, unterscheide ich aber die beiden kontroversen Handlungstypen nicht nur unter analytischen Gesichtspunkten. Auch der soziologische Beobachter ist grundsätzlich in der Lage, kommunikatives von strategischem Handeln anhand der Einstellungen

---

[71]Er hatte diese Misch- und Übergangsformen bereits in seiner *Theorie des kommunikativen Handelns* benannt (vgl. Teil 5.2).

zu unterscheiden, die aus der Aktorperspektive eine vollständige Alternative darstellen (Habermas, 1986: 366).

Auf diese paradox erscheinende Koexistenz von Mischformen einerseits und einer doch immer auch empirisch klaren Zuordnung der Handlungstypen andererseits in Habermas Konzeption wird weiter unten noch eingegangen (vgl. Teil 5.5).

Zu Punkt 3:

Trotz Habermas grundsätzlichem Festhalten am Dualismus seiner Handlungstheorie und seiner Medientheorie der Macht auf gesellschaftstheoretischer Ebene (vgl. Habermas, 1984: 547), kann daraus nicht auf eine Identifikation des einen Handlungstypus mit der Lebenswelt und des anderen mit dem System geschlossen werden. Habermas weist diese sich vielen Kritikern aufdrängende Schlußfolgerung als Mißverständnis zurück (vgl. Habermas, 1986: 382). Auch wenn Macht und Geld als Steuerungsmedien eine strategische Einstellung von den Handelnden verlangten (vgl. Habermas, 1986: 383), so gebe es auch in Wirtschaftsbetrieben und Behörden kommunikatives Handeln (vgl. Habermas, 1986: 386). Deshalb seien die Subsysteme und die Lebenswelt, laut Habermas, nicht aufgrund ihrer Handlungstypen zu unterscheiden:

> Trotz der handlungstheoretischen Kennzeichnung von Steuerungsmedien lassen sich die mediengesteuerten Subsysteme von anderen Handlungsbereichen nicht nach Handlungstypen abgrenzen. Strategische Handlungen treten nicht nur hier auf; und hier treten nicht nur strategische Handlungen auf (Habermas, 1986: 388).

Als Zwischenergebnis auf der Suche nach der handlungstheoretischen Macht-konzeption bei Habermas läßt sich an dieser Stelle festhalten, daß Haber-mas' Machtbegriff vielfältiger ist, als es durch seine gesellschaftstheoretische Zuspitzung auf Macht als Medium zunächst erscheinen mag. Es existieren bei Habermas die Handlungsbegriffe: strategisches Handeln (erwächst aus der Vorstellung von Macht als Medium), sprachvermitteltes Machthandeln (als Mischform aus strategischem und kommunikativem Handeln und als aus kommunikativem Handeln entstehender kommunikativer Macht) sowie struk-turelle Gewalt (als Machtform, die Diskurse einschränkt oder verhindert). Er setzt nicht einen Gesellschaftsbereich mit einem bestimmten Handlungstyp in eins[72], auch wenn er trotz verschiedenster von ihm eingeräumter Mischformen am handlungstheoretischen Dualismus des analytisch wie empirisch eindeutig zu scheidenden strategischen und kommunikativen Handeln festhält.

5.5 Harry Kunnemans Habermas-Interpretation

Harry Kunnemans Habermas-Rezeption erhält an dieser Stelle einen verhält-nismäßig breiten Raum, weil sie hilft, Habermas' Festhalten an einem relativ strengen Dualismus mit der dazu im Widerspruch stehenden gleichzeitigen Erwähnung zahlreicher Übergänge und Mischformen zu klären. Harry Kun-neman greift in seinem Habermas-Buch von 1991 den kritischen Punkt der analytischen und/oder empirischen Unterscheidung der Handlungstypen auf,

---

[72]Habermas konzediert, in seinem Frühwerk einer solchen „Parallelisierung von Hand-lungssystemen und Handlungstypen"(Habermas, 1991: 35) angehangen zu haben, woraus er die späteren Mißinterpretationen in diesem Punkt erklärt (vgl. Habermas, 1991: 35).

indem er zunächst einen der Kritiker von Habermas anführt:

> Veit Bader spricht in diesem Zusammenhang von einer voreiligen
> und nicht gerechtfertigten *Empirisierung* von Begriffen, die in er-
> ster Instanz als analytische Kategorien eingeführt worden seien
> (Kunneman, 1991: 209).

Diese Kritik hält Kunneman für begründet (vgl. Kunneman, 1991: 210), sieht aber gerade durch Habermas' klare begriffliche Unterscheidung die Chance, eine komplexe Wirklichkeit zu entwirren:

> Das Verhältnis zwischen den kommunikativen Prozessen in Sy-
> stemkontexten einerseits und dem formellen Rahmen der Orga-
> nisation andererseits ist also keineswegs statisch, sondern dyna-
> misch, was mit Hilfe von Habermas' eigenen Begriffen gezeigt
> werden kann (Kunneman, 1991: 213).

Er bezweifelt aber zudem, daß selbst wenn der oder die Handelnde sich des verdeckt strategischen Gebrauchs kommunikativen Handelns bewußt ist, die-ses, wie es in Habermas' Beispielen geschieht, immer aufgedeckt wird, und er fragt sich, wie solches erfolgreich verdeckt operierende strategische Handeln überhaupt vom kommunikativen Handeln zu unterscheiden sei (vgl. Kunne-man, 1991: 255). Letztlich, so Kunneman, sei diese Frage nur vom Ergeb-nis der Diskurse her zu beantworten, denn lediglich kommunikatives, nicht aber verdeckt strategisches Handeln sei eine Basis für praktische Lernprozes-se (vgl. Kunneman, 1991: 257). D. h. je mehr Spielraum für kommunikatives

Handeln besteht, desto eher entfaltet sich die spezifische Produktivität der Sprache. Kunneman sieht also zwischen kommunikativem und strategischem Handeln auch nach Erscheinen von Habermas' *Entgegnung* — wie andere Kritiker zuvor — nur einen analytischen und keinen empirischen Unterschied. Kommunikatives Handeln könne ebensogut zur Herstellung von Verständigung wie zur Erreichung manipulativer Übereinstimmung genutzt werden (vgl. Kunneman, 1991: 258, 297 und 316).

Daß Habermas am *Empirisieren* seiner Handlungstypen festhält, liegt, gemäß Kunnemans Interpretation, an seiner selbstgestellten gesellschaftstheoretischen Aufgabe: „Einerseits die phänomenologische, hermeneutische, ethnomethodologische und andere handlungstheoretische Strömungen und andererseits Parsons Systemtheorie und die an sie anschließenden Ansätze" (Kunneman, 1991: 209f) miteinander zu verbinden. Ein weiterer Grund ist Habermas' mit der Kolonisierungshypothese verbundenes gesellschaftskritisches Ziel:

> Nur wenn der scharfe begriffliche Gegensatz von rationaler und empirischer Handlungskoordination in der Lebenswelt und in den Systemen als *konkreter* gesellschaftlicher Bereich unmittelbar zurückzufinden [sic!] ist, kann von einem „Eindringen" der Systeme in die Lebenswelt die Rede sein und kann dieser Imperialismus pathologische Folgen haben (Kunneman, 1991: 210).

Man könne also, laut Kunneman, die gesellschaftskritischen und -theoretischen Erfordernisse des *Empirisierens* der analytischen Handlungstypen durch Ha-

bermas respektieren und sogar bewundern und trotzdem die handlungstheoretische Kritik daran für gerechtfertigt halten (vgl. Kunneman, 1991: 210)[73].
So verweist Kunneman darauf, daß insbesondere in der Interferenzzone zwischen System und Lebenswelt kommunikatives und strategisches Handeln vielerlei Verbindungen eingehen (vgl. Kunneman, 1991: 316).

5.6   Macht in Habermas' deliberativer Politik

Habermas hat insbesondere dem Übergang von kommunikativem Handeln in kommunikative Macht in seiner weiteren theoretischen Arbeit besondere Aufmerksamkeit gewidmet. Bereits in seinem Vorwort zum Neudruck von *Strukturwandel der Öffentlichkeit* von 1990 unterscheidet Habermas in der von ihm zwischen System und Lebenswelt angesiedelten gesellschaftlichen Sphäre der *Öffentlichkeit* sowohl „vermachtete" als auch sogenannte „autochthone" Prozesse der öffentlichen Kommunikation (vgl. Habermas, 1991: 31). Er deutet hier bereits die im Konzept der *deliberativen Politik* in seinem Werk *Faktizität und Geltung* ausgearbeiteten Funktionen der Öffentlichkeit als Quelle der Legitimität staatlichen Handelns und als Arena, in welcher unterschiedliche Machtformen aufeinandertreffen, an. Zur ersten Funktion schreibt Habermas in dem erwähnten Vorwort:

Diskurse herrschen nicht. Sie erzeugen eine kommunikative Macht, die die administrative nicht ersetzen, sondern nur beeinflussen

---

[73]Für eine Einführung in Habermas' Gesellschaftstheorie und -kritik, vgl. Horster, 1990, Reese-Schäfer, 1991 und Pusey, 1987.

kann. Dieser Einfluß beschränkt sich auf die Beschaffung von Legitimation (Habermas, 1991: 44).

Daneben ist die Öffentlichkeit der Raum, in dem in der Praxis erfolgsorientiertes und verständigungsorientiertes Handeln aufeinandertreffen und sich mischen:

> Die meisten Konflikte entspringen schließlich der Kollision von Gruppeninteressen und betreffen Verteilungsprobleme, die nur auf dem Wege der Kompromißbildung gelöst werden können (Habermas, 1991: 40).

Diese Gruppeninteressen werden zwar erfolgsorientiert vertreten, aber Habermas fügt hinzu:

> Verhandlungen müssen sich auf den Austausch von Argumenten stützen; und ob sie zu *fairen* Kompromissen führen, hängt wesentlich von Verfahrensbedingungen ab, die moralisch beurteilt werden müssen (Habermas, 1991: 40).

Kommunikative Macht ist also nicht bloß Mittel der Legitimationsbeschaffung, sondern auch Mittel der interessegeleiteten Beeinflussung von Verhandlungspartnern.

In *Faktizität und Geltung* (vgl. Habermas, 1997b, insbes. Kap. XII und XIII) übernimmt Habermas diese Diskursbedingungen „einer idealen Prozedur" der deliberativen Politik so, wie sie Joshua Cohen aufgelistet hat (vgl. Habermas, 1997b: 370f, sie entsprechen im wesentlichen den Diskursregeln in Teil 3.1).

Da Habermas' Begriff der deliberativen Politik sowohl die Bedeutung der Öffentlichkeit zur Legitimierung politischer Entscheidungen als auch ihre Funktion als Arena der Konfliktaustragung umfaßt, siedelt er seine Auffassung von Politik zwischen einer liberalen und einer republikanischen Betrachtungsweise an, die jeweils nur dem einen der beiden Aspekte gerecht würden (vgl. Habermas, 1997b: 360). Deliberative Politik in der Öffentlichkeit ist weder nur selbstorganisierte politische Willensbildung der Bürger noch nur geregelter Macht- und Interessensausgleich. Ideal gedacht, produziert die in der Öffentlichkeit wirkende Zivilgesellschaft, aus dem lebensweltlichen Reservoir demokratischer Kultur und Persönlichkeiten schöpfend (vgl. Habermas, 1997b: 434) und die oben genannten Bedingungen Cohens erfüllend, kommunikative Macht, die dann durch nachgeordnete administrative Macht in konkrete Maßnahmen umgesetzt wird. Denn, wie Habermas schreibt:

> Die nach demokratischen Verfahren zu kommunikativer Macht verarbeitete öffentliche Meinung kann nicht selber „herrschen", sondern nur den Gebrauch der administrativen Macht in bestimmte Richtungen lenken (Habermas, 1997b: 364).

Das Herzstück der Öffentlichkeit ist zwar der Diskurs als *Entdeckungszusammenhang* (vgl. Habermas, 1997b: 373) und gesellschaftlicher Problemlösungsmechanismus (vgl. Habermas, 1997b: 388f und 443), gleichzeitig ist jedoch die

Öffentlichkeit Arena der Konfliktaustragung, in der kommunikative Macht auf administrative und soziale Macht trifft und ihr nicht nur vorgelagert ist:

> Die Ergebnisse deliberativer Politik lassen sich als kommunikativ erzeugte Macht verstehen, die einerseits zum sozialen Machtpotential glaubwürdig drohender Aktoren und andererseits zur administrativen Macht von Amtsinhabern in Konkurrenz tritt (Habermas, 1997b: 415).

Für den Interferenzbereich Öffentlichkeit knüpft Habermas hier also an seine aus Hannah Arendts und Max Webers Machtbegriffen kombinierte Machtkonzeption an. In Ansätzen entdeckt Habermas eine ähnliche Konvergenz in den Handlungsbegriffen *Bargaining* und *Arguing* von Jon Elster (vgl. Elster, 1991 bzw. 1993). *Bargaining* ist erfolgsorientiertes (strategisches) Handeln und *Arguing* verständigungsorientiertes Argumentieren. Elster untersucht (in einem bisher nur in Italienisch erschienenen Manuskript), laut Habermas, das Zusammenwirken beider Handlungstypen an den historischen Beispielen der verfassunggebenden Versammlungen von Philadelphia (1776) und Paris (1789 bis 1791)[74]. Elster stellt fest, daß sich die Handlungstypen in diesen Versammlungen vielfältig mischen:

> Darin verschränken sich vielmehr Diskurse und Verhandlungen; allerdings vollzieht sich die Kompromißbildung oft spontan und

---

[74]Der Versuch, die Handlungstypen bzw. Handlungsrationalitäten diskursiv/kommunikativ versus rational-choice/erfolgsorientiert zu kombinieren bzw. gegeneinander abzuwägen, wird auch von einigen anderen Theoretikern unternommen (vgl. Lindner/Peters, 1995 und Johnson, 1993)

genügt insofern nicht den Fairness-Bedingungen regulierter Verhandlungen (Habermas, 1997b: 412).

Neben den drei Formen der kommunikativen, administrativen und sozialen Macht wirkt in der Öffentlichkeit und damit in den in ihr stattfindenden Diskursen noch eine vierte Form, die Habermas in Anlehnung an Parsons *Einfluß* nennt. *Einfluß*, d. h. eine symbolisch generalisierte Form der Kommunikation, die Interaktion kraft Überzeugung bzw. Überredung steuert (vgl. Habermas, 1997b: 439), tritt beispielsweise in Form von Medienmacht auf. Die publizistische Macht von Massenmedien ist Habermas zufolge zwar mit sozialer und administrativer Macht verbunden, deren Vertreter eventuell einen leichteren Zugang zu Medien haben, sie sei aber keineswegs mit ihr gleichzusetzen, denn:

> Öffentliche Meinungen, die nur dank eines nicht deklarierten Einsatzes von Geld oder Organisationsmacht lanciert werden können, verlieren ihre Glaubwürdigkeit, sobald diese Quellen sozialer Macht publik gemacht werden. Öffentliche Meinungen lassen sich manipulieren, aber weder öffentlich kaufen, noch öffentlich erpressen (Habermas, 1997b: 441).

Ob Medieneinfluß kommunikativ rationale Diskurse in der Öffentlichkeit eher fördert oder hindert, bleibe, so Habermas, letztlich offen, selbst wenn man die Wirkung der anderen drei Machtformen auf die Massenmedien kennen würde (vgl. Habermas, 1997b: 456).

Insgesamt läßt sich Habermas' Konzeption der Öffentlichkeit als Arena vorstellen, in der die vier Machtformen: soziale, administrative, kommunikative und publizistische Macht aufeinandertreffen. Jede Machtform kann zwar eher einem bestimmten Gesellschaftsbereich (soziale Macht = Ökonomie, Organisationen, Interessensverbände; administrative Macht = Staat, Verwaltung; kommunikative Macht = Bürgerinitiativen und publizistische Macht = Massenmedien) zugeordnet werden, dieser Teilbereich der Gesellschaft wird aber von Habermas nicht ausdrücklich mit einem bestimmten Handlungstyp verknüpft.

Habermas versucht allerdings, bestimmte Personengruppen den jeweiligen Gesellschaftsbereichen zuzuordnen (vgl. Habermas, 1997b: 453f) und untersucht die Frage:

... wer die Themen auf die Tagesordnung setzen und die Richtung der Kommunikation bestimmen kann (Habermas, 1997b: 458).

D. h., wer im Sinne von Lukes Macht auf der Ebene der 2. oder 3. Dimension ausübt (vgl. Teil 4). Neben der Gruppe der *Publizisten* (vgl. Habermas, 1997b: 454) unterscheidet Habermas Bürger und Bürgerin bzw. *Mann oder Frau aus dem Volke* und professionelle staatliche oder nichtstaatliche InteressensvertreterInnen:

Von den nur lose organisierten, gleichsam „aus" dem Publikum auftretenden Aktoren lassen sich, wenigstens tentativ, andere,

137

lediglich „vor" dem Publikum auftretende Aktoren unterscheiden, die *von Haus aus* über Organisationsmacht, Ressourcen und Drohpotential verfügen (Habermas, 1997b: 453).

Es bleibt aber, selbst wenn diese versuchsweise bzw. vorläufige Unterscheidung nach Personengruppen getroffen werden kann[75], letztlich offen, ob den Vertretern klar definierter Interessen ihre soziale oder administrative (d. h. in beiden Fällen strategische) Macht dazu verhilft, Tagesordnung und Richtung der Diskurse zu bestimmen (vgl. Habermas, 1997b: 451ff).

Wie die Ergebnisse der empirische Untersuchung durch das Wissenschaftszentrum Berlin, auf die in dieser Arbeit als Fallbeispiel 5 (vgl. Teil 3.4) eingegangen wurde, so läßt auch eine von dem Leipziger Kulturwissenschaftler Jürgen Gerhards durchgeführte Studie an der von Habermas konstatierten Tendenz zweifeln, Personen aus Verwaltung und Wirtschaft handelten strategisch, Menschen aus dem Publikum bzw. selbstorganisierten Gruppen dagegen eher kommunikativ. Gerhards überprüft Habermas' These anhand von öffentlichen Aussagen zur Abtreibungsfrage, die er in solche aus der Peripherie (BürgerInnengruppen, Medien und Kirchen) und Zentrum (Exekutive, Legislative, Judikative, Verwaltung und Parteien) einteilt. Er bewertet die Beiträge dieser beiden Gesellschaftsbereiche aufgrund der Anzahl der von diesen gelieferten Begründungen und deren Rationalitätsniveau und kommt zu dem Schluß:

---

[75]Für die es im übrigen keine hinreichenden Indikatoren gibt, wie Habermas selbst feststellt (vgl. Habermas, 1997b: 454).

Die empirischen Analysen haben gezeigt, daß gerade die Akteure der Peripherie und der zivilgesellschaftlichen Peripherie, von denen Habermas ein diskursives Verhalten erwartet, auf einem geringeren diskursiven Niveau kommunizieren als die anderen kollektiven Akteure (Gerhards, 1997: 30).

Ebenso wie Boulding, Hirschman und Galbraith (vgl. die Teile 2.3, 2.4 und 6.5.1) traut Habermas den vordergründig relativ machtlosen, da *nur* über kommunikative Macht verfügenden DiskursteilnehmerInnen einen großen Einfluß zu, wenn sie als Betroffene und Beteiligte besonders motiviert und engagiert in die Auseinandersetzung hineingehen:

Aber generell läßt sich feststellen, daß sich auch in mehr oder weniger vermachteten politischen Öffentlichkeiten die Kräfteverhältnisse verschieben, sobald die Wahrnehmung von relevanten gesellschaftlichen Problemlagen ein *Krisenbewußtsein* an der Peripherie hervorruft (Habermas, 1997b: 461).

Habermas hat in *Faktizität und Geltung* vor allem zwei Aspekte des Machthandelns in der Öffentlichkeit theoretisch weiterentwickelt. Erstens führt er aus, daß kommunikatives Handeln in kommunikative Macht umgewandelt wird und im Konflikt mit anderen Formen des Machthandelns durchaus Sieger sein kann. Zweitens wird deutlicher, was er in der Praxis unter struktureller Gewalt als Form des Machthandelns versteht. Sie besteht in dem Einfluß auf die öffentliche Meinungsbildung, wobei dieser Einfluß durch Medien- und

InteressensvertreterInnen ebenso ausgeübt werden kann wie durch kommunikative Macht. Für die sprachvermittelte Ausübung von Einfluß entwickelt Habermas alledings keinen eigenen Handlungstyp.

5.7 Kritik an Habermas' deliberativer Politik und dessen Replik

Nancy Fraser hat kurz vor Erscheinen von *Faktizität und Geltung* einen Artikel verfaßt (vgl. Fraser, 1996, zuerst veröffentlicht 1991), der einige feministische Kritikpunkte an Habermas' älterer Konzeption von Öffentlichkeit benennt, wie sie von ihm in *Strukturwandel der Öfffentlichkeit* entwickelt worden war (vgl. Habermas, 1991). Diese Punkte berühren auch Habermas' Machttheorie. Unter Berufung auf einige feministische historische Studien zur Öffentlichkeit (vgl. Fraser, 1996: 155, Ryan, 1991 und Eley, 1991) stellt Fraser fest, daß bürgerliche Öffentlichkeit bei Habermas von einem männlichen und bürgerlich konzipierten Individuum ausgeht und damit Frauen sowie gesellschaftliche Gruppen, die sich nicht den bürgerlichen Gepflogenheiten in Stil, Idiom und Rhetorik anpassen, vom öffentlichen Diskurs ausgeschlossen bleiben (vgl. Fraser, 1996: 160 und 166). Die Macht in der bürgerlichen Öffentlichkeit ist bezogen auf die Geschlechter ungleich verteilt und außerdem sprachvermittelt, was die feministische Forschung belegt:

Männer unterbrechen Frauen tendenziell häufiger als umgekehrt; Männer neigen dazu, mehr zu reden als Frauen, wobei sie öfter das Wort ergreifen und auch länger sprechen; und die Einwürfe von Frauen werden häufiger ignoriert oder nicht beantwortet als die von Männern (Fraser, 1996: 160).

Zudem zeigten Theoretikerinnen wie Jane Mansbridge, schreibt Fraser, daß die Sprache, die in einer Diskussion vorherrsche, meist *eine* Sichtweise favorisiere und so bestimmte Gruppen zum Schweigen bringe, wodurch sich aber nicht deren spezifische Interessen auflösten:

> Untergeordnete Gruppierungen finden mitunter nicht den richtigen Ton oder die richtigen Worte, um ihre Gedanken auszudrücken, und selbst wenn es ihnen gelingt, stellen sie fest, daß sie überhört werden (Mansbridge, 1990: 127, zitiert in: Fraser, 1996: 160).

Kommt es in einem solchen Fall zu einem Konsens nach einer Beratung, so löst dieser den Interessenkonflikt nicht auf, sondern verdeckt ihn nur. Verallgemeinernd schreibt Fraser:

> Generell kann man nicht im voraus wissen, ob ein Beratungsprozeß zur Feststellung eines Gemeinwohls führt, indem Interessenkonflikte sich als nur oberflächlich erweisen und sich auflösen, oder ob er zu der Erkenntnis führt, daß die Interessenkonflikte real sind und das Gemeinwohl eine Schimäre ist (Fraser, 1996: 170).

Fraser verweist auf zwei Merkmale der allgemeinen bürgerlichen Öffentlichkeit, von denen das eine das Problem unterprivilegierten Sprachgebrauchs bzw. sprachvermittelter Macht graduell entschärft. Erstens bestehe, so Fraser, ein Unterschied zwischen allein meinungsbildender Öffentlichkeit (wie sie z. B. durch die Medien, aber auch durch politische Gruppen aller Art hervorgebracht wird) und meinungsbildender und gleichzeitig entscheidungsfindender Öffentlichkeit (wie den Parlamenten), wobei allerdings die erste auf die zweite Form durch öffentlichen Druck einwirken könne (vgl. Fraser, 1996: 174). Nur die parlamentarische Form von Öffentlichkeit sei tatsächlich administrativer Macht vorgelagert und könne administratives Handeln bewirken. Zweitens gebe es nicht nur die allgemeine bürgerliche Öffentlichkeit, sondern vielfältige *subalterne Gegenöffentlichkeiten*, in die sich die Gruppen mit geringerem gesellschaftlichen Status zurückziehen könnten, um sich über ihre Interessen klar zu werden und um dann gestärkt (mit frischer kommunikativer Macht) in die allgemeine öffentliche Debatte zurückzukehren (vgl. Fraser, 1996: 163):

> Entscheidend ist der Doppelcharakter subalterner Gegenöffentlichkeiten in hierarchischen Gesellschaften: Einerseits ermöglichen sie das Zurückziehen und die Neugruppierung, andererseits sind sie Übungsfeld einer Umgestaltung, die auf breitere Öffentlichkeiten zielt (Fraser, 1996: 164ff).

Diese subalternen Gegenöffentlichkeiten sind also das Mittel zur Erzeugung kommunikativer Macht für zuvor schwache oder ausgegrenzte gesellschaftliche Gruppen[76].

Habermas hat auf solche und ähnliche Einwände reagiert, indem er sein Konzept der allgemeinen bürgerlichen Öffentlichkeit modifiziert hat. Er schreibt nun vom *Kommunikationsnetz politischer Öffentlichkeiten* (im Plural, vgl. Habermas, 1997c: 288) oder einem *Netzwerk von Diskursen (und Verhandlungen)* (vgl. Habermas, 1997a: 340). Claus Rolshausen faßt Habermas' deliberative Politik mit den Öffentlichkeiten in der Mehrzahl und dem darin enthaltenen Primat der kommunikativen Macht griffig zusammen:

> Die Diskurstheorie von Habermas nimmt sowohl die liberale Auffassung des Interessenkompromisses, der nach den Regeln von Verfassungsgrundsätzen zustande kommt, als auch die republikanische Auffassung einer ethischen Selbstverständigung auf. ... Die sozialintegrative Gewalt der Solidarität soll sich über autonome Öffentlichkeiten und rechtsstaatlich institutionalisierte Verfahren der demokratischen Meinungs- und Willensbildung entfalten und gegenüber Geld und administrativer Macht behaupten können (Rolshausen, 1997: 167).

Kritisch befragt wurde Habermas' Versuch, im Begriff der deliberativen Politik sowohl Interessen- als auch Wertkonflikte, sowie dialogische und instrumentelle Politik (d. h. auch solches Handeln) miteinander zu verschränken

---

[76]Seyla Benhabib bekräftigt die Bedeutung dieser beiden Entdeckungen von Fraser in ihrem Aufsatz *Ein deliberatives Modell demokratischer Legitimität* (vgl. Benhabib, 1995: 25).

(vgl. Habermas, 1997c: 284f), auf einem Symposion der Cardoso Law School. Gunther Teubner fragte dort in seinem Beitrag u. a. nach dem Übergang vom Interessen- zum Wertkonflikt und danach, wie beide in der Praxis auseinander zu halten wären (vgl. Teubner, 1996). Habermas antwortete darauf, daß der Übergang von einem Interessenkonflikt, der eine Kompromißlösung nach sich ziehe, zu einer Verständigung über die hinter den Interessen liegenden Werte sich praktisch aus der Logik des Diskurses selbst ergebe, indem die Beteiligten sich fragten, welche Wertdifferenzen dazu führen, daß kein Interessenkompromiß möglich sei (vgl. Habermas, 1997a: 371). Ulrich K. Preuß ging auf demselben Symposion mit einer Bemerkung noch einen Schritt weiter, die darauf abzielt, generell Wert- in Interessenkonflikte zu verwandeln. Preuß meinte:

> Since it is much more difficult to find consensus in value-laden issues and conflicts than in interest conflicts, the transformation of a moral or ethical conflict into an interest conflict is frequently the only alternative to civil war. Hence, the question is wether the discourse-theoretical concept of the modern constitutional state does not imply a „communication overload" in that it underestimates the peacekeeping and peacemaking function of strategic actions and of interest compromises (Preuß, 1996: 1192).

Habermas erwidert darauf:

> Das halte ich normativ nicht für gerechtfertigt, weil die *Umdefini-tion* von Werten in Interessen die Beschädigung von Identitäten

zur Folge haben kann. ... Die Verwechslung von Grundwerten mit Interessen ist ein folgenschwerer Kategorienfehler. Liebe oder Achtung können auf der politischen Ebene nicht gegen Geld getauscht werden, die Muttersprache oder das religiöse Bekenntnis nicht gegen Arbeitsplätze (Habermas, 1997a: 381f).

Habermas hält in seiner *Replik auf Beiträge zu einem Symposion der Cardozo Law School* auch an seiner scharfen Unterscheidung zwischen einem selbstinteressierten und einem gemeinwohlorientierten Gebrauch kommunikativer Macht (vgl. Habermas, 1997a: 381) sowie an der Unterscheidung strategischen und kommunikativen Handelns (vgl. Habermas, 1997a: 362) fest, wobei er nicht zwischen rein sprachlichem und durch andere Ressourcen gedecktem Machthandeln trennt (vgl. Habermas, 1997a: 362). Auf die von Fraser und Mansbridge angedeuteten Ungleichheiten auf sprachlicher Ebene, sowie den von einigen Kritikern problematisierten Übergang von Interessen- zu Wertkonflikten und umgekehrt, reagiert Habermas in seinem Aufsatz *Sprechakttheoretische Erläuterungen zum Begriff der kommunikativen Rationalität*:

Offensichtlich reicht das Medium der Sprache weiter als die kommunikative Rationalität (Habermas, 1996: 86).

Obwohl er in diesem Text weiterhin bei der strengen analytischen Trennung von strategischen Interaktionen und kommunikativem Handeln bleibt, führt Habermas auf der Ebene des kommunikativen Handelns hier eine Übergangskategorie ein, indem er starkes und schwaches kommunikatives Handeln unterscheidet. Während starkes kommunikatives Handeln einverständnisorientiert ist, d. h. auf einen Konsens abzielt, bei dem letztlich alle Wertungen geteilt werden, kommt schwach kommunikatives Handeln in den Fällen zum Tragen, wo kein Konsens möglich ist, aber die Teilnehmenden am Diskurs dennoch Verständnis für die ureigenen Werte und Argumente ihres Gegenübers entwickeln:

> In den „schwachen" Formen des kommunikativen Sprachgebrauchs und des kommunikativen Handelns verschränkt sich die kommunikative Rationalität mit der Zweckrationalität erfolgsorientiert eingestellter Aktoren, aber immer noch so, daß die illokutionären Ziele die unter Umständen ebenfalls angestrebten „perlokutionären" Erfolge *dominieren* (Habermas, 1996: 82).

Eine weitere denkbare Differenzierung seiner Handlungsbegriffe bzw. -typologie, wie z. B. zwischen stark strategischem (durch Machtquellen abgesichertem) und schwach strategischem (rein auf sprachlichen Mitteln basierendem) Handeln, mit der er die von Fraser vorgetragene sprachliche Machtungleichheit in praktischen Diskursen begrifflich gesondert fassen könnte, nimmt Habermas nicht vor.

5.8 Zusammenfassende Schlußfolgerungen zu Habermas' handlungstheoretischem Machtbegriff

Nach der eingehenden Befragung von Habermas' Werk nach theoretischen Erklärungen für Machthandeln ergeben sich die folgenden Facetten dieses Such- und Arbeitsbegriffs in Habermas' handlungstheoretischer Typologie:

Tabelle 3: Habermas' Handlungs- und Machtbegriffe	
Handlungsbegriff	**Machtbegriff**
1. strategisches Handeln	Macht als Medium
1.1 Anweisung	administrative Macht
1.2 Drohung oder Belohnung	soziale Macht
1.3 verständigungsorientiert strategisches Handeln	Macht zur Eröffnung interkultureller Diskurse
2. sprachvermitteltes Machthandeln	Kein eigener Machtbegriff, deshalb strategisch
2.1 (strategisches Handeln)	Einfluß und Wertbindung
2.2 verdeckt strategisches Handeln	Manipulation, strukturelle Gewalt
3. kommunikatives Handeln	kommunikative Macht
3.1 schwach kommunikatives Handeln	kommunikative Macht
3.2 stark kommunikatives Handeln	kommunikative Macht

Aus dieser tabellarischen Aufstellung ist ersichtlich, daß in Habermas' Theorie zwischen dem strategischen Handeln und dem starken kommunikativen Handeln, bei dem kommunikative Macht eventuell erst aus dem Diskurs heraus auf Dritte wirkt, zahlreiche Zwischenformen konzipiert werden. Neben schwachem kommunikativen Handeln sind dies die Handlungstypen, die in der Tabelle unter dem Oberbegriff sprachvermitteltes Machthandeln aufgeführt werden; von Habermas werden diese in manchen Textpassagen als strategisch, in anderen dagegen nicht im strengen Sinne als strategisch, da allein auf Sprache basierend, benutzt. Die Übergänge vom einen zum anderen Handlungstyp sind, wie u. a. Kunneman anmerkt (vgl. Teil 5.5), dynamisch bzw. fließend.

Verdeckt strategisches Handeln bedarf des kommunikativen Handelns als Tarnung, d. h. die Ressource, auf der die Einwirkung auf das Gegenüber beruht, ist die Sprache selbst. Wie Kunneman schlüssig argumentiert (vgl. Teil 5.5), ist es keineswegs sicher, daß es sich bei diesem Handlungstyp lediglich um eine Übergangsform handelt, die, nachdem sie aufgedeckt wurde, klar dem strategischen Handeln zugeordnet werden kann, denn es ist durchaus möglich, daß die Manipulation nie aufgedeckt wird. Wenn es sich um Machthandlungen auf Lukes' dritter Dimension handelt, könnte die Manipulation auch deshalb verborgen bleiben, weil sie keiner der beteiligten Personen bewußt wird. Für auf Manipulation durch Sprache als alleiniger Ressource fußendes Machthandeln bildet Habermas keine eigene handlungstheoretische Kategorie[77], obwohl er

---

[77]Es wäre damit analog zum Strafrecht ein Begriff wie *Betrug* gemeint, der von *Erpressung* und *Bestechung* klar zu unterscheiden ist.

für ihre einschränkende Wirkung auf kommunikatives Handeln den Begriff strukturelle Gewalt verwendet.

Die Begriffe *Einfluß* und *Wertbindung* werden von Parsons, laut Habermas, als sowohl verständigungs- als auch strategisch orientiert eingeführt, lassen sich jedoch in seiner älteren Interpretation auf *Anreiz* und *Abschreckung* zurückführen (vgl. Habermas, 1995, Bd.2: 417) und sind damit also letztlich strategisch. Der Einfluß, den Massenmedien auf die öffentliche Meinung ausüben, wird von Habermas dagegen als rein sprachlich aufgefaßt (vgl. Habermas, 1997b: 441 und Teil 5.6).

In seinem jüngsten Aufsatz führt Habermas die Kategorie *schwach kommunikatives Handeln* ein und geht damit offensichlich einen Schritt weg von der klaren Dichotomie seiner Handlungsbegrifflichkeit hin zu einer stärkeren Differenzierung. Diese Differenzierung beschreibt aber letztlich nur Nuancen innerhalb des Dualismus, denn auch schwach kommunikatives Handeln bleibt eindeutig verständigungsorientiert und steht für die Suche nach einem fairen Kompromiß — in einem Diskurs, in dem kein Einverständnis möglich ist. Der Übergang zu sprachvermitteltem Machthandeln (d. h. von konsensueller zur konfligierender Sprachverwendung) ist damit noch nicht angesprochen und klar konzipiert, denn Habermas hält an dieser Stelle dafür keine Kategorie *schwach strategischen Handelns* oder *kommunikativ-strategischen Handelns* bereit, obwohl es eine solche Übergangskategorie geben müßte, wenn, wie er in *Faktizität und Geltung* argumentiert, kommunikatives Handeln zu kommunikativer Macht wird und dann in der Arena öffenlicher Auseinandersetzung auf administrative und soziale Macht trifft (vgl. Teil 5.6). In Lukes' Raster eingeordnet, lassen sich Habermas' Machtbegriffe wie folgt abbilden:

Tabelle 4: Habermas' Machtbegriffe		
Machtformen	**1. und 2. Dimension**	**3. Dimension**
konfligierend	administrative Macht, soziale Macht, Einfluß und Wertbindung, sowie kommunikative Macht	strukturelle Gewalt
konsensuell	kommunikative Macht	

6 Machtkonzepte in der Wirtschaftswissenschaft

Der erste für die praktische Sozialökonomie konstitutive Theoriestrang — Habermas' Theorie des kommunikativen Handelns — wird nun zunächst verlassen. Auf die aus ihm gewonnenen Ergebnisse wird später wieder zurückgriffen werden, um sie mit denen der folgenden Teile der Untersuchung zu verknüpfen. Die Untersuchung wendet sich nun dem zweiten aus der Perspektive der praktischen Sozialökonomie naheliegenden sozialwissenschaftlichen Feld für die Suche nach theoretischen Konzeptionen zu, die eine Erklärung sprachvermittelten Machthandelns bieten könnten — der Wirtschaftswissenschaft. Die praktische Sozialökonomie ist Teil der Wirtschaftswissenschaft, in der Auseinandersetzung mit ihr entwickelt sie sich.

Über Macht sind Anfang der siebziger Jahre zwei Sammelbände der Ökonomik erschienen, in denen sich auch Ansatzpunkte zur Erklärung der Wirkung von Macht im Diskurs finden lassen. Zum einen erschien 1971 der Band *Power in Economics*, in dem Kurt W. Rothschild verschiedene theoretische Konzeptionen versammelt, und zum anderen dokumentieren zwei 1973 unter dem Titel *Macht und ökonomisches Gesetz* herausgekommene Bände die Vorträge und Diskussionen der Jubiläumstagung des Vereins für Socialpolitik von 1972, die denselben Titel trug. Beide grundlegenden wissenschaftlichen Sammlungen haben gemeinsam, daß sie auf der einen Seite, z. B. anhand von Arbeiten von Hans Albert, den Widerspruch von abstrakten Marktgesetzen und Macht hervorheben, es andererseits aber in vielen Bei-

151

trägen lediglich um Marktmacht geht und den Versuch, diese zu quantifizieren. Ein weiterer Schwerpunkt, der vornehmlich von marxistischer und institutionalistischer Seite eingebracht wurde, ist die Machtverteilung zwischen größeren ökonomischen Akteuren bzw. Gruppen von Akteuren (Industrie- und Entwicklungsländer, Manager und Aktionäre, Gewerkschaften und Unternehmerverbände u. a.). Beide Sammelwerke enthalten aber darüber hinaus einzelne Ansätze, die den Blick der Ökonomik mit Konzeptionen jenseits der reinen Betrachtung von Marktmacht weiten wollen[78]. So ist in beiden Sammelwerken ein Text des französischen Institutionalisten Perroux als Vertreter solch einer erweiterten Sicht enthalten. Außerdem finden sich unter der Rubrik *Big Business and Power* in dem von Kurt W. Rothschild zusammengestellten Band einige Hinweise darauf, wie Unternehmen ihre Interessen in der politischen Arena mit Macht vorantreiben (vgl. die Aufsätze von Reagan und Lynch, in: Rothschild, 1971: 152 bzw. 160ff). Andere Beiträge desselben Bandes deuten darauf hin, daß *Gegenmacht bzw. countervailing power* im Sinne von Galbraith (vgl. Galbraith, 1952) nicht unbedingt von selbst entsteht, sondern unter Umständen erst aufgebaut werden muß (vgl. die Aufsätze von Ulmer und Hunter, in: Rothschild, 1971: 243ff)[79].

Daß diese beiden Sammelwerke keine allgemeine und intensive Beschäftigung

---

[78]Rothschild bemerkt in der Diskussion zu seinem Vortrag: „Was mir besonders bedeutsam erscheint, ist das andere Element, von dem er [Karl Brandt aus Freiburg, S. K.] betont hat, daß es noch fehlt, eben die Machtverhaltensweisen, und da müssen wir über Marktmacht hinausgehen" (Schneider/Watrin, 1973: 1133).

[79]Auf diese Gedanken wird an späterer Stelle dieser Arbeit noch eingegangen (vgl. Teil 6.5.1 und 6.5.2).

mit Macht in der Wirtschaftswissenschaft ausgelöst haben, belegt z. B. Robert Heilbroners Rezension des *New Palgrave* — des mit 2000 Einträgen in vier Bänden wohl umfang- und facettenreichsten englischsprachigen Handbuchs der Wirtschaftswissenschaften — in der er beklagt:

> We would expect a dictionary of economics to contain such entries as Consumption and Production, Investment, Business Cycles, and the like, but *The New Palgrave* also has entries on sports, lemons (not the fruit), and performing arts. Yet there is none on power, although power would seem to be inextricable from economics (Heilbroner, 1988: 23).

Heilbroner führt dieses Fehlen auf die Struktur des derzeit tonangebenden Theoriestrangs in der Wirtschaftswissenschaft — nämlich der Neoklassik — zurück, die aufgrund ihrer verengten Betrachtung der Ökonomie als Ort reiner Tauschbeziehungen von rationalen Maximierern keinen Platz für Macht, Dominanz oder Privilegien habe (vgl. Heilbroner, 1988: 25)[80].

Schaut man in die auf heterodoxe Theorierichtungen spezialisierten Handbücher, so stellt man fest, daß die ökonomische Machttheorie weitaus vielfältiger ist, als es zunächst scheint. Im *Elgar Companion to Radical Political Economy* (1994) findet sich ein von Samuel Bowles und Herbert Gintis verfaßter neomarxistischer Beitrag zur Macht, und das *Elgar Companion to Institutional and Evolutionary Economics* (1994) hat zwei Einträge zu *Power* (verfaßt

---

[80]Heilbroner tut dem Palgrave insoweit unrecht, als dieser wenigstens Einträge zum *Monopol* und auch Galbraiths Begriff der *Countervailing Power* enthält.

von Kurt W. Rothschild und Randall Bartlett) mit zahlreichen Querverweisen. Dieser kurze Blick in englischsprachige Handbücher legt also bereits nahe, nach Konzeptionen von Macht, die die Wirkung von Machthandeln im Diskurs erklären könnten, nicht im Rahmen der Neoklassik zu suchen, sondern besonderes Augenmerk auf die alternativen Theoriestränge der Wirtschaftswissenschaften zu legen.

Im folgenden soll das für die Sozialwissenschaften weithin anerkannte Einteilungsraster von Steven Lukes (vgl. Teil 4) wie schon für die Machtkonzeptionen von Habermas (vgl. Teil 5) auch für die ökonomischen Machtkonzeptionen einen Maßstab der Bewertung und Einteilung liefern, der zur Klärung der jeweiligen handlungstheoretischen Ausformung sprachvermittelten Machthandelns im Diskurs hilfreich ist. Randall Bartlett hat, orientiert an Lukes' Dimensionen der Macht, neuere Theoreme der Neoklassik daraufhin untersucht, welche Machtbegriffe und Erklärungsmöglichkeiten diese implizit enthalten. Darauf soll kurz eingegangen werden, bevor u. a. die marxistischen, feministischen und insbesondere die institutionalistischen Machtkonzeptionen daraufhin untersucht werden, was sie zu einer theoretischen Konzeption sprachlichen Machthandelns im Diskurs beitragen können.

6.1 Neoklassische Ökonomik und Macht

Der institutionalistische Ökonom Randall Bartlett hat Lukes' Schema der drei Dimensionen genutzt um nachzuweisen, daß moderne neoklassische Theoreme durchaus Macht beinhalten könnten, sofern manche ihrer Annahmen gelockert würden. Bartlett reduziert die von ihm beibehaltenen Annahmen auf das in Marktsituationen nutzenmaximierende Individuum, das aber mit anderen interagiert und somit durch diese beeinflußbar ist:

> But my concern in this book is not the selection of policy via the processes of public choice. It's the nature of the relationship between identifiable human beings when their interactions include market exchanges (Bartlett, 1989: 10).

Bartletts Untersuchung beschränkt sich bewußt auf Markthandlungen. Er sieht sich jedoch gezwungen, die das neoklassische Grundmodell erweiternde Annahme von einzuführen, daß Individuen über den reinen Tauschvorgang hinaus interagieren, weil Macht im Sinne von Lukes' drei Dimensionen[81] sonst von vornherein aus der ökonomischen Theorie ausgeschlossen bliebe:

> With all preferences „given" and all individuals thus free of social influence on values, all potential for power such as Lukes' three-dimensional variety has been excluded by assumption. If the question is one of the nature of human relationships, then that limitation is less obviously reasonable (Bartlett, 1989: 20).

Bartlett gelingt es, in seinen Ausführungen zu zeigen, daß das rational seinen Nutzen maximierende Individuum versucht sein wird, die Entscheidungen

---

[81]Bartlett faßt Lukes' für alle drei Dimensionen geltenden Machtbegriff in folgender Definition zusammen: „Power: The ability of one actor to alter the decisions made and/or welfare experienced by another actor relative to the choices that would have been made and/or welfare that would have been experienced had the first actor not existed or acted" (Bartlett, 1989: 30; vgl. auch Lukes' eigene Definition, in: Lukes, 1974: 27).

der anderen rational ihren Nutzen maximierenden Individuen in allen drei Machtdimensionen zu seinen Gunsten zu beeinflussen (vgl. Bartlett, 1989: 37ff). Der strategisch handelnde homo oeconomicus wird sich, so Bartletts These (vgl. Bartlett, 1989: 48), nicht auf die einfache ökonomische Machtform auf der Ebene von Lukes' 1. Dimension beschränken, d. h. auf das Verbessern der Anreizstrukturen für andere ökonomische Akteure[82], sondern er oder sie (in der theoretischen Vorstellung wohl eher ein er) wird die Einflußnahme auf jeder von Lukes' Dimensionen versuchen (vgl. Bartlett, 1989: 48).

Bartlett weist auf die Möglichkeiten der denkbaren und theoretisch integrierbaren Ausübung von Macht u. a. im Rahmen der Transaktionskostenanalyse und des Ansatzes der Eigentumsrechte hin[83] — ein Schritt, der jedoch von den Vertretern der modernen neoklassischen Theoreme nicht vollzogen wird. Wenn neoklassische Theoretiker die Annahme der Allwissenheit des homo oeconomicus aus dem Grundmodell aufgeben (vgl. Bartlett, 1989: 76), indem sie z. B. darauf hinweisen, daß Informationsbeschaffung Kosten verursacht, so folgt daraus die Wahrscheinlichkeit der ungleichen Verteilung von Kenntnissen (1. Machtdimension) sowie die Möglichkeit, Informationskanäle zu schließen oder zu öffnen (2. Machtdimension), und auch die Chance, das Entstehen bestimmten Wissens zu fördern oder zu behindern (3. Machtdimension). Daraus wiederum folgt für die nach Informationen suchende Person, daß sie von einer anderen Person, die die Informationen auf eine der oben beschriebenen

---

[82]In Bartletts Worten: „Someone may change the decision by making a better offer" (Bartlett, 1989: 41).

[83]Das Herausgreifen dieser beiden Ansätze aus seiner umfassenden und detailreichen Analyse der modernen Neoklassik soll als Beleg von Bartletts These hier genügen.

Weisen kontrolliert, beeinflußbar ist (vgl. Bartlett, 1989: 84ff). Diese zweite Person übt also Macht aus, kommt aber, laut Bartlett, in den neoklassischen Ansätzen nicht vor:

> The behavior of a potential subject of power is commonly examined. The behavior of potential exercisers is not (Bartlett, 1989: 78).

In seiner Auseinandersetzung mit dem Property-Rights-Ansatz argumentiert Bartlett auf ähnliche Weise. Er schreibt, die Neoklassik habe zwar anerkannt, daß Eigentumsrechte eine notwendige Voraussetzung für eine Marktgesellschaft seien, sie frage aber nicht nach der Entstehung dieser Rechte (vgl. Bartlett, 1989. 149). So wie Property Rights im wirtschaftswissenschaftlichen Mainstream eingeführt werden, erscheinen sie, als beruhten sie auf einem nach demokratischem Entscheidungsprozeß entstandenen Konsens (vgl. Bartlett, 1989: 62). Das sei jedoch, Bartlett zufolge, tatsächlich selten der Fall (vgl. Bartlett, 1989: 150). Im Entstehungsprozeß von Eigentumsrechten werden meist Machtformen eingesetzt, um diese durch- und einzusetzen (Bartlett nennt als Beispiel die Landnahme der Europäer in Amerika und führt als Beleg anthropologische Literatur an, vgl. Bartlett, 1989: 150ff). Bartlett schreibt, daß eine Person die Definition von Rechten beinflussen und damit Macht der zweiten Dimension ausüben könne, wenn diese Rechte den Rahmen für einen späteren Tauschvorgang festlegen, selbst wenn sie dann den Tauschvorgang selbst nicht beeinflussen könne (1. Dimension) (vgl. Bartlett, 1989: 44 und 159). Diese Möglichkeit sei faktisch immer gegeben, da ein funktionierender Markt die vorherige Machtausübung zur Festlegung von Eigentumsrechten voraussetze (vgl. Bartlett, 1989: 154)[84]. Außerdem habe ein theoretisch als seinen Nutzen maximierend gedachter ökonomischer Akteur auch logischerweise ein Interesse daran, die Entstehung von Verfügungsrechten in seinem Sinne zu beeinflussen:

> Someone is going to gain. Someone is going to lose. There may be
> an exercise of *power* in the *process of establishing rights* (Bartlett,
> 1989: 151; vgl. auch ders., 1989: 166).

Wenn hinzukommt, daß Rechte in einem andauernden Prozeß definiert, umdefiniert und redefiniert werden (vgl. Bartlett, 1989. 157), so ist von Bedeutung, um welche Rechte gestritten wird (1. Dimension), welche den Kontrahenten zwar bewußt sind, aber von der Diskussion ferngehalten werden (Gerichtsverhandlung und parlamentarischer Entscheidungsprozeß, 2. Dimension) und welche aufgrund der Strukturen der Prozesse zu einem bestimmten Zeitpunkt des Konflikts den Beteiligten gar nicht in den Sinn kommen (3. Dimension). Die von der neoklassischen Theorie ausgeklammerte Definition von Rechten hat für die in den Fallbeispielen diskutierten Diskurse enorme Bedeutung (vgl. Teil 3 und die entsprechenden Unterkapitel), denn sie kennzeichnet die zweite Phase der Umsetzung der Diskursergebnisse. Diese Phase ist, wie wir gesehen haben, häufig von strategischem Handeln geprägt.

Vor der Folie von Lukes' Machtdimensionen, die imstande sind, eine große Variationsbreite möglicher Machthandlungen zu integrieren, gelingt es Bartlett

---

[84]Ein Beispiel dafür ist die von Bartlett beschriebene Entstehung und Entwicklung des amerikanischen Arbeits- und Gewerkschaftsrechts (vgl. Bartlett, 1989: 161ff).

zu demonstrieren, daß die Einfallstore für machttheoretische Überlegungen innerhalb der modernen neoklassischen Theorie im Grunde weit offen stehen. Er geht damit über die reine Kritik an der *Macht-Losigkeit* der neoklassischen Theorie hinaus, wie sie von vielen Seiten bereits geäußert wurde (vgl. u.a.; Rothschild, 1994: 175; Swedberg, 1987: 155 und Perroux, 1983[85]; in weiten Teilen ähnlich wie Bartlett argumentiert Arndt, 1994: 159ff). Die Gründe dafür, warum die Neoklassik den entscheidenden Schritt in Richtung Macht-theorie nicht geht, sieht Bartlett in ihrem Festhalten an der Vorstellung von der realen Welt als ökonomisch effizient und dem ökonomisch handelnden Individuum als frei und unabhängig (ebenso argumentieren auch Capora-so/Levine, vgl. dies., 1992: 179)[86]. Hinzu kommt noch eine notwendige und wohl für die Neoklassik ungewohnte Umstellung im Theoriedesign, denn:

> Power analysis is thus a danger to the comforts of our theore-
> tical world. It implies a world of relatives. It denies absolutes.
> It requires actors and analysts to recognize that human interac-
> tions, with or without markets, may involve winners and losers

---

[85]Perroux unternimmt einen eigenen Versuch der Integration von Macht in die herkömm-liche ökonomische Theorie.

[86]Bartlett schreibt: „No wonder debate about such propositions is avoided, at least by neoclassical economists. It would appear that, in order for the world to be fully efficient, there must be value power. In order to be without value power, the world must accept substantial inefficiency. When the model that is the basis of belief has two basic precepts, (1) that individuals are free and independent and (2) that such individuals can achieve total efficiency in perfect markets, this grand dilemma is cutting at the very foundation. Rather than being separable issues, efficiency and power have at least become part of the same thing" (Bartlett, 1989: 188).

(Bartlett, 1989: 206).

Ergebnis der Darstellung von Bartletts Untersuchung ist also, daß die moderne neoklassische Theorie, da sie sich, wenn überhaupt, nur am Rande mit Macht in der ersten Dimension befaßt, zur Frage sprachvermittelten Machthandelns im Diskurs nichts beitragen kann. Um sprachvermitteltem Machthandeln in ihrer Analyse Raum zu geben, müßte sie in ihren Annahmen zumindest von vielfältig interagierenden Individuen ausgehen, was für sie aus den von Bartlett genannten Gründen nicht möglich zu sein scheint.

Außerdem ist deutlich geworden, daß Lukes' Drei-Dimensionen-Schema zur Bewertung des Beitrags von Machttheorien zur Frage nach sprachvermitteltem Machthandeln und der Einordnung dieses Beitrags nützlich ist (Ist es eine konsensuelle oder konfligierende Konzeption, wenn letztere, auf welcher Dimension erfaßt sie Machthandeln). Es soll auch im folgenden bei der Betrachtung der Machtkonzeptionen für diese Zwecke genutzt werden.

6.2   Neomarxistische Machttheorie

Die Suche nach einer handlungstheoretischen Erklärung für sprachvermitteltes Machthandeln in Diskursen wendet sich nun der neomarxistischen Machttheorie zu, denn marxistische ÖkonomInnen waren deutlich vernehmbar an der sich in den oben genannten Sammelwerken der siebziger Jahre widerspiegelnden Diskussion zur Machttheorie (vgl. Schneider/Watrin, 1972 und Rothschild, 1971) beteiligt. Ihre Fragestellung lautete damals so, wie sie auch heute noch im *Elgar Companion to Radical Political Economy* formuliert

160

wird:

> What is the connection between ownership of wealth and the
> exercise of power? (Bowles/Gintis, 1994: 304).

Besonderes Augenmerk wurde von MarxistInnen damals auf die Macht der Industrieländer in ihren Beziehungen zu den sogenannten Entwicklungsländern gelegt. In dem eben zitierten Artikel im *Elgar Companion to Radical Political Economy*, der mit *Power in Economic Theory* überschrieben ist, verweisen die Autoren Samuel Bowles und Herbert Gintis auf zwei ökonomische Beziehungen, in denen Macht eine besondere Rolle spielt: die Beziehung von ArbeitgeberIn zu ArbeitnehmerIn und die von KreditgeberIn zu KreditnehmerIn. In beiden Fällen sitzt die gebende Seite aus der Sicht des Neomarxismus gewissermaßen am *längeren Hebel* (*Short-side Macht*) und kann deshalb der nehmenden Seite die Bedingungen der Austauschbeziehung diktieren. Bowles und Gintis geben ihrem 1990 in der PROKLA erschienen Artikel den Titel *Umkämpfter Tausch — Eine neue Mikrofundierung der politischen Ökonomie des Kapitalismus*, dessen:

> ... zentrale Behauptung lautet, daß es durch den Prozeß endogener Anspruchsdurchsetzung zum Aufbau von Machtbeziehungen kommt, und zwar auch dann, wenn keine Koalitionsbindungen oder andere Hindernisse für vollständige Konkurrenz vorliegen (Bowles/Gintis, 1990: 8).

Dies läßt vermuten, daß der genannte Aufbau von Machtbeziehungen auch über sprachvermitteltes Machthandeln geschieht, der aus neomarxistischer

Perspektive analysiert wird.

Ausgangspunkt für die moderne neomarxistische Theorie des Arbeitsmarkts und der Arbeitsorganisation im Unternehmen ist die provozierende Behauptung des Nobelpreisträgers Paul Samuelson, es spiele letztlich keine Rolle, ob Kapital Arbeit oder Arbeit Kapital für die Produktion anheuern würde (vgl. Samuelson, 1957: 894, zitiert von: Bowles/Gintis, 1994: 301). Darauf hat zunächst Steven Marglin in einem Aufsatz mit dem bezeichnenden Titel *What Do Bosses Do?* geantwortet (vgl. Marglin, 1986), dessen marxistische Argumentation von Richard Edwards unterfüttert (vgl. Edwards, 1986) und durch David Gordon ökonometrisch belegbar gemacht wurde (vgl. Gordon, 1990). Das von Marglin formulierte Machtinteresse der Kapitalisten, das sie vermittels *divide et impera* durchzusetzen pflegen, sowie der von Edwards hervorgehobene Kampf um den Arbeitseinsatz im Unternehmen, der durch unterschiedliche Kontrollmechanismen aus den Arbeitern herausgepreßt wird, wurde von Gordon in Variablen und in mit neoklassischen ökonometrisch vergleichbare formalisierte Modelle überführt. Das Ergebnis ist eine von Gordon festgestellte Konvergenz moderner neoklassischer und neomarxistischer Theorie, deren Erklärungen für jeweils ein Segment des Arbeitsmarktes (vgl. Doeringer/Piore, 1971 und Gordon et al., 1982) gelten:

> ... there now appears to be considerable convergence of interest between „modern" neoclassical and recent neo-Marxian analyses of the labor process (Gordon, 1990: 1).

Diese Konvergenz ist auch in dem Aufsatz „Umkämpfter Tausch" von Bowles und Gintis von 1990 zu spüren. Bowles und Gintis lehnen zwar mit derselben

Begründung wie Bartlett (vgl. Teil 6.1) das Walras-Modell als Mikrofundierung ab, weil es von der in der Gesellschaft bestehenden Macht und Ungleichheit abstrahiert (vgl. Bowles/ Gintis, 1990: 13ff), gehen aber dennoch von nutzenmaximierenden Individuen aus. Was ihre Theorie von der Neoklassik letztlich (trotz ihres Bemühens, an diese anschlußfähig zu bleiben) unterscheidet, formulieren sie zusammenfassend folgendermaßen:

> Der zentrale substantielle Unterschied unseres Ansatzes, den wir als Theorie des umkämpften Tausches bezeichnen, zu solch verwandten Strömungen post-walrasianischer Ökonomie wie dem Transaktionskosten-Ansatz besteht darin, daß wir uns auf die tauschgenerierten asymmetrischen Machtrelationen und auf die ökonomischen Irrationalitäten konzentrieren, die mit endogener Anspruchsdurchsetzung in einer hochgradig ungleichen und hierarchischen Ökonomie einhergehen (Bowles/Gintis, 1990: 12f).

Umkämpftes Tauschobjekt auf dem Arbeitsmarkt ist auch bei Bowles und Gintis, wie schon bei Edwards und Gordon die von der ArbeiterIn erbrachte Intensität der Arbeitsleistung. Eine hohe Intensität der Arbeitsleistung kann erzwungen werden, weil die Arbeit gebende Seite das Drohpotential bzw. die Fall-Back-Position der Kündigung hat, die aber nur wirkt, wenn (im Falle des nicht geräumten Marktes) Arbeitslose als Ersatz bereitstehen. Den Zustand der Short-side Macht (vgl. Bowles/Gintis, 1990: 33) können ArbeitgeberInnen auch durch diskriminierende Einstellungspraktiken (nach Rasse, Geschlecht oder ethnischer Zugehörigkeit usw.) oder durch einen segmentierten Arbeitsmarkt erreichen (vgl. Bowles/ Gintis, 1990: 35).

Worin besteht nun die Verknüpfung zwischen Reichtum und der Ausübung ökonomischer Macht, d. h. die Antwort auf die marxistische Leitfrage? Sie ergibt sich laut Bowles und Gintis durch die Verbindung von Arbeits- und Kreditmarkt:

> Die zu beobachtende Beziehung zwischen Reichtum und Kommandomacht in einer kapitalistischen Ökonomie rührt somit von der Tatsache her, daß nur jene, die Reichtum besitzen, Hypotheken hinterlegen können (Bowles/Gintis, 1990: 39, vgl. auch dies., 1990: 43).

Bowles und Gintis sehen im Kreditmarkt parallel zum Arbeitsmarkt die GeberInnenseite mit Short-side Macht ausgestattet. Reichtum auf der NehmerInnenseite führe im Arbeitsmarkt zu einer Abschwächung der Drohung des Arbeitsplatzverlustes und im Kreditmarkt zur Bevorzugung durch die GeberInnenseite. KreditnehmerInnen (im Kreditmarkt auf der Long-side) können, sofern sie über Reichtum verfügen, auf dem Arbeitsmarkt zu ArbeitgeberInnen werden und damit dort auf die Short-side wechseln.

Bowles und Gintis vertreten die Auffassung, zukünftiges Arbeitseinkommen sei weit weniger als Sicherheit geeignet als andere Formen von Reichtum, wie beispielsweise Immobilienbesitz (vgl. Bowles/Gintis, 1990: 44f). Nach einer Diskussion der institutionalistischen These von der Macht der ManagerInnen[87]

---

[87]Für eine kritische Diskussion der Einflüsse beider Schulen aufeinander vgl. aus institutionalistischer Sicht O'Hara, 1995 und Stanfield, 1995. Für eine kurze Gegenüberstellung ihrer Machtansätze ebenfalls aus institutionalistischer Sicht vgl. Klein, 1987.

räumen sie aber ein, daß auch diesen nicht unbedingt mit Reichtum ausgestatteten Personen Short-side Macht zukomme, weil sie als MittlerInnen zwischen Arbeits- und Kreditmarkt auftreten. Die Macht der ManagerInnen zwingt Bowles und Gintis dazu, obwohl sie am Zusammenhang von Reichtum und Macht festhalten, ihre letzte Schlußfolgerung diesbezüglich sehr offen zu formulieren:

Reichtumsbesitz ist weder notwendig noch hinreichend für die Verfügung über Short-side Macht (Bowles/Gintis, 1990: 49).

Der amerikanische neomarxistische Machtansatz (um Marglin, Edwards, Gordon, Bowles, Gintis u. a.) ist vornehmlich eine konfliktorientierte Machtkonzeption auf der Ebene von Lukes' erster Dimension. Nutzenorientierte AkteurInnen verfolgen, dieser Konzeption zufolge, auf umkämpften Märkten ihre Interessen und sind sich des Konflikts auch bewußt. Die Erklärung von Solidarität unter ArbeiterInnen durch einen konsensuellen Machtbegriff wäre im Prinzip denkbar[88] (vgl. auch Woodbury, 1987), nicht jedoch in einen Ansatz integrierbar, der von nutzenmaximierenden Individuen ausgeht. Diese Individuen würden zwar eventuell auch aus wohlverstandenem Eigeninteresse zu

---

[88]In ihrem Buch *Democracy and Capitalism* schreiben Bowles und Gintis: „... the tools of discourse are a mechanism for the formation of group action" (Bowles/Gintis, 1986: 153). Sie messen diesen *Werkzeugen* aber keinen ihnen eigenen Wert bei, weshalb deren Einsatz aus ihrer Sicht beliebig ist: „Lacking an intrinsic connection to a set of ideas, words, like tools, may be borrowed. Indeed like weapons in a revolutionary war, some of the most effective words are captured from the dominant class (Bowles/Gintis, 1986: 153). Die Einschätzung der Sprache als austauschbar ist wohl der Grund dafür, daß sie in Bowles und Gintis Handlungsmodell keinen Stellenwert hat.

kollektiven Handlungen neigen, hätten dann aber auch alle die Probleme zu überwinden, die Mancur Olson in seiner *Logic of Collective Action* beschreibt (vgl. Olson, 1965). Danach wäre jede und jeder aufgrund von Kosten-Nutzen-Erwägungen versucht, nur die Vorteile der Solidarität zu nutzen, den eigenen Beitrag zu ihrer Entstehung aber nicht zu leisten, sich also als Trittbrettfahrer (*free rider*) zu verhalten.

Bowles und Gintis betrachten Machtformen der zweiten bzw. dritten Dimension von Lukes' zumindest als nachrangig. Wohl mit Blick auf die amerikanischen InstitutionalistInnen schreiben sie, daß es andere möglicherweise wichtige Aspekte der Regulierung der Arbeit, wie etwa Konformismus, guter Wille und Stolz auf die Arbeit gibt, die den Funktionsverlauf der Arbeitsextraktion bestimmen (vgl. Bowles/Gintis, 1990: 25). Aber nichtstrategische Normen wie z. B. eine gesellschaftlich verbreitete Arbeitsmoral, die einen unbewußten Zwang zur Arbeit (d. h. Macht auf Lukes' dritter Dimension) ausübt, werden von Bowles und Gintis als so labil angesehen, daß sie ohne stützende Sanktionen im Hintergrund schnell erodieren (vgl. Bowles/Gintis, 1990: 27). Daraus folgern sie:

> Da nichtstrategische Normen und strategische Rationalität so eng miteinander verknüpft sind, ist es schwierig, auf sinnvolle Weise die Frage nach ihrem jeweiligen Gewicht zu stellen (Bowles/Gintis, 1990: 27).

Die NeomarxistInnen weichen konsequent dieser Schwierigkeit aus, indem sie sich in ihrer Konzeption auf die strategische Rationalität beschränken. Sie verbleiben damit auf Lukes' erster (eventuell seiner zweiten) Dimension der Macht, indem sie die eine Seite des umkämpften Tausches als bestimmend ansehen:

> ... Arbeitgeber strukturieren eine Situation dergestalt, daß Arbeiter rational entscheiden (d. h. konsensuell zustimmen), härter zu arbeiten, als sie es unter anderen Umständen tun würden (Bowles/Gintis, 1990: 26).

Eine Theorie, die der oben genannten Schwierigkeit der Unterscheidung zwischen nichtstrategischen und strategischen Normen ausweicht, ist wenig hilfreich für eine Arbeit, die gerade die Wirkung beider aufeinander im ökonomischen Koordinationsmechanismus Diskurs untersucht. Die neomarxistische Mikroökonomie fügt dem neoklassischen Erklärungsmuster des Anreizes das des Zwangs hinzu. Obwohl sie im Gegensatz zur Neoklassik explizit ein Interesse an der Analyse von Machthandlungen äußert, verfügt sie dennoch über keinen Begriff sprachvermittelten Machthandelns.

6.3   Machttheorien in der Betriebswirtschaftslehre

Für Konzeptionen zu sprachvermitteltem Machthandeln in der Betriebswirtschaftslehre ist Karl Sandners Studie *Prozesse der Macht — Zur Entstehung, Stabilisierung und Veränderung der Macht von Akteuren in Unternehmen* die maßgebliche Arbeit. Denn erstens liefert sie einen umfassenden Überblick über den machttheoretischen Forschungsstand in der Betriebswirtschaftslehre und zweitens entwickelt Sandner darin ein *Verhandlungsmodell der Macht*, das auch berücksichtigt, daß Macht über Sprache vermittelt wird (vgl. Sandner, 1992: 227).

Sandner faßt sein Verhandlungsmodell der Macht als Pioniertat im Rahmen Betriebswirtschaftslehre auf. Er schreibt:

> So finden sich z. B. praktisch keine betriebswirtschaftlich orientierten Untersuchungen zur Vorstellung der Organisation als „negotiated order", d. h. zur Vorstellung, daß die interne Ordnung der Organisation von den Organisationsmitgliedern ausgehandelt werde (Sandner, 1992: 65).

Nach eingehender und umfassender Sichtung und Diskussion ihrer Konzeptionen kommt Sandner zu folgender Einschätzung des machttheoretischen Forschungsstandes in der Betriebswirtschaftslehre:

> Es gibt keine betriebswirtschaftliche Theorie der Macht. Und dort, wo Ansätze dafür erkennbar sind, handelt es sich um eine Auseinandersetzung mit spezifischen Problembereichen. Selbst bei der hier eher weit gesteckten Abgrenzung des Untersuchungsfeldes zeichnen sich alle diskutierten Theorien und Ansätze der Macht durch beträchtliche theoretische und/oder methodische und/oder methodologische Probleme aus (Sandner, 1992: 54, vgl. auch ders., 1992: 26, 42, 45 und 227).

Sandner listet die genannten Probleme auf (vgl. Sandner, 1992: 47) und wirft den betriebswirtschaftlichen Ansätzen vor, daß aus ihnen nicht zu erfahren sei, was Macht sei, wie sie entstehe und sich verändere (vgl. Sandner,

1992: 44), denn die dort zumeist angewandte ressourcen- oder dependenz-orientierte Erklärung für Macht habe ein *a priorisches Kausalmodell* (vgl. Sandner, 1992: 22), d. h. das Vorhandensein von Machtquellen oder Abhängigkeiten werde mit Machtausübung selbst gleichgesetzt. Sandner sieht Ressourcen solange nicht als Machtressourcen an, wie sie nicht in einer Unterordnungsaufforderung der einen an die andere Person erprobt wurden. Er beachtet anders als die von ihm kritisierten betriebswirtschaftlichen Ansätze sowohl die Handlungen und Handlungsmöglichkeiten der machtausübenden Person als auch die der Person, auf die Macht ausgeübt wird (vgl. Sandner, 1992: 87 und 60). Diese zweiseitige Betrachtung ist der Ausgangspunkt für sein Verhandlungsmodell der Macht.

Machtquellen und verschiedene Formen von Abhängigkeiten in Unternehmen, die Sandner in seinem Buch vollständig zu erfassen sucht, stellen aus seiner Sicht nur potentielle Macht dar. Und sie sind dies auch nur dann, wenn die Abhängigkeit oder Machtquelle auch von *der* Person wahrgenommen wird, auf die Macht ausgeübt werden soll, und sie diese Machtausübung nicht vereitelt:

> Diese Unterscheidung zwischen potentieller und tatsächlicher Macht ist analytisch und empirisch vor allem deshalb wichtig, weil Irreführungen und nicht eingehaltene Unterordnungszusagen regelmäßiger Bestandteil von Machtprozessen sind (Sandner, 1992: 117f).

Sandners Machtdefinition lautet:

169

Macht ist die *intentionale Durchsetzung von Zielvorstellungen, die auf das Handeln (die Unterordnung) anderer angewiesen ist* (Sandner, 1992: 94).

Macht entsteht, laut Sandner, in einem dynamischen Interaktionsprozeß unter den Unternehmensangehörigen (vgl. Sandner, 1992: 55):

Organisationen stellen damit pluralistische soziale Systeme dar, durchsetzt mit Interessenskoalitionen und -netzwerken. Auf Grund der eingeschränkten Rationalität der Akteure und der Dynamik von Verhandlungsprozessen kommt es mitunter zu Entscheidungen, die von den Akteuren weder vorhergesehen noch beabsichtigt waren (Sandner, 1992: 72).

Diesen Prozeß konzipiert er, indem er den nach außen gerichteten, von Freeman beschriebenen Stakeholderprozeß in das Unternehmen hineinverlegt (vgl. Sandner, 1992: 71f und Freeman, 1984). Sandner betrachtet die Verhandlungen innerhalb des Unternehmens grundsätzlich, indem er von erfolgsorientiertem Handeln der Beteiligten ausgeht (vgl. Sandner, 1992: 115):

Aus dem Verständnis von Verhandlungen als Versuche der Herstellung normativer Ordnungsbeziehungen handeln Akteure in Unternehmen erfolgsorientiert; Kooperation, Koalitionen, Kampf etc. sind strategische oder taktische Elemente der Erfolgsorientierung der Akteure (Sandner, 1992: 144).

Die von Jürgen Habermas und Peter Ulrich ausdrücklich zwischen erfolgsorientiertem und *kommunikativem Handeln* getroffene Unterscheidung (vgl.
Teil 2.5 und 2.6) wird von Sandner nicht als wesentlich angesehen:

> Auch wenn die Genese in verständigungs- und erfolgsorientier-
> ten Handlungszusammenhängen eine unterschiedliche sein mag,
> so bleibt doch das Phänomen grundsätzlich das gleiche. M. E. sind
> solche Prozesse freiwilliger „konfliktloser" Unterordnung, . . . , als
> Machtprozesse zu verstehen (Sandner, 1992: 77, vgl. auch ders.,
> 1992: 67 und 238, Fußnote: 33).

Sandner unterscheidet also nicht zwischen konfligierender und konsensueller
Macht im Sinne von Lukes (vgl. auch Sandner, 1992: 134). Sandners Argument dafür, daß es widersprüchlich sei, zwischen kooperativem und erfolgsorientiertem Handeln zu unterscheiden, lautet, daß die kurzfristige Aufgabe
eigener Interessen unter Umständen langfristigen Erfolg bedeute (vgl. Sandner, 1992: 139f). Daß Sandner die unterschiedliche Genese beider Handlungstypen gering schätzt, ist erstaunlich, da er doch, wie er selbst schreibt (vgl.
Sandner, 1992: 44), an der Entstehung und Veränderung von Macht interessiert ist. Indem er die Unterscheidung der Kategorien erfolgsorientiert und
verständigungsorientiert aufgibt und jegliches Handeln im Unternehmen unter den Primat der Erfolgsorientierung stellt, vergibt er sich die Chance, sie
analytisch getrennt zu betrachten — auch wenn sie empirisch miteinander
verflochten sind (vgl. auch Sandner, 1992: 140). Sandner betont wiederholt
den ergebnisoffenen, dynamischen Charakter von Machthandlungen (vgl. u.

a. Sandner, 1992: 79), auch indem er auf die Bedeutung von Netzwerken und Koalitionen für Machtprozesse eingeht:

> Das Gegenseitig-aufeinander-Angewiesensein geht damit über die vereinzelte Machtbeziehung hinaus und erweitert diese über die *dyadische* Interdependenz auf *multiple* Machtrelationen, bei denen derselbe Akteur je nach Problembereich Machtüberlegener und dann wieder Machtunterlegener ist (Sandner, 1992: 98).

Selbst wenn in der Zeitdimension zwischen lang- und kurzfristig unterschieden wird, so wird doch eine Erklärungskategorie für das Entstehen von Netzwerken benötigt, die, wie Sandner schreibt, auf sozialen Beziehungen beruhen (Sandner, 1992: 148) und zu einem späteren Zeitpunkt für Machthandlungen genutzt werden. Wenn die Akteure in Unterstützungsnetzwerken Beiträge für möglicherweise gänzlich Unbekannte leisten (vgl. Sandner, 1992: 151), so stellt sich die Frage, warum sie dies als erfolgsorientiert Handelnde tun sollten, wenn der Lohn dafür nicht nur in ferner Zukunft liegt, sondern auch völlig ungewiß ist, ob er überhaupt ausgezahlt wird. Sandner versucht diesen Widerspruch aufzulösen, indem er kurzfristige Zwecke von weitergesteckten Interessen unterscheidet. Zwecke richteten sich, Sandner zufolge, auf einen abgrenzbaren Einzelfall, der durch Inanspruchnahme geeigneter Mittel realisiert wird. Interessen dagegen richteten sich auf rahmenartige Situationsbeschreibungen, die angäben, worauf man hinarbeiten solle (vgl. Sandner, 1992: 63). Ein solcher dehnbarer Begriff von Interesse soll gleichzeitig der empirisch feststellbaren Tatsache gerecht werden, daß Zwecksetzungen von

Handelnden oft widersprüchlich und inkonsistent, vieldeutig und mehr oder weniger explizit sind (vgl. Sandner, 1992: 59).

Dieser weitgespannte Interessensbegriff vermag allerdings nicht die Widersprüche aufzulösen, die dadurch entstehen, daß Sandner kommunikatives Handeln mit sprachvermitteltem Machthandeln gleichsetzt. Sandner definiert argumentatives Überzeugen wie folgt:

> Bei der Überzeugung anerkennt B in einer Situation freier Wahl den Inhalt einer kommunikativen Handlung des A, ohne den positiven oder negativen Sanktionen des A ausgesetzt zu sein (Sandner, 1992: 109).

Solches *Überzeugen* kann von Sandner mit *Überreden* gleichgesetzt (vgl. Sandner, 1992: 110) und als erfolgsorientiertes Machthandeln interpretiert werden, weil er es entgegen den von ihm sonst vorgetragenen Vorstellungen von Dynamik und Ergebnisoffenheit von Verhandlungen als *Einbahnstraße* der Kommunikation konzipiert (vgl. Sandner, 1992: 127). Wenn es während der Interaktion jedoch nicht nur zu einer *kognitiven Reorganisation* (vgl. Sandner, 1992: 111) bei einer der beteiligten Personen unter dem Einfluß einer anderen kommt, sondern bei mehreren, und das Ergebnis ihrer Beratung eine der Lösungen ist, die Sandner *integrativ* nennt (vgl. Sandner, 1992: 134f), so kann ein solcher Prozeß nicht mehr unter Sandners Definition für Machthandeln gefaßt werden, denn es werden nicht intentional Zielvorstellungen durchgesetzt, sondern die Zielvorstellungen werden erst gemeinsam entwickelt, und es muß auch zu keiner Unterordnung von Beteiligten unter andere kommen (vgl. Sandners Machtdefinition oben, bzw. ders., 1992: 94).

Bereits am Beispiel des *Überzeugens* wird deutlich, was Sandner in bezug auf das Konzept der Unternehmenskultur konstatiert (vgl. Sandner, 1992: 214)[89]:

> V. a. die kulturelle Steuerung hat dabei gezeigt, daß es theoretisch zunehmend schwieriger wurde, komplexe Veränderungsprozesse an einem strategischen, erfolgsorientierten Handeln von Akteuren festzumachen (Sandner, 1992: 228).

Sandners Studie betont die Bedeutung sprachvermittelten Machthandelns in Unternehmen. Sandner selbst spricht vom Verhandlungsmodell der Macht, und er geht auf eine Fülle von Varianten dieses Handlungstyps (z. B. Manipulation und Täuschung, vgl. Sandner, 1992: 108ff und 126ff) bis hin zur Unternehmenskultur (vgl. Sandner, 1992: 209ff) ein. Der Begriff verliert jedoch seine analytische Trennschärfe, wenn unter ihm auch strategisches Handeln (z. B. Drohung und Versprechen, vgl. Sandner, 1992: 101ff) und kommunikatives Handeln (vgl. Sandner, 1992: 109ff und 126ff) gefaßt wird. Es gelingt Sandner allerdings durch sein Verhandlungsmodell der Macht, den nur bedingt teleologischen Charakter (da dynamisch-prozedural und ergebnisoffen) strategischen Handelns und insbesondere sprachvermittelten Machthandelns aufzuzeigen. Erweist sich der Ausgangspunkt, alles Handeln als erfolgsorientiert anzusehen, schon in einer auf das Unternehmen konzentrierten Betrachtung als problematisch, so bestätigt dies indirekt die Intention und Herangehensweise dieser Arbeit, für die Analyse öffentlicher praktischer Diskurse

---

[89]Vgl. die Ausführungen zur Unternehmenskultur in Teil 6.5.2.

mit einer weiter gefächerten Handlungstypologie zu arbeiten bzw. diese zu entwickeln.

6.4 Feministische Machttheorie

Auch in dem Fallbeispiel, in dem sie (Lynn und Teri, vgl. Teil 3.3.3) eine besondere Rolle als Diskursteilnehmende spielen, sind Frauen wie in den meisten öffentlichen Diskursen unterrepräsentiert (in den in Teil 3 untersuchten fünf Fallbeispielen beträgt der Anteil der Frauen an der Gruppe der aktiv am Diskurs teilnehmenden Personen jeweils etwa 20%). Zudem nehmen sie selten wie in Fall 4 (vgl. Teil 3.3.3) eine herausgehobene Rolle als Sprecherin, Interessensvertreterin, Mediatorin und dergleichen ein. Diese Feststellungen sprechen bereits für ein unausgewogenes Machtverhältnis zwischen den Geschlechtern in praktischen Diskursen. Zudem stellt Biesecker in einer Fallstudie zu Macht und Diskurs (vgl. Biesecker, 1996: 9) eine Beziehung zwischen den von ihr herausgearbeiteten Kategorien der sprachvermittelten Macht (*rhetorical power*) und geschlechtsspezifischer Macht (*gender-related power*) her, indem sie darauf hinweist, daß geschlechtsspezifische Macht beispielsweise durch die Auswahl der Gesprächsthemen (im Sinne von Lukes' zweiter Dimension) ausgeübt wird. Nancy Fraser verweist in ihrer Kritik an Habermas' Öffentlichkeitskonzept ebenfalls auf die über Sprache vermittelte Benachteiligung von Frauen in öffentlichen Diskursen (vgl. Teil 5.7).

Im folgenden wird geprüft werden, was die feministische Ökonomie zur Erklärung sprachvermittelten Machthandelns in Diskursen beizutragen hat[90].

---

[90]An dieser Stelle soll daran erinnert werden, daß es in dieser Arbeit nicht um die

In Ökonomielehrbüchern, die sich auf das Geschlechterverhältnis konzentrieren wie auch in der feministischen Wirtschaftswissenschaft insgesamt wird als Ort der Machtausübung von Männern über Frauen vor allem der Familienhaushalt und der Arbeitsmarkt betrachtet (vgl. Jacobsen, 1994 und Blau/Ferber, 1986 sowie die Sammlung feministisch-ökonomischer Aufsätze in: Humphries, 1993 und die Beiträge in dem seit 1995 erscheinenden *Journal of Feminist Economics*). Die geschlechtsspezifisch ungleiche Machtverteilung im Familienhaushalt wird in den Lehrbüchern in erster Linie auf die ungleiche Verteilung von Ressourcen zurückgeführt:

... the amount of money a person earns — in comparison with a partner's income — establishes relative power (Jacobsen, 1994: 92).

Several studies confirm that the status and power of the wife within the family increases vis-a-vis that of the husband when she too is a wage earner. Men have a more dominant role in important family decisions when their wives do not work for pay (Blau/Ferber, 1986: 137, vgl. auch England, 1993: 48).

Neben dem Einkommen und den auf dem Arbeitsmarkt geschlechtsspezifisch ungleich verteilten Handlungschancen[91] werden in einem erweiterten

zahlreichen wissenschaftskritischen Beiträge der feministischen Ökonomie zur Methode und Methodologie in den Wirtschaftswissenschaften geht (vgl. dazu u. a.: Ferber/Nelson, 1993 und Nelson, 1996), sondern um die Verwendung von Sprache im ökonomischen Alltag.

[91] Eleni Paliginis beschreibt den Zusammenhang von Patriarchat und Arbeitsmarkt in

ressourcentheoretischen Ansatz auch andere, außerhalb der Familie selbst liegende Strukturen zur Erklärung ungleicher Verhandlungsmacht innerhalb der Familie herangezogen. So zeigen beispielsweise Shelley Phipps und Peter Burton sowie Lynn Duggan in ihren Aufsätzen, daß die in einem Land gegebenen sozialpolitischen Rahmenbedingungen Einfluß auf die jeweilige Verhandlungsmacht (*bargaining power*) von Frauen respektive Männern haben (vgl. Phipps/Burton, 1995 und Duggan, 1995). Dieser immer noch vorherrschende ressourcenorientierte Ansatz hat insbesondere in seiner lediglich mit der Einkommensverteilung argumentierenden Variante Kritik durch institutionalistisch orientierte FeministInnen erfahren (vgl. Jennings/Waller, 1990).

Darüber hinaus lösten die Versuche neoklassisch orientierter FeministInnen, die Machtkämpfe zwischen Mann und Frau in der Familie auf die eine oder andere Art spieltheoretisch abzubilden (vgl. Ott, 1995 und Katz, 1997), eine lebhafte Diskussion und Kritik in der feministischen Wirtschaftswissenschaft (vgl. Nelson, 1995, Seitz, 1995 und Katz, 1997) über den Sinn solcher Formalisierungen aus. Ein Punkt, der an diesen Bargaining-Modellen kritisiert wird, ist, daß qualitative Aspekte der Auseinandersetzungen und des Zusammenlebens in Familien in solchen spieltheoretischen Erklärungsversuchen außer acht gelassen werden (vgl. Nelson, 1995: 122f, Seiz, 1995: 614f, Katz, 1997: 38f und Agarwal, 1997: 2ff):

---

ihrem Handbuchartikel *Gender and Political Economy* für das *Elgar Companion to Radical Political Economy* mit den Worten: „As they move from private to public patriarchy, women experience problems of segregation and exclusion which explain their exploitation in the labour market. Women's involvement in domestic labour is the result of lack of opportunities in the labour market" (Paliginis, 1994: 169).

It is clear that most of what we might wish to understand about power relations must be *assumed* in game-theoretical models; it cannot be *explained* by them. Therefore, wether we seek to improve, to supplement, or to counter game-theoretic work, we clearly need analysis that is neither wholly formalized nor economistic and is qualitative and historically specific (Seiz, 1995: 616).

Sprachvermittelte Macht ist einer der qualitativen Aspekte, die in den ressourcen- und spieltheoretischen feministischen Ansätzen nicht betrachtet werden. Im Unterschied dazu haben die institutionalistischorientierten FeministInnen (Jennings, Robertson und Waller), die das Geschlechterverhältnis als kulturell vermittelt ansehen, sowohl einen konsensuellen als auch einen konfligierenden Begriff von Macht (vgl. Teil 4). Insbesondere das Erlangen von wirtschaftswissenschaftlicher Erkenntnis sehen sie als konsensorientierten sprachlich-kulturellen Prozeß an (vgl. Jennings/Waller, 1995, Waller/Robertson, 1991 und Waller/Jennings, 1990):

... all economics ought to be ethical dialectical reasoning ... (Waller/Jennings, 1990: 614).

Was Waller et al. mit *ethical dialectical reasoning* bezeichnen, gleicht in der theoretischen Konzeption *kommunikativem Handeln* (vgl. Teil 2.5 und 2.6). Sprache wird hier ebenfalls als Verständigungs- und Entdeckungsmittel angesehen (vgl. Waller/Robertson, 1991: 1030), wobei der Verständigungsprozeß innerhalb der oder über die Grenzen von Kulturen hinweg stattfinden kann:

Discussions of value take place both within communities and between communities (Waller/Robertson, 1991: 1035).

Die hier als kulturell verstandenen *Gemeinschaften* fungieren während des
Verständigungsprozesses ähnlich den Lebenswelten bei Habermas (vgl. Teil
2.5) als Wertreservoire, vor deren Hintergrund der Diskurs stattfindet:

> Social valuation, including instrumental valuation, is a process
> that involves discourse. This discourse can be among people who
> are a subset of a culture or in the entire culture where many
> cultural understandings of knowledge and belief are shared. Al-
> ternately this process can take place between people who live in
> different cultures, where little shared understanding is present.
> In this case, the first step is to develop some cross-cultural un-
> derstanding to begin the process and this is a formidable task
> (Waller/Robertson, 1991: 1046).

Je näher sich also die Gemeinschaften kulturell sind, desto geringer sind die
Differenzen und Mißverständnisse, deren Überwindung schließlich zu einem
Konsens unter den Beteiligten führt:

> Out of difference, then, there would arise agreement (Waller/Ro-
> bertson, 1991: 1040).

Ein von Waller und Robertson angeführtes Fallbeispiel zeigt, daß der von ihnen als argumentativer Prozeß beschriebene Diskurs als Koordinationsmechanismus nicht nur zur wissenschaftlichen Erkenntnisgewinnung, sondern auch

179

in praktisch ökonomischen Diskursen anwendbar ist (vgl. Waller/Robertson, 1991: 1042ff). Dieser Prozeß braucht Zeit (vgl. Teil 3.1, Diskursregel 2), wie Waller und Robertson schreiben, und sollte zumindest die Möglichkeit einschließen, daß Beteiligte ihre Meinung, Einstellung bzw. Weltsicht ändern:

> Discourse involves at least the possibility that people's minds, and as a result, relationships among people with the community and even among people and the material environment might change (Waller/Robertson, 1991: 1047).

Waller und Robertson stellen diese Meinungsänderung bei zumindest einer in ihrem Fallbeispiel beteiligten Person fest, es entzieht sich jedoch ihrer Kenntnis, ob *Überzeugen*, *Bestechen* oder *Überreden* (also kommunikatives, strategisches oder sprachvermitteltes Machthandeln, vgl. Teil 5 und 2.6) zu diesem Sinneswandel geführt haben (vgl. Waller/Robertson, 1991: 1045ff).

Sprachvermitteltes Machthandeln wird von institutionalistischen FeministInnen jedoch nicht nur konsensuell im Sinne des erwähnten *kommunikativen Handeln* konzipiert, sondern primär als kulturell-sprachlich konstruierte Ungleichheit und Manipulation angesehen. Jennings beschreibt die Hauptaufgabe des Feminismus in einem von ihr verfaßten Handbuchartikel mit dem Titel *Feminism* für das *Elgar Companion to Institutional and Evolutionary Economics* deshalb als Kulturkritik:

> It [der Feminismus, S. K.] concerns the way in which social relationships between men and women are culturally ordered, ... (Jennings, 1994: 225).

180

Jennings, Waller und Robertson sehen in den Normen der geschlechtsspezifischen Ungleichheit die eigentliche Quelle der sozialen Machtausübung in Wirtschaft und Gesellschaft:

> Those norms are grounded in hierarchical constructions that have a cultural and historical origin and are the foundation of social power (Jennings/Waller, 1990: 628f).

Waller und Robertson zeigen, indem sie sich auf Veblen, Galbraith und andere InstitutionalistInnen berufen, wie die Identitäten und Wünsche der Angehörigen einer Kultur insbesondere in ihrer geschlechtsspezifischen Ausformung über kulturelle Symbole und Sprache (z. B. durch Werbung) geprägt werden (vgl. Waller/Robertson, 1997). Auf dieses konfligierende sprachvermittelte Machthandeln wird im Rahmen der Behandlung des Neoinstitutionalismus (allerdings ohne geschlechtsspezifischen Bezug) noch detailliert eingegangen (vgl. Teil 6.5).

Die oben angesprochene Forderung nach einem historisch spezifischen Bargaining-Ansatz, der qualitative Faktoren berücksichtigt (vgl. die zitierte Textstelle aus: Seiz, 1995: 616), wird in einem von Bina Agarwal verfaßten Aufsatz zumindest im Ansatz erfüllt, wobei es ihr auch gelingt, die von den InstitutionalistInnen angesprochenen Aspekte sprachvermittelten Machthandelns zu integrieren. Agarwal entwickelt ihren vielschichtigen Ansatz vor dem Hintergrund ihrer durch empirische Studien erworbenen Kenntnis der Lebenssituation indischer Landfrauen (vgl. Agarwal, 1995 und dies., 1990). Als Faktoren, die die Verhandlungsmacht dieser Frauen gegenüber ihren männlichen

Familienangehörigen innerhalb und außerhalb der Familie beeinflussen, listet Agarwal auf:

- ownership of and control over assets, especially arable land;
- access to employment and other income-earning means;
- access to communal resources such as village commons and forests;
- access to traditional social support systems such as of patronage, kinship, caste groupings, etc.;
- support from NGOs;
- support from the State;
- social perceptions about needs, contributions and other determinants of deservedness; and
- social norms (Agarwal, 1997: 8f).

Sie nimmt also zum einen ressourcentheoretische Elemente wie die Kontrolle über Eigentum, die Chancen am Arbeitsmarkt und das staatliche und soziale Umfeld auf, erweitert diese aber um die kulturell und historisch geprägten Faktoren: soziale Selbstwahrnehmung und Normen, auf die auch die InstitutionalistInnen verweisen. Soziale Selbstwahrnehmung (*perceptions*) und Normen (*norms*) geben auf vielfältige Weise im Sinne von Lukes zweiter und dritter Dimension der konfligierenden Macht vor, wie und worüber verhandelt werden kann:

- They set limits on what can be bargained about.

- They are a determinant of or constraint to bargaining power.

- They affect how the process of bargaining is conducted: e. g. covertly or overtly; agressively or quietly.

- They constitute a factor to be bargained over, that is, social norms can be endogenous in that they can themselves be subject to negotiation and change (Agarwal, 1997: 15).

Normen setzen also den Wertrahmen von Verhandlungen unter den Geschlechtern in Familien, wie Agarwal unter Verwendung von Hirschmans Voice/Exit Konzeption (vgl. Teil 2.3) feststellt:

Norms also affect bargaining power by defining the extent of voice a person has within the household . . . , and by impinging on the possibility of exit (Agarwal, 1997: 17).

Die Verhandlungs- und sonstigen sozialen Normen sind nicht für alle Zeiten als gegeben hinzunehmen, wie Agarwal festhält, sondern sie können selbst zum Gegenstand von Verhandlungen werden:

Conventionally, economists assume that individual preferences and social norms are exogenously given. . . . In fact, social norms are not immutable and are themselves subject to bargaining and change, even if the time horizon for changing some types of norms may be a long one (Agarwal, 1997: 18f).

Bei den Verhandlungen über Normen können, wie Agarwal am Beispiel des islamisch geprägten Ausschließens und Verhüllens von Frauen vor und von der Öffentlichkeit (*purdah*) belegt (vgl. Agarwal, 1997: 19f), unterschiedliche Formen sprachvermittelten Machthandelns eine Rolle spielen:

> We can surmise from the above that the ability of persons to challenge norms that go against their self-interest would depend on at least three factors: their economic situation; the link between command over property and control over institutions that shape gender ideology; and group strength (Agarwal, 1997: 21).

Mit den Institutionen, die die Ideologie prägen, sind Einrichtungen der Bildung, Kultur und Religion sowie nicht zuletzt die Medien gemeint, und Gruppenstärke bezeichnet nichts anderes als die konsensuelle Macht kommunikativen Handelns, aus dem — im Sinne von Habermas — kommunikative Macht erwachsen kann (vgl. Agarwal, 1997: 21f und dies., 1995: 277 sowie Teil 5.6). Bina Agarwal berücksichtigt und integriert neben quantifizierbaren Ressourcen strukturelle Elemente wie das Verhältnis des Familienhaushalts zu anderen gesellschaftlichen Einheiten wie Gemeinschaft[92], Markt und Staat. Die vier von ihr untersuchten gesellschaftlichen Organisationsformen:

---

[92]Gemeinschaft (*community*) definiert Agarwal ebenso wie Waller et al. in erster Linie kulturell bzw. religiös: „A community could be defined in terms of a shared identity based on location (e. g. a village) and/or social grouping (religious, racial, ethnic, caste, clan, and so on). A person will generally be a member of several communities simultaneously, ...“ (Agarwal, 1997: 29).

Familie, Markt, Staat und Gemeinschaft sind mit ihren Geschlechterarrangements sowohl geprägt durch den Wertrahmen, als auch zugleich Arenen der Verhandlungen, die den Wertrahmen verändern:

> The household/family, the market, the community and the State, as noted, can be characterized as four principal arenas of contestation. Gender relations get constituted and contested within each. Each arena simultaneously impinges on a woman's bargaining power. ..., the four arenas may be seen as interactive, ... (Agarwal, 1997: 34).

Das von den institutionalistischen FeministInnen bereits besonders betonte sprachvermittelte Machthandeln wie die durch Bildung von Frauengruppen erzeugte kommunikative Macht und der Einfluß von Medien wird von Agarwal als ein Faktor unter mehreren, die die geschlechtsspezifische Verhandlungsmacht prägen, berücksichtigt. Sie untersucht aber nicht genauer, wie es in öffentlichen Diskursen wirkt. Konzeptionen dazu liefern neben Habermas (vgl. Teil 5) die institutionalistischen Ansätze, die detailliert im nächsten Teil diskutiert werden. Festzuhalten bleibt Agarwals Hinweis auf den Wertrahmen (*norms*), der die Diskurse formt und wiederum von diesen geformt wird.

6.5 Institutionalistische Machttheorie

In einem Überblicksaufsatz von 1987 mit dem Titel *Ökonomische Macht und wirtschaftliches Handeln* stellt der Wirtschaftssoziologe Richard Swedberg die Beiträge von Soziologie und Wirtschaftswissenschaften zum Thema *Ökonomische Macht* einander gegenüber. Nachdem er die allgemeine Nichtbeachtung des Themas durch WirtschaftswissenschaftlerInnen begründet und konstatiert, verweist er zu Beginn seines Abschnitts zur *Macht in der ökonomischen Theorie* auf:

> ... die Bemühungen einzelner Wirtschaftswissenschaftler — und zwar insbesondere der Institutionalisten — ... den Begriff Macht in das wirtschaftswissenschaftliche Denken einzuführen (Swedberg, 1987: 153).

An anderer Stelle schreibt er:

> Außerhalb der neoklassischen ökonomischen Theorie hat es ein sehr viel größeres Interesse für die Kategorie der Macht gegeben. Dies gilt z. B. für die amerikanische Literatur zur Kartellfrage, allgemein für Arbeiten, die in der institutionalistischen Tradition stehen ... (Swedberg, 1987: 155).

Swedberg führt im folgenden insbesondere Adolph A. Berle und Gardiner C. Means sowie John Kenneth Galbraith als Vertreter des Institutionalismus an.

Auch Norbert Reuter betont in seiner Einführung in den Institutionalismus, daß diese Schule der Wirtschaftswissenschaften Macht als einen wichtigen Gegenstandsbereich betrachtet:

> Da Institutionalisten sich für die Notwendigkeit gleichberechtigt-
> diskursiver Formen gesellschaftlicher Problemlösungen ausspre-
> chen, ist es für sie unzweifelhaft, daß in diesem Zusammenhang
> die faktische gesellschaftliche und wirtschaftliche Machtverteilung
> nicht nur als Randbedingung oder sogar einfach als gegeben von
> der ökonomischen Forschung wahrgenommen werden darf, son-
> dern in deren Zentrum gehört (Reuter, 1994: 139).

Reuter behandelt als institutionalistische Machttheoretiker in seinem Buch erstens John R. Commons und den von diesem betonten Zusammenhang von Macht und Recht bei Markttransaktionen, sowie zweitens William Dugger (vgl. Teil 6.5.2)[93]. Einen Überblick über die Vielfalt institutionalistischer Beiträge zum Thema *Macht in der Ökonomie* kann man sich in den von

---

[93]Ein informativer Hinweis auf die machttheoretischen Wurzeln bei den Klassikern des Institutionalismus (Veblen, Commons, Mitchell und Ayres) findet sich in: Klein, 1987: 1358ff. Klein hebt den Zusammenhang zwischen dem demokratischen Entscheidungssystem und ökonomischer Macht auf der Grundlage von Reichtum hervor, der im Zentrum institutionalistischer Theorien steht: „We have seen that, for institutionalists, the existing power system is a fundamental and explicit conditioner of how that system [das demokratische Entscheidungssystem, S. K.] will perform. If institutionalists have viewed economies in processual terms, stressing the impact a changing technology has on the prevaling institutional structures, power is a major ingredient through which this interactive process emerges" (Klein, 1987: 1361).

187

Marc R. Tool und Warren J. Samuels herausgegebenen Sammelbänden *The Economy as a System of Power* und *State, Society, and Corporate Power* verschaffen. Diese Vielfalt belegt die von Bartlett in seinem Buch *Economics and Power* getroffene Feststellung:

Power is a central element in the economic relationships of the institutionalist world (Bartlett, 1989: 6f).

Mit der erwähnten Vielfalt ist allerdings auch eine Schwierigkeit mit den institutionalistischen Machtkonzeptionen verbunden, die Barlett kurz darauf benennt:

They can write books about power in economic relationships. Yet they do so with no commonly accepted definition or understanding. Each analysis must begin by presenting its own definition and defending its own vision (Bartlett, 1989: 7).

Das Kriterium für die hier aus dem reichhaltigen Reservoir institutionalistischer Machtkonzeptionen getroffenen Auswahl der vier Ansätze von Galbraith, Boulding, Dugger und Hirschman besteht darin, daß diese Arbeiten einen Beitrag zu dem von Reuter oben erwähnten Verhältnis von diskursiver Problemlösung und Macht liefern. Anders ausgedrückt, bieten diese Konzeptionen Erklärungsansätze für über Sprache vermittelte Macht in Diskursen. Um die verschiedenartigen Beiträge zu ordnen, wird wie schon zuvor (vgl. Teil 5 und die vorangegangenen Abschnitte von Teil 6) auf Lukes' Einteilungsrahmen für Machttheorien zurückgegriffen.

6.5.1 John Kenneth Galbraiths konditionierende Macht

Der Institutionalist John Kenneth Galbraith nennt für die Thesen seines 1983 erschienenen Buchs *The Anatomy of Power* philosophische (Bertrand Russell), soziologische (Max Weber, Dennis Wrong und Richard Sennett), politologische (C. Wright Mills und Charles S. Lindblom) sowie institutionalistische (Adolf A. Berle Jr. und Wallace C. Peterson) Einflüsse (vgl. Galbraith, 1983: XIV). Grundsätzlich stellt er zu Beginn klar, daß Macht in seiner Sicht zu sowohl positiven wie negativen Zwecken eingesetzt und auch zum Selbstzweck werden kann (vgl. Galbraith, 1983: 8 und 10). Pointiert drückt er diese in der Wertung offene Sicht auf Macht so aus:

> Power can be socially malign; it is also socially essential (Galbraith, 1983: 13).

Galbraith unterscheidet drei Formen der Macht, die er strafende, entschädigende und konditionierende Macht nennt. Er definiert die drei Machtformen wie folgt:

1. Strafende Macht: „Condign power wins submission by inflicting or threatening appropriately adverse consequences" (Galbraith, 1983: 5).

2. Entschädigende Macht: „Compensatory power, in contrast, wins submission by the offer of affirmative reward — by the giving of something of value to the individual so submitting" (Galbraith, 1983: 5).

3. Konditionierende Macht: „Conditioned power, in contrast, is exercised by changing belief. Persuasion, education, or the social commitment to

what seems natural, proper, or right causes the individual to submit to the will of another or of others" (Galbraith, 1983: 5f).

Die drei Machtformen speisen sich laut Galbraith aus drei Quellen — nämlich: Persönlichkeit, Eigentum und Organisation (vgl. Galbraith, 1983: 6). Zwar ordnet er eine Machtform primär jeweils einer Machtquelle zu (Persönlichkeit der strafenden, Eigentum der entschädigenden und Organisation der konditionierenden Macht), aber er weist auch auf vielfältige Mischformen und Wechselbeziehungen unter den beiden Dreiergruppen hin (vgl. Galbraith, 1983: 23, 35 und 54). Strafende und entschädigende Macht liegen auf der Ebene von Lukes' erster Dimension einer konfligierenden Machtkonzeption. Sie beinhalten den bewußten und sichtbaren Einsatz von Strafe oder Belohnung in einem Konflikt, durch den eine Partei das Nachgeben der KontrahentInnen erreicht. Galbraith belegt mit vielfältigen historischen Beispielen, daß er diese Machtformen für die moderne Industriegesellschaft für weniger bedeutend oder zumindest für auf dem Rückzug befindlich erachtet (vgl. Galbraith, 1983: 22, 46, 51f, 133, etc.).

Die mit der Machtquelle Organisation verbundene konditionierende Machtform, die, laut Galbraith, mit dem modernen Industriekapitalismus entstanden ist[94], läßt sich mit Hilfe des Rasters von Lukes zwar analysieren, aber weit weniger eindeutig einordnen als seine ersten beiden Machtformen. Konditionierende Macht kann zum einen als konsensuelles Machtkonzept, also vergleichbar dem von Hannah Arendt (vgl. Teil 5.1) oder Habermas' kommu-

---

[94] „Organization was emerging as a source of power in industrial capitalism; eventually it would replace property as the dominant source of such power" (Galbraith, 1983: 115).

nikativem Handeln (vgl. Teil 2.5) verstanden werden — nämlich als sichtbarer und bewußter Versuch einer Gruppe oder Organisation, sich auf gemeinsame Werte zu verständigen. Andererseits wird konditionierende Macht auch, sobald die Gruppe durch Überzeugungsarbeit und die Verbreitung ihrer Ideen nach außen versucht, Einfluß zu gewinnen, zu einer konfligierenden Machtkonzeption in Lukes' zweiter und/oder dritter Dimension. Zu welcher Dimension konditionierende Macht zuzuordnen wäre, ist davon abhängig, ob die Konditionierung den Konditionierten bewußt oder unbewußt ist (Galbraith, 1983: 29). Galbraith unterscheidet in diesem Zusammenhang direkte Konditionierung durch Bildung oder Überzeugung (*persuasion*)[95] und indirekte Konditionierung z. B. durch Traditionen oder das Patriarchat, die unbewußt wirken bzw. selbst dann weiter wirken, wenn sie bewußt gemacht wurden (vgl. Galbraith, 1983: 24ff und Teil 6.4). In ihrer indirekten, unbewußten Form steckt konditionierende Macht ganz im Sinne von Lukes' dritter Dimension unhinterfragt den Rahmen für eine bestimmte Entwicklung ab und stattet bestimmte Personen mit Macht aus.

Am Beispiel des Versuchs, auf andere mit Hilfe der Sprache Einfluß zu gewinnen (*persuasion*), was im Kern die Anwendung von konditionierender Macht und deren Wirkung im Diskurs beinhaltet, kann verdeutlicht werden, wie aus Galbraiths Sicht die drei Quellen der Macht zusammenwirken. Bestimmte Personen sind, so Galbraith, aufgrund ihrer Charaktereigenschaften überzeugend in Diskursen (vgl. Galbraith, 1983: 40). Gleichzeitig können

---

[95]Galbraiths Verständnis von *persuasion* beinhaltet, da es auch im Rahmen eines konsensuellen Machtbegriffs gebraucht wird, mehr als McCloskeys *persuasion*, das letztlich im Sinne von *Überreden* gebraucht wird (vgl. Teil 2.1).

Personen auch durch die Organisation in ihrem Rücken erst zu überzeugenden Persönlichkeiten aufgebaut werden, diese Überzeugungskraft aber ohne die Rückenstärkung durch ihre Organisation in Diskursen auch schnell
verlieren (Galbraith, 1983: 42 und 46). Die Machtquelle Eigentum wird als
Ressource zur Beschaffung von Informationen genutzt und um die Vorstellungen und Anliegen von Organisationen wie z. B. Unternehmen, Parteien
und Verbänden nach außen zu propagieren (Publikationen, Veranstaltungen,
Werbung etc.). Die Machtquelle Organisation ist also mit den Machtquellen
Persönlichkeit und Eigentum verknüpft[96].

Zur Machtquelle Organisation ist noch hinzuzufügen, daß Galbraith zwei
Faktoren angibt, die die Stärke bzw. Macht einer Organisation beeinflus-
sen: Erstens sei eine Organisation umso machtvoller nach außen, je mehr
Geschlossenheit[97] sie nach innen erziele und zweitens (mit Ausnahme des
Staates), je weniger Ziele sie gleichzeitig zu erreichen suche (vgl. Galbraith,
1983: 56f). Galbraiths Schlußfolgerung aufgrund seiner hier nachgezeichneten
Überlegungen lautet daher:

> As we have sufficiently seen, organization and the associated role
> of social conditioning are basic to all modern exercise of power. At
> the same time, and paradoxically, they bring not only the modern
> concentration of power but also its *personal* diffusion (Galbraith,
> 1983: 183).

---

[96]Vgl. auch Reagan, 1971 und Lynch, 1971, die ähnlich argumentieren.

[97]Hannah Arendt nennt das in ihrer berühmten Machtdefinition *Einvernehmen* (vgl.
Arendt, 1970: 45 und Teil 5.1).

Es steht allerdings aus zu erläutern, wieso Galbraith nicht bei der Feststellung im ersten Satz bleibt, sondern den zweiten einschränkend hinzufügt. Für den einschränkenden Nachsatz gibt es drei Gründe:

1. Galbraiths These von der „countervailing power",

2. seine These von der Illusion der Macht und

3. sein Staatsbegriff.

Galbraith geht zwar von der Allgegenwart von Macht und insbesondere ihrer konditionierenden Form aus, wie sie beispielsweise von den in einem Konzentrationsprozeß befindlichen Großunternehmen bewußt im Sinne ihrer Interessen eingesetzt wird. Prinzipiell aber steht die Möglichkeit, Organisationen zu gründen und konditionierende Macht einzusetzen, jeder beliebigen Bürgergruppe offen (vgl. Galbraith, 1983: 132 und 140). Durch den im Vergleich mit Eigentum in einer demokratischen Gesellschaft offeneren Zugang zu dieser Machtquelle kann es auch zu dem von Galbraith vertretenen automatischen Aufbau von Gegenmacht (*countervailing power*) kommen, den jede bestehende Macht provoziert. Das bedeute nicht, daß die entstehende Gegenmacht unbedingt dieselbe Stärke erreichen kann und wird wie diejenige, gegen die sie sich aufbaut (vgl. Galbraith, 1983: 74)[98]. Aber ihre Entstehung ist wahrscheinlich und beobachtbar beispielsweise am Ringen von Interessengruppen[99] um Präsenz in den Medien (vgl. Galbraith, 1983: 31,

---

[98]Galbraith reagiert mit dieser Feststellung auf die an seinem Konzept der *countervailing power* geäußerten Kritik (vgl. Ulmer, 1971: 250f und Hunter, 1971: 263 und 268).

[99]Galbraith schreibt: „Now the exercise of conditioned power in all modern communities is profoundly competitive" (Galbraith, 1983: 173).

132 und 176ff) und an deren Lobbying (vgl. Galbraith, 1983: 138f). Der Ausgang dieses Ringens um Einfluß mit den Mitteln der konditionierenden Macht ist offen und nicht vorherbestimmt durch den ungleich verteilten Zugang zur zweiten bedeutenden Machtquelle — dem Eigentum, wie z. B. die Auseinandersetzung von Greenpeace und Shell um die Bohrinsel *Brent Spar* und auch die in dieser Arbeit beschriebenen Fallbeispiele (vgl. Teil 3 und die entsprechenden Unterkapitel) zeigen. Galbraith begründet seine Einschätzung von konditionierender Macht als schwach im Vergleich mit entschädigender Macht (vgl. Galbraith, 1983: 140), indem er auf die ungewissen Erfolgsaussichten einer Lobby- oder Werbekampagne gegenüber dem zu anderen Zeiten in der amerikanischen Geschichte verbreiteten Kaufen von Wähler- und Abgeordnetenstimmen verweist (vgl. Galbraith, 1983: 139)[100].

Der zweite Grund für die Schwäche der konditionierenden Macht im Vergleich mit der Macht von *Zuckerbrot und Peitsche* besteht in ihrer ungewissen Wirkung. Ob eine Äußerung überzeugt, ist nicht sicher. Eine öffentliche Verlautbarung kann deshalb auch eine Illusion von Macht bedeuten, wenn sie die Adressaten beispielsweise nicht erreicht, weil diese innere Widerstände gegen eine bestimmte Botschaft aufgebaut haben oder auch von Werbung geradezu überschwemmt werden und sich deshalb innerlich abschotten (vgl. Galbraith, 1983: 70. 142, 158 und 178ff). Es kann sich ein Teufelskreis ergeben, in dem der verstärkte Einsatz von konditionierender Macht eine stärkere Abwehrreaktion gegen diese Versuche des interessegeleiteten Überzeugens hervorruft,

---

[100]In Deutschland war die Machtquelle Eigentum z. B. im preußischen Dreiklassenwahlrecht institutionalisiert.

die wiederum zu einem stärkeren Einsatz von konditionierender Macht führt usw. (vgl. Galbraith, 1983: 148f):

> There are few manifestations of power in modern times that expend such costly and committed energy as the cultivation of belief and the resulting exercise of power through advertising. However, partly because advertising is a wholly ostentatious attempt to capture belief, it is not a fully reputable way of winning it. It regularly invites its own resistance and disapproval (Galbraith, 1983: 30).

Medienpräsenz kann sowohl die erfolgreiche Propagierung von Ideen und Vorstellungen mit einer handlungsleitenden Wirkung auf die RezipientInnen bedeuten, als auch in der Illusion eben dieser Wirkung bestehen. Ist letzteres der Fall, so ist das Schreiben von Artikeln und Leserbriefen, das Geben von Interviews usw. nur ein *Dampfablassen* — eine psychische Erleichterung der medial agierenden Personen — ohne tatsächliche Wirkung auf die RezipientInnen (vgl. Galbraith, 1983: 180). Trotz dieser unsicheren Wirkung wird konditionierende Macht, so Galbraith, mit großem finanziellen Aufwand in der modernen Industriegesellschaft eingesetzt[101], weil sie die dieser Gesellschaft angemessene Form der Macht ist, die strafende und entschädigende Macht zurückgedrängt hat.

Der dritte Grund für Galbraiths These von der Diffusion der Macht ist sein Staatsbegriff und steht mit den ersten beiden Gründen unmittelbar in Ver-

---

[101]Vgl. den Versuch von McCloskey und Klamer, diese Ausgaben zu beziffern (McCloskey/Klamer, 1995: 192ff und Teil 2.1).

bindung. Der moderne demokratische Rechtsstaat habe zwar, Galbraith zufolge, das Gewaltmonopol, greife aber kaum regulierend in die Verwendung der Machtquellen Persönlichkeit, Eigentum und Organisation ein (vgl. Galbraith, 1983: 82). Zwar versuchten verschiedene Organisationen (darunter Wirtschaftsunternehmen) den Staat für ihre Zwecke einzusetzen, d. h. Einfluß auf WählerInnen, Abgeordnete und Verwaltung zu gewinnen, aber das mache den Staat nicht zu einem Agenten der herrschenden Klasse (vgl. Galbraith, 1983: 127), denn erstens seien die Einflüsse auf ihn vielfältig, widersprüchlich und konkurrierten miteinander (vgl. Galbraith, 1983: 148), und zweitens sei der Staat selbst kein monolithischer Block, sondern bestehe aus den verschiedensten, widerstreitenden Einflußgruppen:

> A striking feature of the age of organization is the huge number of organized groups — trade unions, trade associations, political action committees, farm organizations — that seek to appropriate the instruments of power of the state for their own purposes. And also the greater number of organizations within the structure of the state itself — departments, agencies, authorities, public corporations, the armed services — that have become original sources of power (Galbraith, 1983: 145).

In Galbraiths Vorstellung ist der Staat zwar eine autonom handelnde Instanz, aber es besteht kaum so etwas wie eine zentrale Staatsmacht, sondern eher ein Netzwerk aus externen und internen Einflußgruppen, in deren Mitte z. B. der Präsident die Rolle eines Mediators übernimmt, der je nach dem auf ihn ausgeübten Einfluß mehr oder weniger autonom Entscheidungen trifft und diese in die Tat umsetzen läßt (Galbraith, 1983: 147, 155 und 157).

Wie verdeutlicht werden sollte, ist konditionierende Macht in Galbraiths Sichtweise die in der modernen Industriegesellschaft wichtigste Machtform. Sie besteht in einem interessegeleiteten Einsatz von Sprache (Überzeugen bzw. *persuasion*) durch eine Gruppe nach außen, die sich vorher in ihrem Innern im besten Fall konsensuell auf ihre Interessen und Vorstellungen verständigt hat. Diskurse, in denen versucht wird, diesen gruppeninternen Verständigungsprozeß auch zwischen VertreterInnen verschiedener Gruppen oder Organisationen durchzuführen, stehen vor der Schwierigkeit, daß von diesen InteressenvertreterInnen der bewußte Einsatz von konditionierender Macht aufeinander zu erwarten sein wird (dazu, wie das im einzelnen geschieht, vgl. Teil 6.5.4). Gleichzeitig sind DiskursteilnehmerInnen bewußt und unbewußt konditionierender Macht ausgesetzt — sie sind z. B. TrägerInnen bestimmter Traditionen und durch Medien vielfältigen Konditionierungsversuchen ausgesetzt (vgl. dazu insbesondere Teil 6.4 und 6.5.2).

Diskurse, seien sie öffentlich oder nichtöffentlich geführt von InteressenvertreterInnen oder *einfachen BürgerInnen*, sind also, folgt man Galbraiths Überlegungen, kaum ohne konditionierende Macht zu denken. Sie bleiben aber dennoch ein Mittel demokratischer Konfliktlösung, denn erstens sind konditionierende Macht und die Machtquelle Organisation Mittel, die grundsätzlich jeder und jedem offenstehen. Zweitens decken praktische Diskurse, die unter allen von einem Problem Betroffenen und daran Beteiligten geführt werden, die von Galbraith herausgestellte Illusion von Macht auf, indem die in Medien bzw. innerhalb der eigenen Organisation vorgetragenen Argumente dort dem Bewährungstest ausgesetzt werden, ob sie auch Personen mit ganz anderen Werthorizonten und Interessenlagen überzeugen.

In den Fallbeispielen ist der Ausgang der Diskurse häufig stark vom Auftreten bestimmter Persönlichkeiten auf der Szene abhängig (vgl. Teil 3 und darin insbesondere die Betonung des Begriffs der *Haltung* in Teil 3.3)[102]. In Galbraiths Konzeption ist Persönlichkeit eine von drei Machtquellen. Wenn er auch in seinem hier herangezogenen Buch den Einsatz dieser Machtquelle nicht breit diskutiert, so benennt er immerhin diese Kategorie, und es stellt sich die Frage nach der Wirkung von bestimmten Persönlichkeiten in Diskursen.

Der Diskurs ist, aus der Perspektive von Galbraiths Machtkonzeption betrachtet, kein herrschafts- bzw. machtfreier Austausch von rationalen Argumenten, sondern eher das freie Spiel konditionierender Mächte, d. h. interessegeleiteter argumentativer Überzeugungsversuche.

6.5.2 William Duggers Corporate Hegemony

William Dugger schreibt — anders als Galbraith — in guter veblenscher Tradition mit satirischem Unterton und benutzt häufig auch Veblens Terminologie. Man kann Duggers Texte zur Macht als eine radikalisierte und in den Details ausgeführte Version von Galbraiths Machtkonzeption lesen.

---

[102]Auch Boulding verweist auf die Kategorie Persönlichkeit, allerdings in Zusammenhang mit der Frage, ob eine Konfliktlösung eher versöhnliche bzw. verständigungsorientierte oder strategische Züge trägt (vgl. Teil 5).

Die Radikalisierung erfolgt, indem Dugger den Gedanken weiterführt, den Galbraith mit dem Begriff der *indirekten Konditionierung* bezeichnet, d. h. der Beeinflussung der Individuen einer Gesellschaft durch den allgemeinen Wertrahmen, der diese Gesellschaft umgibt.

Bartlett bezeichnet diese Beeinflussung in seinem Buch *Economics and Power* mit dem Begriff *value power.* In einem Vergleich der Formen sozialen Einflusses in Neoklassik und Institutionalismus bezieht er sich explizit auf Galbraith und Dugger:

> For Friedman, persons existed fully free of social influence. The only external forms of behavior control were a gun at the head or a dollar in the hand. Nothing else was admitted to consideration. For Dugger and Galbraith, humans were, by definition, constructed from human relationships. They were always made, never born. Thus influences over humans were an inevitable part of society. The gun and the dollar need appear only when other forms of social control fade (Bartlett, 1989: 170).

Bartletts *value power* ist nur eine andere Bezeichnung für Galbraiths *indirekte Konditionierung*, denn sie wirkt genau wie diese unbewußt:

> ...it [value power, S. K.] is the one least likely to be noticed by either exercisers or subjects (Bartlett, 1989: 184),

und ihr Effekt ist ungewiß (vgl. Bartlett, 1989: 186), was Galbraith als *Illusion der Macht* bezeichnet.

Die Entstehung des gesellschaftlichen Wertrahmens, belegt mit Begriffen wie: *value power, indirekter Konditionierung* und auch Duggers Konzept der *Corporate Hegemony*, wird von allen drei institutionalistischen Autoren nicht als ein von einer Interessengruppe direkt und bewußt gesteuerter Prozeß verstanden:

> The initial determination of values, rights, and culture is not part of a process of the careful design of human institutions in a response to well-understood constraints. It is a process of random behaviors generating different responses from an imperfect understood environment (Bartlett, 1989: 183).

Dugger teilt diese Sichtweise, daß der Wertrahmens in einem Prozeß entsteht, der von vielen gesellschaftlichen Gruppen zwar beeinflußt, aber von keiner bewußt gesteuert wird sowie daß die Wirkung besagten Wertrahmens auf die Handlungen der Individuen ungewiß ist. Trotzdem vertritt er, wie schon der Titel seines Buches *Corporate Hegemony* erkennen läßt, die These von der kulturellen Hegemonie der Großunternehmen über alle anderen Gesellschaftsbereiche und meint, daß es deshalb naheläge, diesen zu unterstellen, sie steuerten den Prozeß bewußt, der zu ihrer Hegemonie führt. Dugger schwächt also Galbraiths These der Diffusion von Macht ab, denn er macht mit den großen Unternehmen eine gesellschaftliche Institution aus, die mächtiger ist als die anderen[103]. Dugger definiert Macht als:

---

[103]Allerdings schreibt bereits Galbraith dem Unternehmen eine besonders bedeutende konditionierende Macht zu: *It also moves and shapes social attitudes and behavior, not*

...the ability to tell other people what to do with some degree
of certainty that they will do it (Dugger, 1989b: 133, vgl. auch
Reuter, 1994: 290).

Ökonomische Macht ist, Dugger zufolge:

...the ability to go beyond supply and demand to determine in
one's own favor the parameters within which exchanges are made
(Dugger, 1988: 83).

Dabei unterscheidet er zwischen sichtbarer öffentlicher und versteckter pri-
vater Macht. *Corporate power* ist eine solche private Macht. Diese Macht
wird dazu verwandt, um kurzfristige Profite zu erzielen. Dieses Ziel wird, so
Dugger, von TopmanagerInnen und AktienbesitzerInnen vorgegeben, d. h.
es existiert für ihn eine Elite, die letztlich von der von ihm beschriebenen
corporate hegemony profitiert. Dennoch ist die Hegemonie kein planvoll von
den ProfiteurInnen ins Werk gesetzter Prozeß:

We are moving into corporate hegemony because of serendipity,
because of the blind drift of retreat, if you will. The corporate
elite is not conspiring to take us there, even though a corporate
elite exists and is very powerful (Dugger, 1989: 131)[104]

---

excluding, as noted, the cultivation and creation of wants themselves, ... (Galbraith, 1989:
415).

[104]Dugger unterscheidet sich in diesem Punkt von ähnlich argumentierenden Vorgängern,
die der Elite eher eine bewußt geplante Erlangung der Hegemonie unterstellen (vgl. Reagan, 1971: 149f und 152f, sowie Lynch, 1971: 159 und 163).

Am Anfang seiner Argumentation beschreibt Dugger das Großunternehmen als Organismus, der losgelöst von den an seiner Entstehung und Erhaltung beteiligten Personen — den AktionärInnen und ManagerInnen — ein Eigenleben entwickelt hat (vgl. Dugger, 1989: 9)[105]. Dieser Homunkulus hat allerdings in Duggers Sicht den wirklichen Menschen noch voraus, daß er potentiell unsterblich ist (vgl. Dugger, 1989: 11) und potentiell unendlich wachsen kann:

> Since corporations can live forever, they can, theoretically, grow forever as well (Dugger, 1989: 33).

Diese beiden übermenschlichen Fähigkeiten von Unternehmen werden von Dugger als bedrohlich angesehen, zumal sie von einer Verantwortungslosigkeit innerhalb des Unternehmens (vgl. Dugger 1989: 12f)[106] und auch einer eingeschränkten Kontrolle von außerhalb — d. h. durch die Öffentlichkeit — begleitet werden (vgl. Dugger, 1989: 14).

Das Größenwachstum und den Konzentrationsprozeß der modernen Großunternehmen seit den sechziger Jahren weist Dugger anhand von amerikanischen Statistiken über die Vermögensentwicklung, die Umsätze und die Erträge dieser ökonomischen Einheiten nach (vgl. Dugger, 1989: 27ff und Reuter, 1994: 283). Diese Entwicklung wurde durch die moderne Unternehmens-

---

[105]Ähnlich verselbständigt sieht auch Ulrich die modernen Kapitalgesellschaften: „...die Ohnmacht von Personen gegenüber mehr oder weniger anonymen Institutionen, die ziemlich unabhängig von ihren rechtlichen Eigentümern — von eigensinnigen Systemzwängen gesteuert werden" (Ulrich, 1987: 391).

[106]Ulrich geht auch auf dieses Problem ein (vgl. Ulrich, 1997: 324).

struktur ermöglicht, denn mit der Einführung von Profit Centers, in denen Marketing und Produktion nicht als Abteilungen für den gesamten Betrieb arbeiten, sondern jeweils an ein bestimmtes Produkt gebunden sind, für das die daran beteiligten AngestelltInnen allein verantwortlich sind, konnten unter dem Dach eines gemeinsamen Finanzmanagements die verschiedensten Produkte (z. B. Schiffe, Margarine und Versicherungen) in einem Unternehmen hergestellt und vermarktet werden. Das heißt, ein Unternehmen kann durch Zukauf und Übernahme von Betrieben wachsen, ohne auf eine Grenze zu stoßen, die die Organisationsstruktur nicht mehr bewältigen kann (vgl. Dugger, 1989: 29ff). Hinzu kam das moderne Finanzmanagement (der Aufbau und das Umleiten unternehmensinterner Finanzströme von sogenannten Cash-Cows zu sogenannten Stars), das das Unternehmen unabhängiger von der Kontrolle durch KapitalgeberInnen, wie AktionärInnen und Banken machte (vgl. Dugger, 1989: 34ff). Sowohl moderne Unternehmensstruktur wie modernes Finanzmanagement erleichtern den Konzentrations- und Wachstumsprozeß der Unternehmen, und dieser führt, laut Dugger, zu dem, was Reuter als *sich selbst verstärkende Spirale von Größe und Macht* übersetzt (vgl. Reuter, 1994: 283). Denn durch Größenwachstum und Konzentration entsteht für die Unternehmen zum einen die Macht, aber auch der Zwang, den Wertrahmen der Gesellschaft zu beeinflussen. Den Zusammenhang von Macht und Größe drückt Dugger folgendermaßen aus:

Corporations have gained major economic powers through conglomeration. But their most significant power is a product of their sheer size. Unlike the rest of us, the corporate giants do not have to take the world the way they find it. They have become so large, they can change the rules of the game (Dugger, 1989: 23).

Der Zwang, die Werte der Unternehmensangehörigen zu beeinflussen, ergibt sich aus der mit der modernen Unternehmensstruktur und dem Wachstum verbundenen Tendenz des Auseinanderdriftens des Unternehmens. Denn wenn ProduktmanagerInnen nur noch ihrem Betriebszweig verantwortlich sind, und die Konkurrenz unter den einzelnen Unternehmensteilen durch das Umleiten unternehmensinterner Finanzströme noch angestachelt wird, dann muß ein Gemeinsamkeit und Identität stiftendes Element eingeführt werden — die Unternehmenskultur (vgl. Dugger, 1989: 33). Dugger definiert Unternehmenskultur vornehmlich als über Werte vermitteltes Kontrollinstrument[107]:

A corporate culture is a set of shared beliefs and values inculcated in the corporations employees. The corporate culture reinforces and reshapes the employee's general desire to do well into a compulsion to get ahead, through loyalty to and hard work for the corporation. Corporate culture is an internalization of corporate control (Dugger, 1989: 33, vgl. auch ders., 1989: 47).

Mit der Unternehmenskultur verfügen die Großunternehmen, laut Dugger, über ein Instrument[108] der wirksamen und sicheren Kontrolle:

---

[107]Eine Auffassung, die von Sandner geteilt wird (vgl. Sandner, 1992: 209ff und Teil 6.3).
[108]Daneben bestehen z. B. die von Galbraith beschriebenen Formen der konditionierenden Macht — nämlich Lobbying und Werbung (vgl. Teil 6.5.1).

The most secure and effective form of control over others is the power to alter their values (Dugger, 1989: 39).

Die Unternehmen erzielen Hegemonie in der Gesellschaft, indem sie einen gesamtgesellschaftlichen Wertewandel auslösen (vgl. Reuter, 1994: 286), und erreichen diesen, indem sie vier Machtstrategien anwenden, die Dugger als *Invaluation Processes* bezeichnet und die einen kulturell tiefverankerten persönlichen Ehrgeiz der Individuen ansprechen sollen (vgl. Dugger, 1989: 39)[109]. Diese Machtstrategien sind:

1. *Contamination*, die die Umwertung des intrinsischen *Spirit of Workmanship* (vgl. Veblen, 1993: 34) in eine extrinsische Karriereorientierung bezeichnet. Der Wert der Freude an der eigenen Leistung wird also *vergiftet* durch einen in den Vordergrund rückenden damit verbundenen Aufstieg auf der Karriereleiter, der die intrinsische Motivation auch völlig verdrängen kann (vgl. Dugger, 1989: 40f und Reuter, 1994: 287).

2. *Subordination*, die für die Unterordnung von beispielsweise familiären Werten unter die des Unternehmens steht. Reuter übersetzt Duggers Definition (vgl. Dugger, 1989: 41), indem er schreibt:

   > Eine weitere Möglichkeit, bestimmte Werte zu allgemeinverbindlichen zu erklären, besteht darin, sie als *höhere* Werte im Vergleich zu anderen darzustellen (Reuter, 1994: 288).

---

[109]Dugger beruft sich mit dieser Argumentation auf Veblen (vgl. Dugger, 1989: 39 und Reuter, 1994: 287).

3. *Emulation*, die die Anstachelung des Ehrgeizes der *invidious distinction* (vgl. Veblen, 1993: 44) meint, die Menschen dazu bringt, andere überholen zu wollen, mit denen sie sich gleichzeitig identifizieren (vgl. Veblen, 1993: 92). Dieser Be- bzw. Umwertungsprozeß, der von Reuter als im Mittelpunkt von Duggers Argumentation stehend angesehen wird und ein ursprünglich veblenscher Begriff ist, hat auch inhaltlich den engsten Bezug zu dem oben erwähnten grundsätzlich angenommenen Ehrgeiz (vgl. Reuter, 1994: 288).

4. *Mystification* schließlich bedeutet die Umwertung und Manipulation von Symbolen. Alle vier Umwertungsprozesse sind auf die eine oder andere Weise über Sprache vermittelt. Bei der Mystifikation ist dies am offensichtlichsten der Fall, wie an Reuters Definition dieses Prozesses leicht erkennbar ist:

> Im Kern geht es darum, alle sprachlichen Anhaltspunkte aus-
> zulöschen, die darauf hinweisen könnten, daß als *höher* oder
> *niedriger* vermittelte Werte diese Zuschreibung nicht verdie-
> nen. ... Mit diesen Euphemismen[110] wird sprachlich der Um-
> wertungsprozeß verschleiert, damit zugleich stabilisiert und
> weiter vorangetrieben (Reuter, 1994: 288)[111].

Zu einer Ausweitung des im Unternehmen über die Unternehmenskultur eingeleiteten und über die vier Umwertungsprozesse vorangetriebenen Werte-

---

[110]Reuter erwähnt zuvor einige von Dugger angeführte Beispiele (vgl. Dugger, 1989: 46f und Reuter, 1994: 288).

[111]Für eine Kurzfassung aller vier Umwertungsprozesse vgl. Dugger, 1989: 136.

wandels auf die Gesamtgesellschaft kommt es durch eine außerhalb des Unternehmens vorherrschende Sinn- und Wertleere. Dugger betrachtet als neben dem Unternehmen bestehende Institutionen, die die Quelle alternativer Werte sein könnten: das Bildungswesen, die Familie, die Gewerkschaft, die Kirche, die Gemeinschaft (*community*), den Staat und die Medien. Um die Wertdominanz (Hegemonie) der Großunternehmen über diese anderen gesellschaftlichen Institutionen zu belegen, sammelt Dugger zunächst kursorisch Material und Argumente, die die Schwäche der oben genannten Institutionen in bezug auf deren Sinn- und Wertstiftung belegen sollen und verstärkt seine Argumentation dann, indem er in einem zweiten Durchgang zeigt, wie die angesprochenen Teile der Gesellschaft aufgrund der vier Umwertungsprozesse weiter an Bedeutung gegenüber den Großunternehmen verlieren. Dugger formuliert seine These vom gesellschaftlichen Sinnvakuum, das durch die Großunternehmen ausgefüllt wird, selbst so:

If the corporate institution is the only source of value, if participation in the corporate world is valued above participation in other institutional spheres, then our lives will be valued in corporate terms. If our family, friends, school, church and union give us little of social relevance to believe in, then we will turn to our corporation. We will do so, not because we are coerced and not because of a conspiracy of corporate leaders, but simply because we have nowhere else to turn. And as we turn to the corporation for meaning, value, and belief, the result is corporate culture. More to the point, the result is corporate hegemony

(Dugger, 1989: 106, vgl. auch ders., 1989: 100f, 128, 162 und 170).

Einige von Duggers Argumenten[112] in bezug auf die relative Schwäche und den Rückzug der anderen gesellschaftlichen Institutionen sollen hier am Beispiel von Schule und Familie rekapituliert werden. Dugger argumentiert in ähnlicher Weise bezogen auf den Staat (vgl. Dugger, 1989: 119ff, 142, 148 und 155ff) und die Kirchen (vgl. Dugger, 1989: 111ff, 141, 146f). Bei den Gewerkschaften sieht Dugger eine zwar sinkende[113] Gegenmacht im Sinne von Galbraith, wenn es um Lohnhöhe und soziale Standards geht, aber er schreibt:

However, unions do not provide meaning and value to their members' lives (Dugger, 1989: 110).

Der Wert einer fairen und wahren Berichterstattung werde bei den Medien, so führt Dugger aus, zurückgedrängt durch das Profitinteresse der Medienunternehmen. Zeitungen, Rundfunk- und Fernsehanstalten seien als Unternehmen

---

[112]Manche von Duggers Belegen für den Rückzug der anderen Institutionen erscheinen in der zeitlichen Rückschau überholt oder zumindest verkürzt. Das gilt insbesondere für seine Argumente bezogen auf die Gemeinschaft (vgl. Dugger, 1989: 117ff), denen Vertreter der in den USA erstarkenden Bewegung des Kommunitarismus Hinweise für die wachsende Bedeutung von Gemeinschaft und ihre untergründig immer schon vorhandene Stärke entgegenhalten würden (vgl. aus der reichhaltigen Literatur zum Kommunitarismus insbesondere: Joas, 1996 und Bellah et al., 1985).

[113]Gegenwärtig sind sie, Presseberichten zufolge, allerdings in den USA wohl wieder eher im Aufwind.

eben auch *corporate hegemony* vorantreibende Konzerne (vgl. Dugger, 1989: 125ff).

Dugger schreibt, in den entscheidenden Gremien von Schulen und Universitäten (der USA) säßen VertreterInnen aus den großen Unternehmen und übten Druck in Richtung einer Karriereorientierung der Bildung aus (vgl. Dugger, 1989: 59, 141). In dem Maße wie Arbeitslosigkeit, Armut und der Druck des gesellschaftlichen Statuserhalts wachse (Dugger belegt diese Tendenz mit Statistiken, vgl. Dugger, 1989: 73), seien auch Eltern, Schüler und Studenten stark an einer berufsorientierten Bildung interessiert. Die Folge ist, laut Dugger:

> The school has become merely an extension of the corporate personnel office (Dugger, 1989: 133).

In Schulen und Universitäten wirkten beispielsweise die Umwertungsprozesse der *contamination* und *subordination*, weil Bildung als Wert an sich oder im Sinne von Charakterbildung von der Karriereorientierung *vergiftet* bzw. der Berufsbildung untergeordnet werde (vgl. Dugger, 1989: 145 und 151). Die amerikanische (Mittelklassen-)Familie ist, laut Dugger, charakterisiert durch das Karrierestreben ihrer Mitglieder:

> Career is the central focus of the middleclass family on the make. And career is a centrifugal force to the family, not a centripetal one. That is, career pulls the family apart rather than pushes it together. The young, the children are strongly affected by the

centrifugal force of career. Particularly in two-career families, the children are an incredible drain on resources that could be devoted to career advancement. As infants, they require constant care (Dugger, 1989: 96f).

Die zentrifugale Kraft des Karrierestrebens auf die Familie verstärke sich, so Dugger, da das moderne Berufsleben hohe geografische Mobilität und eine Ausdehnung der Arbeitszeit und Arbeitsintensität erfordere (vgl. Dugger, 1989: 87). Den Hintergrund für die Karriereorientierung in der Familie bilde der erste Umwertungsprozeß des neidvollen Vergleichs, den Dugger, Veblen folgend, *emulation* nennt:

> Emulation in the form of corporate careerism has meant major opportunities lost in the art of living together in exchange for minor opportunities in the scramble to get promoted before your rival. It removed men and women from the home, weakening not just the patriarchal home, but the caring and nurturing home, too, the one that men and women should be trying to construct together (Dugger, 1989: 144).

Dugger betrachtet das Karrierestreben auch als Hinweis auf die *contamination* (vgl. Dugger, 1989: 147) wie auch *subordination* familiärer Werte durch und unter Unternehmenswerte, die die Familie als Institution allerdings nicht vollkommen zerstört hätten:

> The subordination is not complete, for the family is a resilient institution. Nonetheless, the family now serves corporate ends as

a career central. The family is more the social space where careers are coordinated than it is an independent sphere of life. The young people get the financing and guiding needed to start their careers from the family. Active careerists seek solace and encouragement from the family. Corporate leaders conjure up images of the family to encourage greater work effort and loyalty. So the family still exists for the great middle class, but it exists as something of use and meaning to the corporate world (Dugger, 1989: 152f).

Da die Familie von den zentrifugalen Kräften (noch) nicht völlig auseinandergerissen worden ist, belegt Dugger die Wirkung der Umwertungsprozesse auf die Familie mit dem Begriff der *Aushöhlung (hollowing out)* (vgl. Dugger, 1989: 100ff)[114].

Die Wirkungsweise der vier von Dugger theoretisch herauskristallisierten Umwertungsprozesse auf Bildungsinstitutionen und Familie hat deutlich gemacht, wie der gesamtgesellschaftliche Wertewandel abläuft, der von den Großunternehmen ausgeht. Eingeordnet in Lukes' Machtschema ist Duggers *corporate hegemony* eine Machtform im Sinne von Lukes dritter Dimension des konfligierenden Typs, denn sie wirkt sowohl Subjekten wie Objekten der Machtausübung unbewußt, ist von Entscheidungen und Handlungen der In-

---

[114]Habermas argumentiert im Zusammenhang seiner Kolonialisierungsthese ähnlich und benutzt auch vergleichbare Formulierungen: „Für den Betrieb sind die privaten Lebenszusammenhänge *aller* Beschäftigten zur Umwelt geworden" (Habermas, 1995, Bd. 2: 456). Und: "Wie die Privatsphäre vom Wirtschaftssystem, so wird die Öffentlichkeit vom Verwaltungssystem unterlaufen und ausgehöhlt" (Habermas, 1995, Bd. 2: 480).

dividuen losgelöst[115], und es lassen sich auf sie Lukes' Begriffe des latenten Konflikts und der Diskrepanz von objektiven und subjektiven Interessen anwenden. Allen Umwertungsprozessen liegt letztlich der Gedanke zugrunde, daß *eigentliche* Werte der Institutionen (z. B. humanistisches Bildungsideal und gemeinschaftliche Lebensart und Wohlleben in der Familie), die für die objektiven Interessen stehen, von subjektiv als sinnstiftend erlebten Unternehmenswerten — ausgedrückt in der Karriereorientierung — überlagert werden. Dugger gelingt es, Lukes' abstrakte Machtform der dritten Dimension mit Leben zu füllen, wodurch sie, trotz der bekannten methodologischen Probleme (vgl. Teil 4) plausibel erscheint.

Wenn Unternehmen aufgrund der Umwertungsprozesse, wie Dugger behauptet, die anderen gesellschaftlichen Institutionen wie Bildungseinrichtungen, Militär, Familie sowie politische und religiöse Organisationen beherrschen (vgl. Dugger, 1980: 134ff und Dugger 1989), so wirken diese *invaluation processes* auch in die praktischen Diskurse hinein, indem sie den Wertrahmen prägen, der den Hintergrund abgibt, vor dem argumentiert wird.

---

[115]„..., the blind drift of retreat is taking us there. We like to think that we are in control, and we try mightily to determine our own fate, but at this particular juncture, a force beyond our control is moving us into corporate hegemony" (Dugger, 1989: 131).

6.5.3 Kenneth E. Bouldings integrative Macht

Boulding ordnet sich selbst in einem Aufsatz aus dem Jahre 1986[116] in die Kategorie der Sozialwissenschaftler ein, die Konflikten für die Entwicklung einer Gesellschaft einen relativ niedrigen Stellenwert einräumen:

> Then at the far end of spectrum we have the evolutionary social thinkers, of which I must confess I am one, who regard conflict as a significant, but still rather minor, aspect of the overall dynamics of society, consisting largely of interruptions in the more fundamental evolutionary and long-run process of mutation and selection (Boulding, 1992: 190).

Er räumt ein, daß Konflikte zumindest den positiven Effekt haben, daß sie uns aufgrund ihrer Dramatik unterhalten (vgl. Boulding, 1992: 196), aber es sei auch eben jene Dramatik, die dazu führe, daß die Bedeutung von Konflikten überschätzt würde (vgl. Boulding, 1992: 193). Ökonomische Entwicklung basiere in erster Linie auf einem integrativen System, zu dem auch Loyalität gehöre, und die Dynamik des integrativen Systems sei hauptsächlich konfliktfrei und auf Sprache aufgebaut:

> Economic development is fundamentally a learning process and learning is on the whole non-conflictual, though it has some con-

---

[116]Der hier als Boulding, 1992 zitierte Aufsatz *The Role of Conflict in the Dynamics of Society* wurde zuerst 1986 veröffentlicht. Vgl. im übrigen die in Teil 2.4 diskutierten früheren Werke Bouldings.

flictual elements in the elimination of error and a possible threat
to personal identity which this may involve (Boulding, 1992: 196).

Aus Bouldings Ausgangsposition erklärt sich, daß er seinen Machtbegriff
anders als Galbraith und Dugger bewußt von dem Webers absetzt, dessen
Machtkonzeption er als zu eng empfindet. Bouldings *Three Faces of Power*
(so der Titel seines Buches aus dem Jahre 1989) beinhalten auch einen nicht
gegen andere gerichteten Begriff *sozialer oder integrativer Macht*. Boulding
definiert Macht als die Fähigkeit, das zu erlangen, was man wünscht: *For individual human beings, power is the ability to get what one wants* (Boulding,
1990. 15). Macht wird von Boulding, dieser Definition folgend, in der Tat als
sehr weitreichend betrachtet, wie sich insbesondere in den Kapiteln des oben
erwähnten Buches zur Macht in physikalischer und biologischer Evolution
(vgl. Boulding, 1990: 203ff) zeigt. Zur Illustration der Macht über physi-
kalische Objekte führt er beispielsweise an, daß Blinde allein keine Autos
fahren könnten (vgl. Boulding, 1990: 52)[117]. Boulding baut seine Machtkonzeption auf einem breiten Spektrum sozialwissenschaftlicher Machtliteratur
im weitesten Sinne, (vgl. Boulding, 1990: 11f) darunter auch Galbraiths *The
Anatomy of Power* (vgl. Teil 6.5.1) auf[118]. Zu Galbraith schreibt er in seiner

---

[117]Boulding nutzt den weitgespannten Machtbegriff in seinem Alterswerk auch dazu,
noch einmal auf die unterschiedlichen Theoriegebiete zu sprechen zu kommen, die er in
seinem produktiven Wissenschaftlerleben bearbeitet hat. Anders ausgedrückt, *Three Faces of Power* läßt sich nicht nur als Buch über Macht, sondern auch als Lehrbuch zur
Einführung in Bouldings Lebenswerk lesen.

[118]Der Einfluß von Galbraiths Buch auf Boulding ist auch an seinen kurzen Bemerkungen
zur Illusion von Macht und den Medien als Machtkorrektiv (vgl. Boulding, 1990: 66) sowie

Einleitung:

> He too classifies power into three categories, which he calls „condign", „compensatory", and „conditioned". The terminology strikes me as a little awkward, but does correspond roughly to my „threat", „economic", and „integrative" categories (Boulding, 1990: 11).

In diesem Zitat werden auch schon die *drei Gesichter der Macht* genannt, die Bouldings Machtkonzeption ausmachen. Diese drei von Boulding grundsätzlich unterschiedenen Machtkategorien sind:

1. Political-Military, Threat bzw. Destructive Power,

2. Economic, Exchange bzw. Productive Power und

3. Social, Love bzw. Integrative Power.

Er umschreibt sie wie folgt:

> Destructive power is the power to destroy things. It has two very different aspects, reflected in the means of destruction. Some of these are weapons, whether directed toward killing people or destroying valued things. The means of destruction, however, also include such things as bulldozers, plows, furnaces, chain saws, knives, and so on, which are part of the productive process.

---

an seinem Hinweis auf *countervailing power* (vgl. Boulding, 1990: 190) zu erkennen.

Productive power is found in the fertilized egg, in the blueprint, in the idea, in the tools and machines that make things, in the activity of human brains and muscles that sow and reap, weave and build, construct, paint, and sculpt.

Integrative power may be thought of perhaps as an aspect of productive power that involves the capacity to build organizations, to create families and groups, to inspire loyalty, to bind people together, to develop legitimacy. Integrative power has a negative sense, to create enemies, to alienate people; it has a destructive as well as a productive aspect. (Boulding, 1990: 24f).

Bezogen auf menschliches Handeln definiert Boulding:

I distinguish between personal destructive power, which also involves the power of threat; personal productive power, which also involves the power to exchange; and personal integrative power, which is the power to be accepted, respected, legitimated, loved, and to form part of a larger network (Boulding, 1990: 79).

Wie aus dem ersten langen Zitat deutlich wird überschneiden sich in Bouldings Vorstellung die drei Machtkategorien. Ähnlich wie in Galbraiths Machtkonzeption (vgl. Teil 6.5.1) kommt es also in der Praxis zu Mischungen der drei Machtformen (vgl. auch Boulding, 1990: 60ff und 80). Boulding zeigt in seinem Buch die vielfältige Vermischung und Anwendung seiner drei Machtkategorien auf der Ebene der Person, der Organisation und an der geschichtlichen Entwicklung auf.

Kommunikation kommt für die Mischung und Verbindung der drei Machtformen eine besondere Rolle zu:

> The ability to communicate underlies all forms of power. Threats
> are useless unless they can be communicated to the threatened
> party. Exchange is impossible unless the exchangers can com-
> municate various offers and bids. Productive power rests to a
> considerable degree on the ability to communicate within organi-
> zations. It may well be that the ultimate dominance of integrative
> power rests on the fact that integrative behavior creates commu-
> nications and builds up communication networks that extend far
> and wide over time and space (Boulding, 1990: 110, vgl. auch
> ders., 1990: 25, 27, 55, 135, 142 und 186).

Das Zitat besagt zudem, daß integrativer Macht ähnlich wie *konditionierender Macht* bei Galbraith (vgl. Teil 6.5.1) eine hervorgehobene Bedeutung
gegenüber den beiden anderen Machtformen (vgl. auch Boulding, 1990: 109)
zukommt. In der Einleitung zu *Three Faces of Power* schreibt Boulding:

> My major thesis in this book is that it is integrative power that is
> the most dominant and significant form of power, in the sense that
> neither threat power nor economic power can achieve very much
> in the absence of legitimacy, which is one of the more important
> aspects of integrative power (Boulding, 1990: 10)[119].

---

[119]Vgl. auch Bouldings Aufsätze mit den Titeln *The Role of Legitimacy in the Dynamics
of Society* (ders., 1974a) und *The Communication of Legitimacy* (ders., 1974).

Bevor aber integrative Macht mit Hilfe von Lukes' Einteilungsraster interpretiert und mit Galbraiths Machtkonzeption verglichen werden kann, soll noch genauer beschrieben werden, was Boulding unter integrativer Macht versteht. Ausgehend von der grundsätzlichen Feststellung, daß integrative Macht vor allem auf Kommunikation beruht:

> Integrative power depends very much on the power of language and communication, especially on the powers of persuasion (Boulding, 1990: 221, vgl. auch ders., 1990: 53),

schreibt Boulding ihr die folgenden kurz zu skizzierenden Charakteristika zu: Sie erzeugt Identifikation und Loyalität mit Organisationen bei Menschen (vgl. Boulding, 1990: 31), kleinste Eingriffe auf dem Wege der integrativen Macht können große Wirkung erzielen (vgl. Boulding, 1990: 46), und sie steht auch den Gruppen und Individuen zur Verfügung, die keine der anderen Machtformen anwenden können (vgl. Boulding, 1990: 119).

Integrative Macht, so wie sie von Boulding vornehmlich gebraucht wird, ist in Lukes' Begriffsschema zumeist als konsensueller Machtbegriff zu verstehen und steht in engem Zusammenhang mit Bouldings in Teil 2.4 beschriebenen Gedanken zur sanften Konfliktlösung. So basiert sie auf der *Macht der Liebe* im weitesten Sinne (vgl. Boulding, 1990: 110), was gleichbedeutend ist mit der Bereitschaft, Opfer zu Gunsten des oder der anderen zu bringen und sich in andere einzufühlen:

> An element that complicates the relationship between integrative and other forms of power is the role of suffering and sacrifice in

the structure of integrative power. The capacity for sympathy is an important property of the human race (Boulding, 1990: 62, vgl. auch ders., 1990: 115)[120].

Als schwächere Formen der empfundenen Einstellung zueinander als Liebe oder Mitgefühl, die integrative Macht befördern, nennt Boulding Respekt voreinander (Boulding, 1990: 192f), eine Haltung des Voneinander-Lernen-Wollens (vgl. Boulding, 1990: 117) und Gegenseitigkeit (*reciprocity*) (vgl. Boulding, 1990: 112).

Menschen, die mit einer zugeneigten, respektvollen, offenen und fairen Haltung aufeinander zugehen, können, Boulding zufolge, eine gemeinsame Identität in einer Gruppe, Organisation oder einem Netzwerk aufbauen (vgl. Boulding, 1990: 114). Diese Haltung wird zusätzlich gestützt durch gemeinsame Kultur (vgl. Boulding, 1990: 134) und Mediation (Boulding, 1990: 112). Die Gruppenidentität entfaltet Macht durch das Überzeugen von anderen:

Integrative power often rests on the ability to create images of the future and to persuade other people that these are valid (Boulding, 1990: 122).

---

[120]Boulding erwähnt im Zusammenhang mit der Opferbereitschaft auch den Gedanken der *sacrifice trap*, damit ist gemeint, daß wir es im allgemeinen schlecht aushalten (bzw. große kognitive Dissonanz empfinden, vgl. Festinger, 1964), Opfer vergeblich gebracht zu haben (vgl Boulding, 1990: 63, sowie ders., 1974a: 515).

Dieses Überzeugen kann aber, laut Boulding, sowohl in der Gruppe als auch in der Wirkung nach außen[121] in einen konfligierenden (Lukes) Begriff von integrativer Macht umschlagen:

1. können einzelne Personen im Netzwerk Rollen übernehmen, die mit Status-Macht ausgestattet sind (vgl. Boulding, 1990: 114),

2. kann Sprache dazu verwandt werden, andere herabzusetzen: „Language can be a powerful weapon of destruction in putting people down, in complaining, in nagging, in recriminating" (vgl. Boulding, 1990: 81, vgl. auch ders. 1990: 85),

3. kann integrative Macht dazu genutzt werden, andere auszuschließen (eine Gruppe hat immer ein Innen- und ein Außenverhältnis — es gibt Mitglieder und Nicht-Mitglieder): „The power of social exclusion is a very important aspect of the overall integrative system" (Boulding, 1990: 85),

4. schließlich kann die Überzeugungskraft, die, laut Boulding, das wichtigste Element der integrativen Macht darstellt (vgl. Boulding, 1990: 118 und 221), auch manipulativ eingesetzt werden: „Unfortunately, what is convincing is not always true, and what is true is not always convincing" (Boulding, 1990: 119)[122].

---

[121] „The activities of these organizations can be divided roughly into those activities that are designed to serve the existing membership and those that are designed to expand the membership" (Boulding, 1990: 197).

[122] Boulding verweist an dieser Stelle (vgl. Boulding, 1990: 119) wie auch schon in ähnlicher Weise zuvor auf das historische Beispiel Hitlers: „Hitler started his rise to power

Bouldings Machtkonzeption ist im Vergleich mit der Galbraiths (vgl. Teil 6.5.1) von ihrer Anlage her, in Lukes' Begriffen ausgedrückt, stärker konsensuell als konfligierend ausgerichtet (vgl. Teil 4). Boulding legt den Schwerpunkt darauf, wie durch die Anderen zugewandte Haltung, die er in ihren Facetten sehr genau beschreibt, integrative Macht in Gruppen und Organisationen aufgebaut wird, während Galbraith sich vornehmlich damit befaßt, wie die so aufgebaute direkte konditionierende Macht (in Galbraiths Terminologie) z. B. als Gegenmacht zu hauptsächlich mit Hilfe anderer Machtquellen erzeugter konditionierender Macht genutzt wird. Die dem Gegenüber zugewandte Haltung, die für mit dem Mittel der Kommunikation aufgebaute integrative Macht benötigt wird, kann in einer Skala der abnehmenden Intensität der Beziehung von Liebe, Opferbereitschaft, Sympathie über Voneinander-Lernen-Wollen und Respekt bis mindestens Reziprozität reichen. D. h. Boulding betont explizit eine emotionale Komponente, die den Aufbau integrativer Macht erleichtert. Ein Pendant zu Galbraiths indirekter konditionierender Macht sucht man in Bouldings Konzeption vergebens. Vergleichbar wäre Bouldings Begriff der *Kultur*, den er aber nicht als geformt bzw. als Machtform hinterfragt.

6.5.4   Albert O. Hirschmans Rhetorik der Intransigenz

Daß Albert O. Hirschman hier mit Recht in eine Reihe mit Galbraith, Dugger und Boulding gestellt, d. h. als Institutionalist eingeordnet wird, ließe sich mit

---

through his ability to persuade, organize and attract a following, essentially aspects of integrative power" (Boulding, 1990: 109).

dessen für InstitutionalistInnen typischer Argumentationsweise an der Grenze zwischen Politik- und Wirtschaftswissenschaft begründen (vgl. Klein, 1980 und 1987, der den Institutionalismus in diesem Grenzbereich einordnet). Außerdem wird Hirschman zumindest von den Autoren eines ihm gewidmeten Artikels im *Elgar Companion to Institutional and Evolutionary Economics* als Institutionalist bezeichnet (vgl. Jameson/Wilber, 1994: 323). Andererseits könnte mit Recht eingewandt werden, daß Hirschman zwar in vielen seiner Werke Gedanken bestimmter institutionalistischer Klassiker (Veblen, Galbraith und Myrdal) aufnimmt (vgl. Hirschman, 1988: 18 und 67, ders., 1987: 137 und 152f, ders., 1993: 237 und ders. 1970: 17, 21f, 41 und 99), sich aber nicht systematisch auf den Institutionalismus beruft und auch anders als Boulding und Galbraith nie in der institutionalistischen Fachzeitschrift *Journal of Economic Issues* veröffentlicht hat. Die Frage wird, wenn Hirschman sie nicht selbst beantwortet, offen bleiben. Orientiert am roten Faden dieser Arbeit gehört Hirschmans Schrift *Denken gegen die Zukunft – Die Rhetorik der Reaktion* jedenfalls an diese Stelle, denn sie liefert ähnlich den oben behandelten Institutionalisten eine Konzeption des sprachvermittelten Machthandelns in Diskursen.

Hirschman untersucht historische, öffentliche Diskurse (u. a. die um die Einführung des Sozialstaates oder des allgemeinen, gleichen und geheimen Wahlrechts in Europa) auf rhetorische Figuren, die von den Gegnern dieser Neuerungen in der Diskussion als *tödliche Argumente* ins Feld geführt wurden (vgl. Hirschman, 1995b: 8 und 16). Mit der Aufdeckung dieser Argumentationsmuster möchte er zu einer Entwicklung weg vom traditionellen Diskurs der gegenseitigen Vernichtung — der Unversöhnlichkeit[123], hin zu einer eher demokratiefreundlichen Art des Dialogs beitragen (vgl. Hirschman, 1995b: 179). Hirschman skizziert gemäß seinem Vorhaben (vgl. Hirschman, 1995b: 16) zunächst drei gegen gesellschaftliche Reformen gerichtete *reaktionäre Argumentationsschemata bzw. Grundthesen*, wie er sie nennt, denen er am Ende seines Buches und in einem zwei Jahre nach dessen erstem Erscheinen folgenden Artikel (Hirschman, 1993a) drei *progressive* rhetorische Figuren an die Seite stellt, die alle Ausdruck einer *bestimmten systematischen Voreingenommenheit* sind (Hirschman, 1993a: 961). Die drei reaktionären Muster, auf die Hirschman in seiner Untersuchung stößt, definiert er wie folgt:

> Diese nenne ich *Sinnverkehrungsthese* oder These von den sinnverkehrten Handlungsresultaten, *Vergeblichkeitsthese* und *Gefährdungsthese*. Der *Sinnverkehrungsthese* (I) zufolge dient alles absichtsvolle Handeln mit dem Ziel, bestimmte Gegebenheiten der politischen, sozialen oder ökonomischen Ordnung zu verbessern, nur zur Verschlimmerung der Lage, die man bessern wollte. Die *Vergeblichkeitsthese* (II) besagt, daß alle Anstrengungen zur Umgestaltung der Gesellschaft umsonst sind, daß sie einfach „nichts bewegen". Die *Gefährdungsthese* (III) schließlich unterstellt, daß Reformvorhaben oder Veränderungen des bestehenden Zustands

---

[123]Der Titel, den Hirschman zunächst für sein Buch vorgesehen hatte: *Rhetorik der Intransigenz* wäre dem, von seinem deutschen Rezensenten Otto Kallscheuer ausdrücklich so bezeichneten, *eigentlichen Clou* des Buches näher gekommen, der darin liegt, daß es je nach der politischen Ausrichtung der SprecherInnen bestimmte sprachliche Formeln der Unversöhnlichkeit gibt (Hirschman, 1993a: 970f).

am Ende zu teuer bezahlt werden, insofern nämlich, als sie kostbare Errungenschaften gefährden, die ihnen vorausgegangen sind (Hirschman, 1995b: 17).

Zur Sinnverkehrungsthese:

Hirschman weist darauf hin, daß WirtschaftswissenschaftlerInnen die Sinnverkehrungsthese in Gestalt von Adam Smiths *unsichtbarer Hand* geläufig ist, die für das Eintreten unbeabsichtigter Folgen des Handelns steht (vgl. Hirschman, 1995b: 23 und 82). Nur mit dem Unterschied, daß bei Smith ein moralisch minderwertiges Motiv wie der Eigennutz zur positiven Folge des allgemeinen Wohlstandes führt, während bei den späteren Anwendern der Sinnverkehrungsthese ein lobenswertes sozialreformerisches Motiv zu negativen Folgen führt (vgl. Hirschman, 1993a: 960). Hirschman führt als ein der Gegenwart zeitlich relativ nahe gelegenes Beispiel die selbstbewußt von Milton Friedman vorgetragene Äußerung an:

> Sucht man nach Anschauungsmaterial dafür, daß die Folgen einer Maßnahme exakt beim Gegenteil dessen liegen können, was in der Absicht der Wohlmeinenden lag, die sich dafür eingesetzt haben, so läßt sich kein besseres Beispiel nennen, als das des gesetzlichen Mindestlohnes (Friedman, 1962: 180, zitiert in: Hirschman, 1995b: 35).

Laut Hirschman ist die sinnverkehrende Wirkung eines Mindestlohns keineswegs eine so ausgemachte Sache, wie Friedman behauptet, denn es sei nicht klar, wie der Mindestlohn sich auf Arbeitsproduktivität und Angebot und

Nachfrage auf dem Arbeitsmarkt auswirken werde, und wie er sich in einen allgemeinen Trend der Entwicklung von Angebot und Nachfrage einfügen werde (vgl. Hirschman, 1995b).

Das progressive Gegenstück zur Sinnverkehrung ist die Bedrohungsthese[124], von der Hirschman schreibt, man könne diese Argumentationsweise als eine Erpressung durch Katastrophen- oder Revolutionsdrohung bezeichnen. Er definiert diese rhetorische Formel so:

> Wir befürworten eine bestimmte Reform oder Maßnahme, weil wir, so wie die Dinge liegen, in einem *hoffnungslosen* Zustand gefangen sind oder schon bald in einen geraten werden, der unmittelbares Handeln unumgänglich macht, ungeachtet der Konsequenzen — dieses Argument versucht, die Sinnverkehrung abzuwehren und zu neutralisieren (Hirschman, 1993a: 974, vgl. auch ders., 1995b: 161ff und 168ff).

Ein Beispiel für die Bedrohungsthese ist die marxistische Argumentationsfigur, die sich ausdrückt in der Formel: *Sozialismus oder Barbarei.* Hirschman hält solchen Katastrophendrohungen entgegen:

> Progressive können und sollen die von ihnen vertretene Politik auf der Grundlage überzeugend verteidigen, daß sie *richtig* und

---

[124]Hirschman hat die progressiven Pendants zu den reaktionären Rhetoriken zunächst ausgehend von der Gefährdungsthese entwickelt (vgl. Hirschman, [1991]1995b: 158ff), sie dann später aber jeweils paarweise zugeordnet (vgl. Hirschman, 1993a: 974).

gerecht ist, anstatt mit der Behauptung, daß sie für die Verhinderung irgendeines imaginären Desasters nötig ist (Hirschman, 1993a: 975).

Zur Vergeblichkeitsthese:

Um die Vergeblichkeitsthese zu charakterisieren, zitiert Hirschman den französischen Journalisten Alphonse Karr (1808-1890), der im Januar 1849, also ziemlich bald nach der Revolution von 1848, die aus seiner Sicht *elementare Wahrheit* verkündete *plus ça change plus c'est la même chose*, was in etwa dem bekannten Paradoxon aus Guiseppe di Lampedusas Roman *Der Leopard* entspricht: „Wenn alles so bleiben soll, wie es ist, dann muß alles sich ändern" (vgl. Karr und Lampedusa, zitiert in: Hirschman, 1995b: 51f)[125]. Als ein Beispiel für die Vergeblichkeitsthese nennt Hirschman u. a. die mit dem Nobelpreis für Ökonomie ausgezeichnete *Theorie der rationalen Erwartungen* (vgl. Lucas, 1981), die behauptet, keynesianische Wirtschaftspolitik sei vergeblich, wenn sie von rationalen Wirtschaftssubjekten erwartet wird und die von ihren Vertretern verbal ungewöhnlich agressiv vorgetragen wird, wie Hirschman an einem Beispiel belegt (vgl. Hirschman, 1995b: 83).

Das progressive Pendant zur reaktionären Formel der Vergeblichkeit von Reformen ist eine leichte Abwandlung dieses Musters in Gestalt der Vergeblichkeit, die Reformen aufhalten zu wollen:

Wir sollen eine bestimmte Reform oder Maßnahme befürworten,

---

[125]Man könnte an dieser Stelle auch das Alte Testament mit den Worten zitieren: „Es geschieht nicht Neues unter der Sonne" (Prediger Salomo, 1, 9).

weil es das *Gesetz* oder der *Lauf* der Geschichte so wollen — dieses Argument ist das Gegenstück zur Vergeblichkeitsthese, der zufolge Veränderungsversuche wegen verschiedener *eherner Gesetze* scheitern werden (Hirschman, 1993a: 974, vgl. auch ders., 1995b: 163ff).

Den VertreterInnen des *gesetzmäßigen Laufs* der Geschichte, seien sie wie Marx progressiv oder wie Fukuyama eher konservativ, hält Hirschman entgegen, indem er auf die Ereignisse von 1989/91 verweist, daß

> ... der wirkliche Lauf der Geschichte ziemlich stark gegen die mit irgendeinem gesetzmäßigen Lauf operierende Weltsicht anzurennen scheint (Hirschman, 1993a: 975).

Zur Gefährdungsthese:

Durch die AnwenderInnen der Gefährdungsthese werde, so Hirschman, der Standpunkt vertreten, der vorgeschlagene Wandel sei an sich vielleicht wünschenswert, aber der Preis für die Sache oder bestimmte Folgen seien nicht akzeptabel (vgl. Hirschman, 1995: 90). Hirschman schreibt, sie behaupteten, daß

> ... eine neue Reform im Fall ihres Vollzugs eine ältere, hoch geschätzte und darüber hinaus vielleicht erst kürzlich durchgesetzte aufs äußerste *gefährden* würde. Des weiteren seien die früheren, hart erkämpften Errungenschaften noch keineswegs konsolidiert und würden durch das neue Programm komplett aufs Spiel gesetzt (Hirschman, 1995b: 93).

Ein Beispiel für eine Gefährdungsthese jüngeren Datums ist die hier in den Worten von Hirschman wiedergegebene Auffassung Hayeks:

... der Wohlfahrtsstaat bedrohe die Freiheit des einzelnen wie auch die demokratische Regierungsform (Hirschman, 1995b: 118).

Dieser Standpunkt sei, so Hirschman, in Hayeks gefeierter Schrift *The Road to Serfdom* (1944) im Umriß angedeutet (vgl. Hirschman, 1995b: 118) und in dessen späterem Werk *The Constitution of Liberty* (1960) explizit gemacht:

Die Freiheit ist in bedenklicher Gefahr, wenn der Regierung die ausschließliche Macht gegeben wird, gewisse Dienstleistungen bereitzustellen — eine Macht, die sie, um ihren Zweck zu erreichen, zu Zwang nach ihrem Ermessen auf die einzelnen gebrauchen muß (Hayek, 1960: 366f, zitiert in: Hirschman, 1995b: 121).

Ein weiteres Beispiel für die moderne Verwendung der Gefährdungsthese ist das von Peter Ulrich erwähnte und kritisierte Sachzwangargument des für Unternehmen durch den Wettbewerbsdruck vorhandenen Primats der Gewinnorientierung vor anderen ethischen Werten, die z. B. für eine Begrenzung bestimmter Produktionsbereiche oder -methoden sprächen. Anders ausgedrückt lautet die Sachzwang-Gefährdungsthese: Die gleichrangige Berücksichtigung anderer Werte und Interessen neben dem der Profitmaximierung und damit verbunden dessen zumindest zeitweilige Hintanstellung gefährde in jedem Fall den Fortbestand des Unternehmens. Ulrich wendet gegen das Sachzwangargument ein, daß der Zwang durch den Wettbewerb eigentlich nicht von außen an den Unternehmer herangetragen wird, sondern erst in dessen Innern entsteht:

> Nicht der marktwirtschaftliche Wettbewerb als solcher nötigt unternehmerisch tätige Wirtschaftssubjekte zu etwas Bestimmtem, vielmehr stellen sie sich selbst bzw. die Unternehmensleitung erst mit ihren Zweckvorgaben an das Unternehmen unter konkrete Sachzwänge. Je strikter dabei das Gewinninteresse verfolgt wird, umso drückender sind logischerweise diese Zwänge; im Grenzfall der Gewinnmaximierungsprämisse erscheinen sie als nahezu total oder deterministisch (Ulrich, 1997: 403).

Es gebe also keinen Sachzwang als solchen, sondern immer einen Spielraum für das Abwägen des Gewinnmotivs mit anderen Interessen, durch einen Zumutbarkeitsdiskurs:

> In einem rationalen Zumutbarkeitsdiskurs geht es demgegenüber gerade darum, die schlechte Alternative zwischen Zynismus (der moralische Einsichten der Erfolgsrationalität unterordnet) und moralischem Heroismus (der die Selbstbehauptung der moralischen Gesinnung opfert) zu überwinden und die legitimen Selbstbehauptungsansprüche der Wirtschaftssubjekte ebenso wie ihre zumutbare Selbstbegrenzung zu klären (Ulrich, 1997: 162).

Hirschman führt gegen das Muster der Gefährdungsthese neben dem allgemeinen Hinweis auf die Klischeehaftigkeit aller rhetorischen Formeln ins Feld, daß es vom Verlauf der Geschichte des öfteren desavouiert wurde:

229

Außerdem, beim Gefährdungsschema resultiert eine implizite Widerlegung des Arguments aus der bloßen Demonstration, daß es überhaupt eingesetzt wurde — wenn nämlich die Geschichte offensichtlich einen anderen als den in den ursprünglichen Warnungen vorausgesagten Verlauf genommen hat. So sieht die Beschwörung der Gefährdungsthese im England des 19. Jahrhunderts — die Warnung, daß die Ausdehnung des Wahlrechts das Ende der Freiheit besiegele — im nachhinein wie alberne Schwarzseherei aus (Hirschman, 1993a: 963).

Das progressive Pendant zur Gefährdungsthese besteht in der Formel der Synergie, Harmonie und gegenseitigen Unterstützung zweier Reformprojekte:

Wir sollen eine bestimmte Reform oder Maßnahme befürworten, weil sie eine frühere Errungenschaft *konsolidieren* wird — das ist die Erwiderung der Progressiven auf die Gefährdungsbehauptung, daß diese Reform unweigerlich einen früheren Fortschritt ruinieren wird (Hirschman, 1993a: 974).

Hirschman macht einen Unterschied zwischen den ersten beiden progressiven rhetorischen Mitteln (Bedrohungs- und Unausweichlichkeitsthese), die er rundheraus ablehnt und der dritten — der eben eingeführten Synergiethese, denn es sei zwar reine Rhetorik zu behaupten, daß zwischen zwei wünschenswerten Zielen kein Konflikt denkbar sei (beispielsweise zwischen Umweltschutz und Wirtschaftswachstum), aber neben den in der Regel von jeder Reform verursachten Kosten gäbe es auch tatsächlich *Synergie*-Effekte

230

(vgl, Hirschman, 1993a: 976). Deshalb empfiehlt Hirschman ReformerInnen eine, wie er es ausdrückt, *sparsame Verwendung* der Synergiethese, die die Kosten der angestrebten Reform nicht unerwogen und -erwähnt läßt (vgl. Hirschman, 1993a: 975).

Wie zu Beginn dieses Abschitts bereits angedeutet, besteht die übergreifende Eigenschaft progressiver und reaktionärer Rhetoriken in ihrer Unversöhnlichkeit:

> Gemeinsam mit ihren progressiven Gegenstücken nehmen sie [die reaktionären Thesen, S. K.] schlichtweg den Platz extremer Standpunkte in einer Reihe imaginärer, hochgradig polarisierter Auseinandersetzungen ein (Hirschman, 1995b: 176).

Verwandtschaftlich nahe sind sich in ihrer Struktur darüberhinaus die reaktionäre Vergeblichkeitsthese und ihr progressives Visavis — die Unvermeidlichkeitsthese (vgl. Hirschman, 1995b: 88f) Anhand einiger Beispiele belegt, aber dennoch kurios ist Hirschmans Feststellung:

> Logische Unvereinbarkeit zwischen zwei Thesen, die sich gegen denselben politischen Vorstoß oder dieselbe Reformbewegung richten, bedeutet nicht, daß ihre simultane Verwendung im Verlauf einer Debatte ausgeschlossen ist, nicht einmal bei derselben Person oder Gruppe (Hirschman, 1995b: 152)[126].

---

[126]Das gilt im übrigen auch für die progressiven Muster, wie sich anhand der marxistischen Behauptungen vom unaufhaltsamen Verlauf der Geschichte und der gleichzeitig vertretenen Bedrohungsthese „Sozialismus oder Barbarei" zeigen läßt.

Unterschiedlich ist zumindest für jede der drei reaktionären Rhetoriken die mit ihnen verbundene Sicht auf die politischen GegnerInnen. Während die VerfechterInnen des Sinnverkehrungsgedankens den ReformerInnen gute Absichten unterstellen (vgl. Hirschman, 1995b: 84f) oder diese Haltung zumindest verdeckt strategisch vorgeben (vgl. Hirschman, 1995b: 20), unterstellt die Vergeblichkeitsthese und auch die Gefährdungsthese den ReformerInnen eigennützige Motive, denn warum sonst sollten sie Vorhaben propagieren, die ihr vorgebliches Ziel gar nicht oder nur unter In-Kauf-Nahme von untragbaren Kosten erreichen (vgl. Hirschman, 1995b: 85f)?

Der Grund, warum die rhetorischen Formeln so häufig verwandt werden, obwohl sie der gesellschaftlichen Komplexität in aller Regel nicht gerecht werden und deshalb nicht zutreffen, wie Hirschman vielfach nachweist; oder gemeinsam eingesetzt werden können, obwohl sie sich logisch widersprechen, liegt, Hirschman zufolge, u. a. darin, daß die Argumentationsmuster beträchtliche innere Anziehungskraft besäßen, weil sie sich auf kraftvolle Mythen stützten, sowie auf einflußreiche Deutungsmuster (vgl. Hirschman, 1995: 175). Solch ein kraftvoller Mythos im Hintergrund der Vergeblichkeitsthese ist z. B. Smiths *unsichtbare Hand*, der wiederum die Vorstellung von der göttlichen Vorsehung unterliegt (vgl. Hirschman, 1995: 23 und 25 (Fußnote)). Mythen charakterisiert Hirschman als *Quellen von Voreingenommenheiten im kollektiven Unbewußten* (vgl. Hirschman, 1993a: 962). Ein einflußreiches Deutungsmuster, auf dem die Gefährdungsthese basiert, ist die *Nullsummenmentalität* (vgl. Hirschman, 1995b: 139), die besagt, daß Gewinn des oder der einen immer Verlust des oder der anderen bedeute. Hirschman schreibt dazu:

Die Gefährdungsthese speist ihre Kraft in erheblichem Umfang aus Verbindungen zu einer Vielzahl von Mythen und Grundschemata dieser Art (Hirschman, 1995b: 131).

Die von Hirschman skizzierten rhetorischen Figuren beinhalten einen in Lukes' Begrifflichkeit ausgedrückt konfligierenden Machtbegriff, denn sie werden im öffentlichen politischen Schlagabtausch offen gegen die politischen KontrahentInnen eingesetzt und sollten deshalb Lukes' erster Dimension zugerechnet werden. Gleichzeitig schöpfen sie aber ihre Kraft aus unbewußt wirkenden Mythen, wie Hirschman betont. Als unbewußt wirkendes Machthandeln müßten sie darum unter Lukes' dritter Dimension eingeordnet werden. Hirschmans rhetorische Muster sind also eine sprachliche Form des Machthandelns, die sich zwar aus unbewußten Quellen speist (Lukes' dritte Dimension), aber nicht versucht, Themen vom Diskurs auszuschließen, wie das eigentlich für Lukes' zweite und dritte Dimension charakteristisch ist. Statt dessen stellen sie den Versuch dar, Diskurse zu manipulieren, indem sie die Sicht auf die Themen vereinfachen und polarisieren. Konsensuelle beziehungsweise kompromißorientierte Sprachverwendung stellt für Hirschman die ideale Alternative zum mit rhetorischen Formeln ausgetragenen *Wortkrieg* dar (vgl. Hirschman, 1993a: 977 und ders., 1995b: 86f). Dieses alternative *kommunikative Handeln* beschreibt er am Ende seines Buches mit einigen Sätzen, die an ähnlich lautende von Habermas und Boulding erinnern (vgl. Teil 2.5 und 6.5.3):

Beratung ist hier als Prozeß der Meinungsbildung gedacht, in den die Teilnehmer nicht mit bereits umfassend und endgültig ausgeformter Überzeugung eintreten sollten. Es wird von ihnen das Engagement in Diskussionen erwartet, die nicht bedeutungslos sind, das heißt, sie sollen die Bereitschaft mitbringen, die ursprüngliche Meinung unter dem Eindruck der Argumente anderer Teilnehmer zu ändern, wie auch dann, wenn im Lauf der Debatte neue Informationen verfügbar werden (Hirschman, 1995b: 178).

In praktischen Diskursen, bei denen sich die Teilnehmer der rhetorischen Formeln bewußt sind, verlieren diese, wenn sie offengelegt werden, ihre manipulative Wirkung und der Diskurs kann, von *kommunikativem Handeln* (vgl. Teil 2.5) getragen, fortgesetzt werden. Zu dieser Wende vom sprachlichen Machthandeln zum *demokratiefreundlichen* Diskurs will Hirschman mit seinem Buch einen Beitrag leisten (vgl. Hirschman, 1995b: 179).

6.6 Zusammenfassende Schlußfolgerungen — Machthandeln in der ökonomischen Theorie

Wie die vorangegangene Untersuchung gezeigt hat, können vor allem feministische und neoinstitutionalistische ökonomische Theorien zu einer Konzeption sprachvermittelten Machthandelns in Diskursen beitragen. Während neoklassische Mikroökonomik Macht völlig unbeachtet läßt, gehen sowohl neomarxistische Mikroökonomie als auch Theorien der Betriebswirtschaftslehre von einem engen Zusammenhang zwischen vornehmlich materiellen Ressourcen und Macht aus. Allein oder hauptsächlich auf Sprache basierendes Machthandeln wird von ihnen jedoch systematisch ausgeklammert oder nicht beachtet. Eine Ausnahme in der Betriebswirtschaftslehre stellt Karl Sandners *Verhandlungsmodell der Macht* dar, das aber nicht zwischen konsensuellem und konfligierendem Sprachgebrauch unterscheidet und auch Lukes dritte Dimension bewußt außer acht läßt (vgl. Sandner, 1992: 84).

Im Rahmen der institutionalistischen Konzeption des sprachvermittelten Macht-handelns können die Beiträge von Dugger, Boulding und Hirschman vor dem Hintergrund des Machtschemas von Lukes jeweils als vertiefende Ausführungen spezieller Aspekte von Galbraiths konditionierender Macht interpretiert werden. Galbraiths konditionierende Macht, sei sie direkt, indirekt, konsensu-ell oder konfligierend, liefert einen passenden Begriff für das Machthandeln, das versucht, sprachlich Einfluß zu gewinnen. Da es von anderen Ressour-cen als der wertverändernden, gemeinschaftstiftenden Sprache im Prinzip unabhängig ist, auch wenn es von anderen Ressourcen durchaus unterfüt-tert werden kann, ist konditionierende Macht grundsätzlich offen für jede/n. Außerdem ist für sie charakteristisch, daß sie unsicher in der Wirkung ist.

Für das, was Neomarxismus, Habermas, praktische Sozialökonomie und auch Betriebswirtschaftslehre als strategisches Handeln bezeichnen, verwendet Gal-braith die Begriffe strafende und entschädigende Macht, Boulding spricht in ähnlicher Weise von destruktiver und produktiver Macht. Der Begriff stra-tegisches Handeln steht für die Behauptung, jegliches Machthandeln, auch sprachvermitteltes, sei letztlich auf Drohung und Belohnung zurückzuführen. Wie die institutionalistischen Ansätze zeigen, läßt sich analytisch sprachver-mitteltes bzw. konditionierendes Machthandeln von rein strategischem Han-deln unterscheiden, auch wenn sich beide Handlungstypen empirisch häufig mischen.

Duggers *corporate hegemony* hat vertieft verdeutlicht, was unter indirekter Konditionierung zu verstehen ist. Äußerungen und Handlungen in Gesellschaften sind immer geprägt (konditioniert) durch den gesamtgesellschaftlichen Wertrahmen, auf den sie sich beziehen. Einzelne Akte direkter Konditionierung im Rahmen von Duggers *invaluation processes*, wie z. B. die Verbindung eines bestimmten Bildungsabschlusses mit einem bestimmten Einstiegspunkt im Berufsleben und die damit verbundene Umwertung vom reinen Bildungsideal hin auf eine Karriereorientierung, kumulieren zu einem nicht von einzelnen gesteuerten Prozeß. Dugger schreibt von *Drift*, die den Wertrahmen verlagert und damit auch die indirekte Konditionierung. Auch wenn Dugger an Galbraiths These von der personellen Diffusion konditionierender Macht festhält, kann er zeigen, daß sich die *Drift* in eine bestimmte Richtung, nämlich hin zu einer *corporate hegemony* bewegt.

Bouldings Machtkonzeption ist im Vergleich mit der Galbraiths von ihrer Anlage her, in Lukes' Begriffen ausgedrückt, stärker konsensuell als konfligierend ausgerichtet. Boulding legt den Schwerpunkt darauf, wie durch integratives Handeln kommunikative Macht in Gruppen und Organisationen aufgebaut wird, während Galbraith sich vornehmlich damit befaßt, wie die so aufgebaute kommunikative Macht (direkte konditionierende Macht in Galbraiths Terminologie) z. B. als Gegenmacht zu hauptsächlich mit Hilfe anderer Machtquellen erzeugter konditionierender Macht genutzt wird. Bouldings integrative Macht, die insgesamt dem sehr ähnlich ist, was Habermas unter kommunikativem Handeln versteht (vgl. Teil 2.5), erklärt also sehr genau, was in der konsensuellen Phase direkter konditionierender Macht vor sich geht, bevor sie in der folgenden konfligierenden Phase gegen Dritte eingesetzt wird. Integrative Macht basiert auf einer Haltung, deren Stärke und Ausformung sich in einer Skala der emotionalen Verbundenheit abbilden läßt, die man aus den verstreuten Äußerungen Bouldings konstruieren kann. Diese Skala hat als Stufen ansteigender Emotionalität:

- Reziprozität

- gegenseitiger Respekt

- gegenseitige Lernbereitschaft

- gegenseitige Sympathie

- gegenseitige Liebe

Die von Hirschman entdeckten und systematisierten rhetorischen Figuren zeigen, wie direkte Konditionierung sprachlich umgesetzt wird. Sie sind eindeutig Ausformungen konfligierender direkter Konditionierung, denn sie gehen im Gegensatz zu konsensueller direkter Konditionierung (bzw. integrativer Macht in Bouldings Terminologie) nicht von einer offenen, zugewandten, sondern von einer Haltung systematischer Voreingenommenheit bzw. Unversöhnlichkeit aus. Obwohl Hirschmans rhetorische Muster nicht verdeckt im Konflikt angewandt werden und im Diskurs auch als sprachvermitteltes Machthandeln entlarvt und dadurch zumindest entschärft werden können, so haben sie auch eine Verbindung zur indirekten Konditionierung, denn wenn sie unbewußt bleiben, verdanken sie ihre Wirkung den im Wertrahmen verankerten Mythen und Grundschemata einer Gesellschaft.

In einer Tabelle können die Elemente der institutionellen Beiträge zu einer Konzeption sprachvermittelter Macht wie folgt in Beziehung gesetzt werden:

Tabelle 5: Begriffe sprachvermittelter Macht im Institutionalismus		
Machtformen	**direkte Konditionierung** (1. und 2. Dimension)	**indirekte Konditionierung** (3. Dimension)
konfligierend	Hirschmans rhetorische Figuren	Duggers Umwertungsprozesse
konsensuell	Bouldings integrative Macht	

7 Ein Modell sprachvermittelten Machthandelns

Die Produktivität von Sprache bei der Integration von Werten, der Koordination ökonomischer Handlungen und nicht zuletzt der kreativen Suche nach neuen Lösungen für ökonomische Probleme entfaltet sich, wenn sie konsensuell (also im Sinne von Habermas' *kommunikativem Handeln*) verwendet wird und auch im Diskussionsprozeß bei diesem konsensuellen Gebrauch verbleibt. Diese Produktivität kann aber auch gegen Widerstände, wie z. B. den konfligierenden Gebrauch von Sprache, erhalten bleiben.

Der konsensuelle Gebrauch der Sprache *überzeugt* die GesprächspartnerIn-
nen, d. h. er führt zu einer rational[127]-emotionalen[128] Einsicht. McCloskeys
persuasion, das die Bedeutung von *überreden* hat, verweist bereits auf eine
einfache strategische Variante des konfligierenden Gebrauchs von Sprache.

Auch wenn es Hirschman darum geht, die Produktivität von Sprache zur
Behebung ökonomischer Mißstände (wie z. B. *slack*, übersetzt: Schlamperei,
vgl. Hirschman, 1970) herauszuarbeiten, so hat *Voice* nicht allein den Charakter rational vorgetragener Argumente, sondern auch den des sprachlichen
Machthandelns, indem z. B. die Wirkung der Argumente von Hirschman
von den dahinter stehenden Machtressourcen abhängig gemacht wird (vgl.
Hirschman, 1970: 40) und *Voice* auch die Entfaltung öffentlichen Drucks bezeichnet (z. B. als Boykott in Verbindung mit Exit, vgl. Hirschman, 1970:
86). Durchsetzungs- und verständigungsorientierten Gebrauch von Sprache
unterscheidet Hirschman erst klar in seiner theoretischen Konzeption rheto-
rischer Figuren (vgl. Hirschman, 1995b: 178f).

Bei Boulding und den VertreterInnen der praktischen Sozialökonomie (Ulrich und Biesecker) geht die Produktivität von Sprache eindeutig auf ihren konsensuellen (versöhnenden bzw. verständigungsorientierten) Gebrauch
zurück. Insbesondere von der praktischen Sozialökonomie wird Machthandeln im Diskurs als strategisches Handeln betrachtet und sprachvermitteltes
Machthandeln als Drohung oder Versprechen interpretiert, das an andere
Machtressourcen und nicht allein an Sprache gebunden bleibt. Grundsätz-

---

[127]Bei Habermas, vgl. Teil 2.5.

[128]Bei Boulding, vgl. insbesondere Teil 6.5.3.

lich rein sprachvermitteltes Machthandeln, wie Lobbying oder das Erzeugen öffentlichen Drucks, das auch im Übergang des konsensuellen kommunikativen Handelns in dann konfligierende kommunikative Macht bestehen kann, ist innerhalb der Konzeption der praktischen Sozialökonomie nicht systematisch kategorisiert. Diese theoretische Lücke schließt diese Arbeit, indem sie eine Antwort auf die Frage gibt, wie sprachvermitteltes Machthandeln handlungstheoretisch konzipiert werden kann.

Einen Hinweis auf die in der Praxis verschwimmenden Grenzen zwischen kommunikativem Handeln und sprachvermitteltem Machthandeln liefert z. B. die Charakterisierung der Teilnehmenden am Neusser Mediationsverfahren durch die Forschungsgruppe des Berliner Wissenschaftszentrums als *diskursive Lobbyisten* (vgl. Teil 3.2.5).

Eine sinnvolle handlungstheoretische Kategorisierung sprachvermittelten Mach handelns und mögliche Konzeption des Verhältnisses zum kommunikativen Handeln bietet die Verbindung Habermasscher und neoinstitutionalistischer Begriffe. Im Rahmen der neoinstitutionalistischen Theorie liegt der wesentliche Unterschied zwischen Galbraiths und Bouldings Konzeption auf der Ebene von Galbraiths konditionierender und Bouldings integrativer Macht. Während konditionierende Macht bei Galbraith in erster Linie ein Mittel der Durchsetzung im Konflikt ist, ist Bouldings integrative Macht bewußt auf Liebe und Loyalität aufgebaut und hat mehr Parallelen mit Habermas' kommunikativem Handeln, was sich z. B. an folgenden Textstellen aus Bouldings *Three Faces of Power* verdeutlichen läßt (vgl. auch Teil 2.5):

The genetic factor fundamentally consists of knowledge, know-how, information, and the capacity for communication. These underlie all forms of power and they are particularly important in integrative power, which is mainly a matter of communication (Boulding, 1990: 32).

Integrative power often rests on the ability to create images of the future and to persuade other people that these are valid (Boulding, 1990: 122).

Auch wenn Bouldings integrative Macht und Habermas' kommunikatives Handeln beide den konsensuellen Gebrauch der Sprache bezeichnen, so gibt es doch eine entscheidende Nuance in der Haltung, die sie dafür als notwendig erachten. Während bei Boulding die Betonung auf dem Einfühlen bzw. der emotionalen Bindung liegt, geht Habermas von einer rationalen Bereitschaft aus, Verständnis für die Belange des Gegenüber aufzubringen, ungeachtet irgendeiner emotionalen Beziehung[129].

---

[129]Hans Joas schreibt deshalb in einem Vergleich der Gedanken Habermas' und Deweys von der *schwachen Kraft rationaler Motivation* bei ersterem und führt aus: „Während bei Dewey dem Gespräch — nicht der rationalen Argumentation als solcher — das Potential einer Erfahrung der Selbsttranszendenz zugesprochen wurde, aus dem eine affektive Bindung an den Gesprächspartner und an die Möglichkeit des Miteinandersprechens als eines Werts hervorgehen kann, gräbt Habermas sich diese Möglichkeit durch die immer asketischere Zuschneidung des Gesprächs auf einen argumentativen Diskurs selbst ab. Man kann zumindest nicht beides haben: Wenn der Diskurs nur eine formale Prozedur ist, kann er keine affektive Bindewirkung entfalten. Soll er diese entfalten, muß ihm mehr zugestanden werden als der rationale Austausch von Argumenten" (Joas, 1997: 285).

Duggers *invaluation processes* und Hirschmans rhetorische Figuren lassen sich, wie in Teil 6 ausführlich begründet, als detaillierte theoretische Weiterführungen von Galbraiths indirekter und direkter konditionierender Macht interpretieren. Was Hirschman als positiven Gegenentwurf zu den negativ besetzten rhetorischen Mustern beschreibt, ist im Grunde Habermas' kommunikatives Handeln (vgl. Hirschman, 1995b: 178 mit den Ausführungen in Teil 2.5).

In den Fallbeispielen tritt sowohl die auf Einverständnis und Verständigung angelegte Verwendung von Sprache und deren Überführung in kommunikative Macht (z. B. die Gründung der Gruppe der FeuchtgebietswächterInnen und deren *heißer Draht* zu einer Mitarbeiterin des *County Board of Appeals*, vgl. Teil 3.2.4) als auch nichtkonsensuelles sprachliches Machthandeln (z. B. in Form von Lobby- und Medienkampagnen) auf. Beide Formen des Einsatzes von Sprache im Interessenskonflikt werden von Galbraith als konditionierende Macht bezeichnet. Habermas' kommunikative und Bouldings integrative Macht sind in der folgenden Tabelle und der Modellskizze als spezielle (konsensuelle) Formen direkter konditionierender Macht eingeordnet, denn sie erfassen den Machtaufbau durch gemeinsames Abstimmen (Einverständnis) in einer Gruppe von Menschen, den Galbraith in der Machtquelle *Organisation* verortet. Dadurch, daß kommunikative Macht als Form direkter Konditionierung im Sinne Galbraiths ausgewiesen wird, soll verdeutlicht werden, daß es bei der Umwandlung kommunikativen Handelns in kommunikative Macht auch zum Übergang vom konsensuellen zum konfligierenden Gebrauch der Sprache kommen kann und wohl auch muß, wenn sich kommunikative Macht als Gegenmacht in der Beeinflussung Dritter (bzw. der öffentlichen Meinung) gegen andere Formen direkter Konditionierung (wie z. B. aus finanziellen Ressourcen gespeiste interessegeleitete Medienkampagnen oder Lobbying) durchsetzen soll.

Tabelle 6: Begriffe sprachvermittelten Machthandelns		
Machtformen	**direkte Konditionierung**	**indirekte Konditionierung**
konfligierend	strategisches Handeln (Drohung, Versprechen), andere Formen interessegeleiteten sprachvermittelten Machthandelns (z. B. Lobbying), Hirschmans rhetorische Figuren	Duggers Umwertungsprozesse, Habermas' strukturelle Gewalt
konsensuell	Bouldings integrative und Habermas' kommunikative Macht	

Abb. 1: Skizze des Handlungsmodells

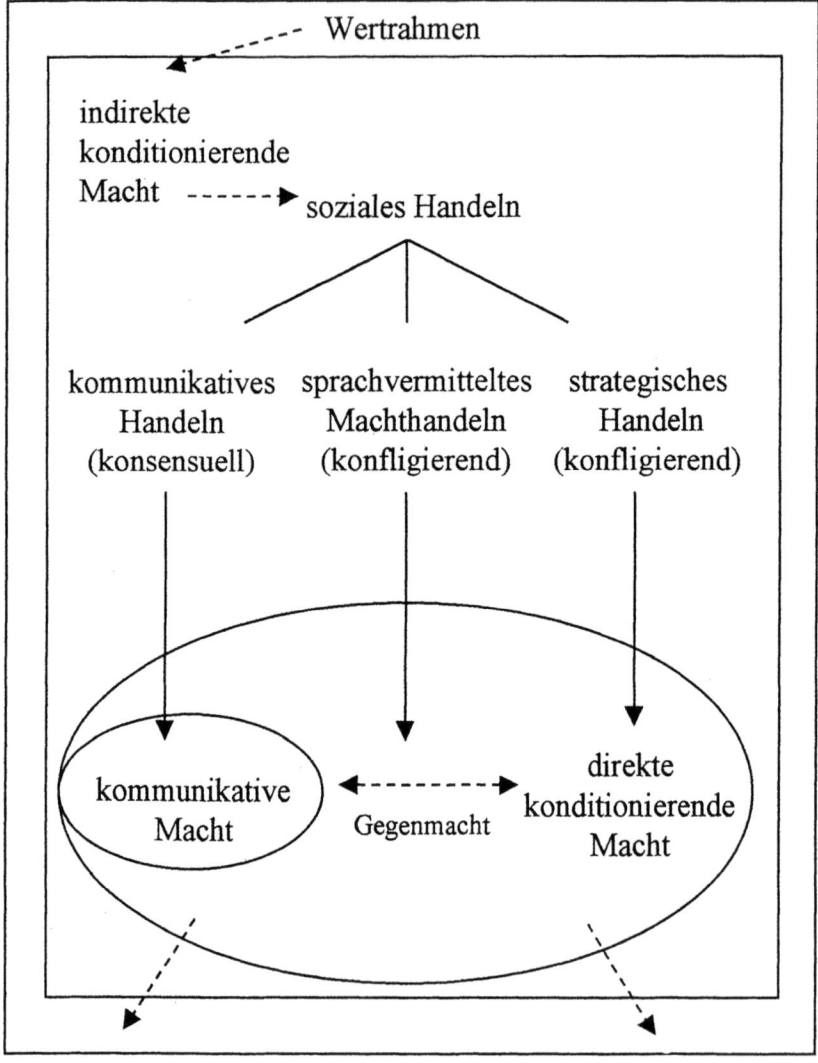

In der Skizze des Handlungsmodells für den öffentlichen Diskurs sind drei Typen sozialen Handelns voneinander unterschieden: kommunikatives, strategisches und sprachvermitteltes Machthandeln. Alle drei Handlungstypen sind über indirekte Konditionierung durch den Wertrahmen der jeweiligen Gesellschaft vorgeprägt (durchbrochene Pfeile bedeuten: *übt Einfluß aus auf*, während durchgezogene Pfeile bedeuten: *verwandelt sich in*) und können im öffentlichen Diskurs in Formen des direkten Konditionierens anderer Konfliktparteien und Dritter umgewandelt werden. Kommunikative Macht als aus kommunikativem Handeln erwachsene Spezialform konditionierender Macht kann in der öffentlichen Arena als Gegenmacht zu anderen Formen direkter Konditionierung genutzt werden. Auf lange Sicht beeinflußt die direkte Konditionierung den Wertrahmen und verändert darüber auch die Gestalt der indirekten Konditionierung.

Die Bezeichnungen *Übergang* und *Umwandlung* markieren den prozeduralen Charakter von sprachvermitteltem Machthandeln ebenso wie die indirekte Konditionierung durch einen in der einen oder anderen Richtung gewandelten Wertrahmen im Sinne von Duggers *Umwertungsprozessen*. Das Prozeßhafte, Dynamische der langsamen Veränderung von gesellschaftlichem Wertrahmen sowie Einstellungen und Werthaltungen bei den Einzelnen durch sprachvermitteltes Machthandeln stellt für die Konzeption dieses Handlungstyps einen wesentlichen Unterschied zum strategischen Handeln dar, das eher komparativ-statischen Charakter hat. In der Vorstellung strategischen Handelns folgt aus einer Situation A (Drohung/Zwang bzw. Versprechen/Belohnung) entweder eine Situation B der erwünschten Reaktion oder eine Situation C der unerwünschten Verweigerung. Mit strategischem Handeln ist also eine lineare Ziel-Mittel-Logik des Handelns gemeint, bei der die Ziele vorgegeben sind, und die Mittel diese entweder hervorbringen oder nicht. Sprachvermitteltes Machthandeln bedeutet dagegen auch, daß sich im Prozeß der Interaktion sowohl Mittel wie Ziele verändern, was am Übergang von konsensuell entstehender aber danach konfligierend einsetzbarer kommunikativer Macht deutlich wird. Auch wenn Sandner die Unterscheidung zwischen konsensuell und konfligierend nicht beachtet, so berücksichtigt sein *Verhandlungsmodell der Macht* jedoch den prozeduralen Charakter sprachvermittelten Machthandelns (vgl. Teil 6.3).

Eine nichtlinear teleologische Konzeption von Handeln ist in den pragmatistischen Wurzeln sowohl von Habermas' kommunikativem Handeln als auch den Begriffen des Institutionalismus bereits angelegt (vgl. zu Habermas' Bezug zum Pragmatismus: Joas, 1996a: 285 und ders., 1992: 187ff und zum Einfluß des Pragmatismus auf den Institutionalismus: Reuter, 1994: 72ff). Joas erfaßt die prozedurale Qualität des pragmatistischen Handlungsbegriffs, indem er von der Kreativität des Handelns spricht (vgl. Joas, 1996a: 173 und 372ff). Deweys pragmatistisches Grundmodell der prozeduralen Wandlungsfähigkeit von Zielen und Mitteln während der Handlung beschreibt Joas so:

> Dewey spricht von einer reziproken Beziehung zwischen den Handlungszielen und Handlungsmitteln. Das heißt, daß er nicht von klaren Zielen des Handelns als Regelfall ausgeht, auf die sich dann die Mittelwahl bloß noch auszurichten hat. Vielmehr seien Handlungsziele meist relativ unbestimmt und werden erst durch die

Entscheidung über zu verwendende Mittel spezifiziert. Reziprozität von Zielen und Mitteln bedeutet also ein Wechselspiel zwischen Mittelwahl und Zielklärung. Die Dimension der Mittel ist damit nicht neutral gegenüber der Dimension der Ziele. Indem wir erkennen, daß uns bestimmte Mittel zur Verfügung stehen, stoßen wir erst auf Ziele, die uns vorher gar nicht zu Bewußtsein kamen. Mittel spezifizieren also nicht nur Ziele, sie erweitern auch den Spielraum möglicher Zielsetzung (Joas, 1996a: 227).

Ein weiteres wichtiges Merkmal des Handlungsbegriffs des Pragmatismus kommt in der Aussage von George Herbert Mead zum Ausdruck:

Wir sind, was wir sind, durch unser Verhältnis zu anderen (Mead, 1995: 430).

Für ÖkonomInnen wohl überraschend charakterisiert er gerade die ökonomische Handlung des Tausches unter der Kapitelüberschrift *Das Wesen des Mitgefühls* entlang der eben genannten Maxime:

Dieser Einsatz von Tauschmitteln ist also äußerst abstrakt. Er hängt von der Fähigkeit des Einzelnen ab, sich in die Lage des anderen zu versetzen, um erkennen zu können, daß der andere etwas braucht, das er selbst nicht benötigt, und daß das, was er selbst nicht braucht, von einem anderen benötigt wird. Der ganze Prozeß hängt von der Identifikation der eigenen Identität mit dem anderen ab. Er kann nicht bei jenen Wesen ablaufen, die nicht die

Fähigkeit haben, die eigene Identität an die Stelle des anderen zu setzen; dazu ist Kommunikation mit Hilfe eines Systems von Gesten notwendig, die die Sprache ausmachen (Mead, 1995: 350).

Eine pragmatistische Sicht auf sprachvermitteltes Machthandeln betont den fließenden Übergang von verständigungsorientiertem zu interessegeleitetem Handeln sowie den im Wandel begriffenen Wertrahmen, der solches Handeln indirekt konditioniert. Das Hervorheben dieser Merkmale in der Konzeption sprachvermittelten Machthandelns soll allerdings nicht die Differenz strategisch/kommunikativ verwischen oder für unwichtig erklären (vgl. Joas, 1996a: 156). Es muß vielmehr auch in der weiteren Entwicklung einer ökonomischen Handlungstheorie darum gehen, diese mit dem Ziel zu entwickeln, der komplexen Wirklichkeit besser gerecht zu werden.

Im Verlauf dieser Arbeit sind Fragen offen geblieben. Wie läßt sich beispielsweise theoretisch damit umgehen, daß aus pragmatistischer Perspektive nicht nur Handeln selbst ein Fluß ist, sondern auch seine Komponenten (Ziele, Mittel, Haltungen, Wertrahmen) sich im Fluß befinden, wenn auch in unterschiedlichen zeitlichen Dimensionen. Der Institutionalismus hält darauf einige Antworten bereit, sind diese aber immer überzeugend, lassen sie sich weiterentwickeln?

Wie lassen sich die von Boulding betonten, Handlungen vorausgehenden, begleitenden und nachfolgenden Emotionen theoretisch fassen? Auch darauf versucht die ökonomische Theorie zu antworten, doch stellt sich hier die Frage, ob nicht alternative Konzepte denkbar sind?

Kann die von Hirschman und Boulding begonnene Diskussion des Verhältnisses von Exit und Voice bzw. der Bedeutung von sprachlicher Koordination auf Märkten weiterentwickelt werden?

All dies sind Fragen, die mich auch in meiner zukünftigen wissenschaftlichen Arbeit beschäftigen werden.

Literatur

[1] Agarwal, Bina: *„Bargaining" and Gender Relations — Within and Beyond the Household*, in: *Journal of Feminist Economics*, Vol. 3, No. 1, 1997: 1-51.

[2] Agarwal, Bina: *Gender, Property, and Land Rights — Bridging a critical gap in economic analysis and policy*, in: Kuiper, Edith und Sap, Jolande (Hg.): *Out of the Margin — Feminist Perspectives on Economics*, Routledge, London und New York 1995: 264-294.

[3] Agarwal, Bina: *Neither Sustenance Nor Sustainability — Agricultural Strategies, Ecological Degradation, and Indian Women in Poverty*, in: dies. (Hg.): *Structures of Patriarchy — The State, the Community, and the Household*, Zed, London und New Jersey 1990: 83-120.

[4] Albert, Hans: *The Neglect of Sociology in Economic Science*, in: Rothschild, Kurt W. (Hg.): *Power in Economics — Selected Readings*, Penguin, Harmondsworth u. a. 1971: 21-35.

[5] Albert, Hans: *Der Gesetzesbegriff im ökonomischen Denken*, in: Schneider, Hans K. und Watrin, Christian (Hg.): *Macht und ökonomisches Gesetz*, Duncker und Humblot, Berlin 1973: 129-161.

[6] Alexander, Jeffrey: *Habermas' neue Kritische Theorie — Anspruch und Probleme*, in: Honneth, Axel und Joas, Hans (Hg.): *Kommunikatives Handeln — Beiträge zu Jürgen Habermas' „Theorie des kommunikativen Handelns"*, Suhrkamp, Frankfurt a. M. 1986: 73-109.

[7] Apel, Karl-Otto: *Diskursethik als Verantwortungsethik und das Problem der ökonomischen Rationalität*, in: Biervert, Bernd; Held, Klaus und Wieland, Josef (Hg.): *Sozialphilosophische Grundlagen ökonomischen Handelns*, Suhrkamp, Frankfurt a. M. 1992: 121-154.

[8] Arendt, Hannah: *Macht und Gewalt*, Piper, München und Zürich [1970]1994.

[9] Arnason, Johann P.: *Die Moderne als Projekt und Spannungsfeld*, in: Honneth, Axel und Joas, Hans (Hg.): *Kommunikatives Handeln – Beiträge zu Jürgen Habermas' „Theorie des kommunikativen Handelns"*, Suhrkamp, Frankfurt a. M. 1986: 278-326.

[10] Arndt, Helmut: *Lehrbuch der Wirtschaftsentwicklung — Die Evolutorische Wirtschaftstheorie in ihrer Bedeutung für die Wirtschafts- und Finanzpolitik*, Duncker und Humblot, Berlin 1994.

[11] Austin, John L.: *How to Do Things with Words*, Harvard University Press, Cambridge MA 1969.

[12] Barber, Benjamin: *Starke Demokratie — Über die Teilhabe am Politischen*, Rotbuch, Hamburg [1984]1994.

[13] Bartlett, Randall: *Power (I)* in: Hodgson, Geoffrey M.; Samuels, Warren J. und Tool, Marc R. (Hg.): *The Elgar Companion to Institutional and Evolutionary Economics*, Bd. 2, Edward Elgar, Hants 1994: 169-173.

[14] Bartlett, Randall: *Economics and Power — An Inquiry into Human Relations and Markets*, Cambridge University Press, Cambridge UK u. a. 1989.

[15] Becker, Michael: *Die Eigensinnigkeit des Politischen — Hannah Arendt über Macht und Herrschaft*, in: Imbusch, Peter (Hg.): *Macht und Herrschaft — Sozialwissenschaftliche Konzeptionen und Theorien*, Leske und Budrich, Opladen 1998: 167-181.

[16] Benhabib, Seyla: *Ein deliberatives Modell demokratischer Legitimität*, in: *Deutsche Zeitschrift für Philosophie*, Vol. 43, Nr. 1, 1995: 3-29.

[17] Bellah, Robert N.; Madsen, Richard; Sullivan, William M.; Swidler, Ann und Tipton, Steven M.: *Habits of the Heart — Individualism and Commitment in American Life*, Harper and Row, New York u. a. 1985.

[18] Berger, Johannes: *Die Versprachlichung des Sakralen und die Entsprachlichung der Ökonomie*, in: Honneth, Axel und Joas, Hans (Hg.): *Kommunikatives Handeln — Beiträge zu Jürgen Habermas' „Theorie des kommunikativen Handelns"*, Suhrkamp, Frankfurt a. M. 1986: 255-277.

[19] Bernstein, Richard J.: *The Retrieval of the Democratic Ethos*, in: *Cardozo Law Review*, Vol. 17, No. 4-5, March 1996: 1127-1146.

[20] Biesecker, Adelheid: *The Market as an Instituted Realm of Action*, in: *Journal of Socio-Economics*, Vol. 26, No. 3, 1997: 215-241.

[21] Biesecker, Adelheid: *Power and Discourse: Some Theoretical Remarks and Empirical Observations*, in: Biesecker, Adelheid; Elsner, Wolfram; Grenzdörffer, Klaus und Heide, Holger (Hg.): *Bremer Diskussionspapiere zur Institutionellen Ökonomie und Sozialökonomie*, Nr. 14, Universität Bremen, Bremen 1996.

[22] Biesecker, Adelheid: *Kooperation, Netzwerk, Selbstorganisation — Prinzipien für eine faire und vorsorgende Ökonomie*, in: Biesecker, Adelheid und Grenzdörffer, Klaus (Hg.): *Kooperation, Netzwerk, Selbstorganisation — Elemente demokratischen Wirtschaftens*, Centaurus, Pfaffenweiler 1996a: 9-21.

[23] Biesecker, Adelheid: *Lebensweltliche Elemente der Ökonomie und Schlußfolgerungen für eine moderne Ordnungsethik*, in: IWE, Institut für Wirtschaftsethik der Hochschule St. Gallen (Hg.): *St. Galler Beiträge zur Wirtschaftsethik*, Nr. 61, Februar 1994.

[24] Biesecker, Adelheid: *Familienökonomie als Interferenz — eine sozialökonomische Theorie des Handelns*, in: Biesecker, Adelheid und Grenzdörffer, Klaus (Hg.): *Ökonomie als Raum sozialen Handelns*, Donat, Bremen 1994a: 70-91.

[25] Biesecker, Adelheid: *Habermas und die ökonomische Wissenschaft — Überlegungen zur lebensweltlichen Orientierung der Wirtschaftstheorie*, Institut Ökonomie und Soziales Handeln, Diskussionsbeiträge 1, Universität Bremen, Bremen 1992.

[26] Blackburn, Walton J. und Bruce, Willa Marie (Hg.): *Mediating Environmental Conflicts — Theory and Practice*, Quorum, Westport und London 1995.

[27] Blau, Francine D. und Ferber, Marianne A.: *The Economics of Women, Men, and Work*, Prentice-Hall, New Jersey 1986.

[28] Bohnet, Iris und Frey, Bruno S.: *Ist Reden Silber und Schweigen Gold? — Eine ökonomische Analyse*, in: *Zeitschrift für Wirtschafts- und Sozialwissenschaften* 2, 1995: 169-209.

[29] Bohnet, Iris und Frey, Bruno S.: *Direct-Democratic Rules — The Role of Discussion*, in: *KYKLOS*, Vol. 47, Fasc. 3, 1994: 341-354.

[30] Boulding, Kenneth E.: *Three Faces of Power*, Sage, Newbury Park u. a. 1990.

[31] Boulding, Kenneth E.: *The Role of Conflict in the Dynamics of Society*, in: ders. (Hg.): *Towards a New Economics — Critical Essays on Ecology, Distribution, and Other Themes*, Edward Elgar, Hants [1986]1992: 190-197.

[32] Boulding, Kenneth E.: *A Preface to Grants Ecomomics — The Economy of Love and Fear*, Praeger, New York 1981.

[33] Boulding, Kenneth E.: *The Communication of Legitimacy*, in: ders. (Hg.): *Collected Papers — Toward a General Social Science*, Vol. 4, Colorado Associated University Press, Boulder 1974: 239-243.

[34] Boulding, Kenneth E.: *The Role of Legitimacy in the Dynamics of Society*, in: ders. (Hg.): *Collected Papers — Toward a General Social Science*, Vol. 4, Colorado Associated University Press, Boulder 1974a: 511-523.

[35] Boulding, Kenneth E.: *Conflict and Defense — A General Theory*, University Press of America, Lanham u. a. 1962.

[36] Bourdieu, Pierre: *An Antinomy in the Notion of Collective Protest*, in: Foxley, Alejandro; McPherson, Michael S. und O'Donnell, Guillermo (Hg.): *Development, Democracy, and the Art of Trespassing — Essays in Honor of Albert O. Hirschman*, University of Notre Dame Press, Notre Dame 1986: 301-302.

[37] Bourdieu, Pierre: *Was heißt sprechen? — Die Ökonomie des sprachlichen Tauschs*, Wilhelm Braumüller, Wien [1982]1990.

[38] Bowles, Samuel und Gintis, Herbert: *Power in Economic Theory*, in: Arestis, Philip und Sawyer, Malcolm (Hg.): *The Elgar Companion to Radical Political Economy*, Edward Elgar, Hants 1994: 300-305.

[39] Bowles, Samuel und Gintis, Herbert: *Umkämpfter Tausch — Eine neue Mikrofundierung der politischen Ökonomie des Kapitalismus*, in: *Prokla*, 81, 20. Jg., 1990: 8-65.

[40] Bowles, Samuel und Gintis, Herbert: *Democracy and Capitalism — Property, Community, and the Contradictions of Modern Social Thought*, Routledge and Kegan Paul, London 1986.

[41] Caporaso, James A. und Levine, David P.: *Theories of Political Economy*, Cambridge University Press, Cambridge UK 1992.

[42] Claus, Frank: *Mediationsverfahren in der umweltpolitischen Praxis der Bundesrepublik Deutschland*, Ms. eines Vortrags, gehalten auf dem achten Mainzer Umweltsymposium, Mainz 1997.

[43] Claus, Frank und Wiedemann, Peter M. (Hg.): *Umweltkonflikte — Vermittlungsverfahren zu ihrer Lösung*, Eberhard Blottner, Taunusstein 1994.

[44] Clegg, Stewart R.: *Frameworks of Power*, Sage, London u. a. 1989.

[45] Dawes, Robyn M.; van de Kragt, Alphons J. C. und Orbell, John M.: *Cooperation for the Benefit of Us — Not Me, or My Conscience*, in: Mansbridge, Jane J. (Hg.): *Beyond Self-Interest*, The University of Chicago Press, Chicago und London 1990: 97-110.

[46] Dienel, Peter C.:*Die Planungszelle*, Westdeutscher Verlag, Opladen 1978.

[47] Doeringer, Peter B. und Piore, Michael J.: *Internal Labor Markets and Manpower Analysis*, D. C. Heath, Boston 1971.

[48] Duggan, Lynn: *Restacking the Deck — Family Policy and Women's Fall-Back Position in Germany Before and After Unification*, in: Journal of Feminist Economics, Vol. 1, No. 1, 1995: 175-194.

[49] Dugger, William M.: *Corporate Hegemony*, Greenwood, New York u. a. 1989.

[50] Dugger, William M.: *Corporate Power and Economic Performance*, in: Peterson, Wallace C. (Hg.): *Market Power and the Economy*, Kluwer, Boston u. a. 1988: 83-108.

[51] Dugger, William M.: *Institutional Analysis of Corporate Power*, in: Tool, Marc R. und Samuels, Warren J. (Hg.): *The Economy as a System of Power*, Transaction, New Brunswick und Oxford [1988]1989a: 211-244.

[52] Dugger, William M.: *Power — An Institutional Framework of Analysis*, in: Tool, Marc R. und Samuels, Warren J. (Hg.): *The Economy as a System of Power*, Transaction, New Brunswick und Oxford [1980]1989b: 133-146.

[53] Edwards, Richard: *Contested Terrain*, in: Putterman, Louis (Hg.): *The Economic Nature of the Firm — A Reader*, Cambridge University Press, Cambridge UK u. a. [1979]1986: 279-291.

[54] Eley, Geoff: *Nations, Publics, and Political Cultures — Placing Habermas in the Nineteenth Century*, in: Calhoun, Craig (Hg.): *Habermas and the Public Sphere*, The MIT Press, Cambridge MA und London 1992: 289-339.

[55] Elster, Jon: *Arguing and Bargaining in Two Constituent Assemblies*, The Storr Lectures, Yale Law School, Ms. 1991; oder in Italienisch: ders.: *Argomentare e negoziare*, Anabasi, Milano 1993.

[56] England, Paula: *The Separative Self — Androcentric Bias in Neoclassical Assumptions*, in: Ferber, Marianne A. und Nelson, Julie A. (Hg.): *Beyond Economic Man — Feminist Theory and Economics*, The University of Chicago Press, Chicago und London 1993: 37-53.

[57] Etzioni, Amitai: *The Moral Dimension — Toward a New Economics*, Free Press, New York, Collier Macmillan, London 1990.

[58] Farrell, Joseph: *Talk is Cheap*, in: *American Economic Review (Papers and Proceedings)*, 85(2), 1995: 186-190.

[59] Ferber, Marianne A. und Nelson, Julie A. (Hg.): *Beyond Economic Man — Feminist Theory and Economics*, The University of Chicago Press, Chicago und London 1993.

[60] Festinger, Leon u. a.: *Conflict, Decision and Dissonance*, Stanford University Press, Stanford 1964.

[61] Fietkau, Hans-Joachim und Weidner, Helmut: *Mediationsverfahren im Kreis Neuss*, in: Claus, Frank und Wiedemann, Peter M. (Hg.): *Umweltkonflikte — Vermittlungsverfahren zu ihrer Lösung*, Eberhard Blottner, Taunusstein 1994: 99-118.

[62] Fraser, Nancy: *Öffentlichkeit neu denken — Ein Beitrag zur Kritik real existierender Demokratie*, in: Scheich, Elvira (Hg.): *Vermittelte Weiblichkeit — feministische Wissenschafts- und Gesellschaftstheorie*, Hamburger Edition HIS, Hamburg 1996: 151-182.

[63] Freeman, R. Edward: *Strategic Management — A Stakeholder Approach*, Pitman, Boston 1984.

[64] Frey, Bruno S. und Bohnet, Iris: *Identification in Democratic Society*, in: *Journal of Socio-Economics*, Vol. 26, No. 1, 1997: 25-38.

[65] Frey, Bruno S. und Bohnet, Iris: *Institutions Affect Fairness — Experimental Investigations*, in: *Journal of Institutional and Theoretical Economics (JITE), Zeitschrift für die gesamte Staatswissenschaft*, 151/2, 1995: 286-303.

[66] Friedman, Milton: *Capitalism and Freedom*, University of Chicago Press, Chicago 1962.

[67] Galbraith, John Kenneth: *A Look Back — Affirmation and Error*, in: *Journal of Economic Issues*, Vol. 23, No. 2, June 1989: 413- 416.

[68] Galbraith, John Kenneth: *The Anatomy of Power*, Houghton Mifflin, Boston 1983.

[69] Galbraith, John Kenneth: *American Capitalism — The Concept of Countervailing Power*, Houghton Mifflin, Boston 1952.

[70] Gerhards, Jürgen: *Diskursive versus liberale Öffentlichkeit — Eine empirische Auseinandersetzung mit Jürgen Habermas*, in: *Kölner Zeitschrift für Soziologie und Sozialpsychologie*, Nr. 1, 49. Jg., März 1997: 1-34.

[71] Giddens, Anthony: *„Macht“ in den Schriften Talcott Parsons*, in: Imbusch, Peter (Hg.): *Macht und Herrschaft — Sozialwissenschaftliche*

Konzeptionen und Theorien, Leske und Budrich, Opladen 1998: 131-147.

[72] Gilligan, Carol: *Exit-Voice Dilemmas in Adolescent Development*, in: Foxley, Alejandro; McPherson, Michael S. und O'Donnell, Guillermo (Hg.): *Development, Democracy, and the Art of Trespassing — Essays in Honor of Albert O. Hirschman*, University of Notre Dame Press, Notre Dame 1986: 283-300.

[73] Gordon, David M.: *Who Bosses Whom? — The Intensity of Supervision and the Discipline of Labor*, Ms., New School for Social Research, New York 1990, eine Kurzfassung erschien in: *American Economic Review, (Papers and Proceedings)*, Vol. 80, No. 2, May 1990: 28-32.

[74] Gordon, David M., Edwards, Richard und Reich, Michael: *Segmented Work, Divided Workers — The Historical Transformation of Labor in the United States*, Cambridge University Press, Cambridge UK 1982.

[75] Gould, Kenneth A.; Schnaiberg, Allan und Weinberg, Adam S.: *Social Environmental Struggles — Citizen Activism in the Treadmill of Production*, Cambridge University Press, Cambridge UK 1996.

[76] Habermas, Jürgen: *Vom Kampf der Glaubensmächte — Karl Jaspers zum Konflikt der Kulturen*, in: ders. (Hg.): *Vom sinnlichen Eindruck zum symbolischen Ausdruck — philosophische Essays*, Suhrkamp, Frankfurt a. M. 1997: 41-58.

[77] Habermas, Jürgen: *Sprechakttheoretische Erläuterungen zum Begriff der kommunikativen Rationalität*, in: *Zeitschrift für philosophische Forschung*, 50, 1996: 65-91.

[78] Habermas, Jürgen: *Replik auf Beiträge zu einem Symposion der Cardozo Law School*, in: ders. (Hg.): *Die Einbeziehung des Anderen — Studien zur politischen Theorie*, Suhrkamp, Frankfurt a. M. [1996]1997a: 309-398.

[79] Habermas, Jürgen: *Faktizität und Geltung — Beiträge zur Diskurstheorie des Rechts und des demokratischen Rechtsstaats*, Suhrkamp, Frankfurt a. M. [1992]1997b.

[80] Habermas, Jürgen: *Drei normative Modelle der Demokratie*, in: ders. (Hg.): *Die Einbeziehung des Anderen — Studien zur politischen Theorie*, Suhrkamp, Frankfurt a. M. [1992]1997c: 277-292.

[81] Habermas, Jürgen: *Entgegnung*, in: Honneth, Axel und Joas, Hans (Hg.): *Kommunikatives Handeln — Beiträge zu Jürgen Habermas' „Theorie des kommunikativen Handelns"*, Suhrkamp, Frankfurt a. M. 1986: 327-405.

[82] Habermas, Jürgen: *Erläuterungen zum Begriff des kommunikativen Handelns*, in: ders. (Hg.): *Vorstudien und Ergänzungen zur Theorie des kommunikativen Handelns*, Suhrkamp, Frankfurt a. M. [1982]1984: 571-606.

261

[83] Habermas, Jürgen: *Moralbewußtsein und kommunikatives Handeln*, Suhrkamp, Frankfurt a. M. 1983.

[84] Habermas, Jürgen: *Theorie des kommunikativen Handelns*, 2 Bde., Suhrkamp, Frankfurt a. M. [1981]1995.

[85] Habermas, Jürgen: *Replik auf Einwände*, in: ders. (Hg.): *Vorstudien und Ergänzungen zur Theorie des kommunikativen Handelns*, Suhrkamp, Frankfurt a. M. [1980]1984a: 475-570.

[86] Habermas, Jürgen: *Hannah Arendt's Communications Concept of Power*, in: Lukes, Steven (Hg.): *Power*, Blackwell, Oxford und Cambridge MA [1977]1994: 75-93.

[87] Habermas, Jürgen: *Strukturwandel der Öffentlichkeit — Untersuchungen zu einer Kategorie der bürgerlichen Gesellschaft*, Suhrkamp, Frankfurt a. M. [1962]1991.

[88] Hayek, Friedrich A.: *The Constitution of Liberty*, University of Chicago Press, Chicago 1960.

[89] Heath, Julia A.: *Non-Employed Women, Marriage and the Sisyphus Syndrom*, in: *Journal of Economic Issues*, Vol. 24, No. 1, March 1990: 103-114.

[90] Heath, Julia A. und Ciscel, David H.: *Patriarchy, Family Structure and the Exploitation of Women's Labor*, in: *Journal of Economic Issues*, Vol. 22, No. 3, September 1988: 781-794.

[91] Heilbroner, Robert: *Economics without Power*, in: *New York Review of Books*, March 3, 1988: 23-25.

[92] Hirschman, Albert O.: *Social Conflicts as Pillars of Democratic Market Societies*, in: ders. (Hg.): *A Propensity to Self-Subversion*, Harvard University Press, Cambridge MA und London [1994]1995: 231-248.

[93] Hirschman, Albert O.: *Exit, Voice, and the Fate of the German Democratic Republic*, in: ders. (Hg.): *A Propensity to Self-Subversion*, Harvard University Press, Cambridge MA und London [1993]1995a: 9-44.

[94] Hirschman, Albert O.: *Die Rhetorik der Reaktion — Zwei Jahre danach*, in: *Deutsche Zeitschrift für Philosophie*, Bd. 41, Nr. 6, Berlin 1993a: 959-978.

[95] Hirschman, Albert O.: *Denken gegen die Zukunft — Die Rhetorik der Reaktion*, Fischer, Frankfurt a. M. [1991]1995b.

[96] Hirschman, Albert O.: *Opinionated Opinions and Democracy*, in: ders. (Hg.): *A Propensity to Self-Subversion*, Harvard University Press, Cambridge MA und London [1989]1995c: 77-84.

[97] Hirschman, Albert O.: *„Abwanderung und Widerspruch" — Weitere Anwendungsfelder*, in: ders. (Hg.): *Entwicklung, Markt und Moral — Abweichende Betrachtungen*, Fischer, Frankfurt a. M. [1986]1993: 168-191.

[98] Hirschman, Albert O.: *Engagement und Enttäuschung — Über das Schwanken der Bürger zwischen Privatwohl und Gemeinwohl*, Suhrkamp, Frankfurt a. M. [1982]1988.

[99] Hirschman, Albert O.: *Leidenschaften und Interessen — Politische Begründungen des Kapitalismus vor seinem Sieg*, Suhrkamp, Frankfurt a. M. [1977]1987.

[100] Hirschman, Albert O.: *Exit and Voice — Some Further Distinctions*, in: ders. (Hg.): *Essays in Trespassing — Economics to Politics and Beyond*, Cambridge University Press, Cambridge UK u. a.[1976]1981: 236-245.

[101] Hirschman, Albert O.: *Exit, Voice, and Loyalty — Further Reflections and a Survey of Recent Contributions*, in: ders. (Hg.): *Essays in Trespassing — Economics to Politics and Beyond*, Cambridge University Press, Cambridge UK u. a. [1974]1981a: 213-235.

[102] Hirschman, Albert O.: *Exit, Voice, and Loyality — Responses to Decline in Firms, Organizations, and States*, Harvard University Press, Cambridge MA und London 1970.

[103] Honneth, Axel: *Kritik der Macht — Reflexionsstufen einer kritischen Gesellschaftstheorie*, Suhrkamp, Frankfurt a. M. 1985.

[104] Horster, Detlef: *Habermas zur Einführung*, Junius, Hamburg 1990.

[105] Humphries, Jane: *Gender and Economics*, Edward Elgar, Hants 1995.

[106] Hunter, A.: *Countervailing Power?*, in: Rothschild, Kurt W. (Hg.): *Power in Economics — Selected Readings*, Penguin, Harmondsworth u. a. 1971: 255-274.

[107] Imbusch, Peter: *Macht und Herrschaft in der Diskussion*, in: ders. (Hg.): *Macht und Herrschaft — Sozialwissenschaftliche Konzeptionen und Theorien*, Leske und Budrich, Opladen 1998: 9-26.

[108] Jacobsen, Joyce P.: *The Economics of Gender*, Blackwell, Cambridge MA 1994.

[109] Jameson, Kenneth P. und Wilber, Charles K.: *Hirschman, Albert O.*, in: Hodgson, Geoffrey M.; Samuels, Warren J. und Tool, Marc R. (Hg.): *The Elgar Companion to Institutional and Evolutionary Economics*, Bd.1, Edward Elgar, Hants 1994: 323-328.

[110] Jennings, Ann und Waller, William: *Culture — Core Concept Reaffirmed*, in: *Journal of Economic Issues*, Vol. 29, No. 2, June 1995: 407-418.

[111] Jennings, Ann: *Feminism*, in: Hodgson, Geoffrey M.; Samuels, Warren J. und Tool, Marc R. (Hg.): *The Elgar Companion to Institutional and Evolutionary Economics*, Bd.1, Edward Elgar, Hants 1994: 225-228.

[112] Jennings, Ann und Waller, William: *Constructions of Social Hierarchy — The Family, Gender, and Power*, in: *Journal of Economic Issues*, Vol. 24, No. 2, June 1990: 623-631.

[113] Joas, Hans: *Die Entstehung der Werte*, Suhrkamp, Frankfurt a. M. 1997.

[114] Joas, Hans: *Was hält die Bundesrepublik zusammen? — Alte und neue Möglichkeiten sozialer Integration*, in: Hengsbach, Friedhelm und Möhring-Hesse, Mathias (Hg.): *Eure Armut kotzt uns an! — Solidarität in der Krise*, Fischer, Frankfurt a. M. 1996: 69-82.

[115] Joas, Hans: *Die Kreativität des Handelns*, Suhrkamp, Frankfurt a. M. 1996a.

[116] Joas, Hans: *Die unglückliche Ehe von Hermeneutik und Funktionalismus*, in: ders. (Hg.): *Pragmatismus und Gesellschaftstheorie*, Suhrkamp, Frankfurt a. M. 1992: 171-204.

[117] John, DeWitt: *Civic Environmentalism — Alternatives to Regulation in States and Communities*, Congressional Quarterly, Washington D. C. 1994.

[118] Johnson, James: *Is Talk Really Cheap? — Prompting Conversation Between Critical Theory and Rational Choice*, in: *American Political Science Review*, Vol. 87, No. 1, March 1993: 74-86.

[119] Katz, Elizabeth: *The Intra-Household Economics of Voice and Exit*, in: *Journal of Feminist Economics*, Vol. 3, No. 3, 1997: 25-46.

[120] Kirsch, Werner: *Kommunikatives Handeln, Autopoiese, Rationalität — Sondierungen zu einer evolutionären Führungslehre*, Barbara Kirsch, München 1992.

[121] Klein, Philip A.: *Power and Economic Performance — The Institutionalist View*, in: *Journal of Economic Issues*, Vol. 21, No. 3, September 1987: 1341-1377.

[122] Klein, Philip A.: *Confronting Power in Economics — A Pragmatic Evaluation*, in: *Journal of Economic Issues*, Vol. 14, No. 4, December 1980: 871-896.

[123] Köberle, Sabine; Gloede, Fritz und Hennen, Leonhard (Hg.): *Diskursive Verständigung? — Mediation und Partizipation in Technikkontroversen*, Nomos, Baden-Baden 1997.

[124] Kunneman, Harry: *Der Wahrheitstrichter — Habermas und die Postmoderne*, Campus, Frankfurt a. M. und New York 1991.

[125] Linder, Stephen H. und Peters, B. Guy: *The Two Traditions of Institutional Designing — Dialog versus Decision?*, in: Weimer, David L., (Hg.): *Institutional Design*, Kluwer, Boston u. a. 1995: 133-160.

[126] Lucas, R. E.: *Econometric Policy Evaluation — A Critique*, in: ders. (Hg.): *Studies in Business-Cycle Theory*, Blackwell, Oxford [1976]1981.

[127] Lukes, Steven: *Panoptikon — Macht und Herrschaft bei Weber, Marx, Foucault*, in: Michel, Karl Markus und Spengler, Tilman (Hg.): *Kursbuch Macht*, Nr. 70, Dezember 1982: 135-148.

[128] Lukes, Steven: *Of Gods and Demons — Habermas and Practical Reason*, in: Thompson, John B. und Held, David (Hg.): *Habermas — Critical Debates*, Macmillan, London 1982a: 134-148.

[129] Lukes, Steven: *Power — A Radical View*, Macmillan, Houndmills und London 1974.

[130] Lynch, D.: *Economic Power and Political Pressure*, in: Rothschild, Kurt W. (Hg.): *Power in Economics — Selected Readings*, Penguin, Harmondsworth u. a. 1971: 158-166.

[131] Mansbridge, Jane J.: *Feminism and Democracy*, in: *The American Prospect*, No. 1, 1990.

[132] Marglin, Stephen: *What Do Bosses Do? — The Origines and Functions of Hierarchy in Capitalist Production*, in: Putterman, Louis (Hg.): *The Economic Nature of the Firm — A Reader*, Cambridge University Press, Cambridge UK u. a. [1974]1986: 269-278.

[133] Marwell, Gerald: *Economists Free Ride — Does Anyone Else*, in: *Journal of Public Economics*, 15, 1981: 295-310.

[134] McCarthy, Thomas: *Komplexität und Demokratie — die Versuchungen der Systemtheorie*, in: Honneth, Axel und Joas, Hans (Hg.): *Kommunikatives Handeln — Beiträge zu Jürgen Habermas' „Theorie des kommunikativen Handelns"*, Suhrkamp, Frankfurt a. M. 1986: 177-215.

[135] McCloskey, Deirdre: *Love and Money — A Comment on the Markets Debate*, in: *Journal of Feminist Economics*, 2(2), 1996: 137-140.

[136] McCloskey, Donald N., (jetzt: Deirdre) und Klamer, Arjo: *One Quarter of GDP is Persuasion*, in: *American Economic Review (Papers and Proceedings)*, 85(2), 1995: 191-195.

[137] McCloskey, Donald N., (jetzt: Deirdre): *Knowledge and Persuasion in Economics*, Cambridge University Press, Cambridge UK 1994.

[138] Mead, George Herbert: *Geist, Identität und Gesellschaft*, Suhrkamp, Frankfurt a. M. [1934]1995.

[139] Necheles-Jansy, Ruth, F.: *The Mediator Revisited — Profile of a Profession, 1960s and 1985*, ILMR/Rutgers University and Scarecrow Press, Metuchen 1990.

[140] Nelson, Julie A.: *Feminism, Objectivity, and Economics*, Routledge, London und New York 1996.

[141] Nelson, Julie A.: *Economic Theory and Feminist Theory — Comments on Chapters by Polachek, Ott, and Levin*, in: Kuiper, Edith und Sap, Jolande (Hg): *Out of the Margin — Feminist Perspectives on Economics*, Routledge, London und New York 1995: 120-128.

[142] O'Hara, Phillip Anthony: *The Association for Evolutionary Economics and the Union for Radical Political Economics: General Issues of Continuity and Integration*, in: *Journal of Economic Issues*, Vol. 24, No. 1, March 1995: 137-143.

[143] Olson, Mancur: *The Logic of Collective Action*, Harvard University Press, Cambridge MA 1965.

[144] Ott, Notburga: *Fertility and Division of Work in the Family — A Game Theoretic Model of Household Decisions*, in: Kuiper, Edith und Sap,

Jolande (Hg): *Out of the Margin — Feminist Perspectives on Economics*, Routledge, London und New York 1995: 80-99.

[145] Paliginis, Eleni: *Gender and Political Economy*, in: Arestis, Philip und Sawyer, Malcolm (Hg.): *The Elgar Companion to Radical Political Economy*, Edward Elgar, Hants 1994: 167-170.

[146] Peattie, Lisa R.: *Society as Output — Exit and Voice among the Passions and Interests*, in: Rodwin, Lloyd und Schön, Donald A. (Hg.): *Rethinking the Development Experience — Essays Provoked by the Work of Albert O. Hirschman*, The Brookings Institution, Washington D. C. und The Lincoln Institute of Land Policy, Cambridge MA 1994: 118-130.

[147] Perroux, François: *Wirtschaft und Macht*, Paul Haupt, Bern und Stuttgart 1983.

[148] Perroux, François: *Macht und ökonomische Gesetzmäßigkeit*, in: Schneider, Hans K. und Watrin, Christian (Hg.): *Macht und ökonomisches Gesetz*, Duncker und Humblot, Berlin 1973: 737-754.

[149] Perroux, François: *The Domination Effect and Modern Economic Theory*, in: Rothschild, Kurt W. (Hg.): *Power in Economics — Selected Readings*, Penguin, Harmondsworth u. a. 1971: 56-73.

[150] Pfingsten, Karin und Fietkau, Hans-Joachim: *Das Neusser Mediationsverfahren aus Sicht der Beteiligten — Ergebnisdarstellung der schriftlichen Befragung*, in: Wissenschaftszentrum Berlin für Sozialforschung

(Hg.): *Schriften zu Mediationsverfahren im Umweltschutz*, Nr. 9 (FS II 95-302), Berlin 1995.

[151] Phipps, Shelley A. und Burton, Peter S.: *Social/Institutional Variables and Behavior within Households — An Empirical Test using the Luxembourg Income Study*, in: *Journal of Feminist Economics*, Vol. 1, No. 1, 1995: 151-174.

[152] Preuß, Ulrich K.: *Communicative Power and the Concept of Law*, in: *Cardozo Law Review*, Vol. 17, No. 4-5, March 1996: 1179-1192.

[153] Pusey, Michael: *Jürgen Habermas*, Ellis Horwood, Chichester und Tavistock, London 1987.

[154] Reagan, M. D.: *Business Power and Influence*, in: Rothschild, Kurt W. (Hg.): *Power in Economics — Selected Readings*, Penguin, Harmondsworth u. a. 1971: 141-157.

[155] Reese-Schäfer, Walter: *Jürgen Habermas*, Campus, Frankfurt a. M. und New York 1991.

[156] Renn, Ortwin: *Möglichkeiten und Grenzen diskursiver Verfahren bei umweltrelevanten Planungen*, in: Biesecker, Adelheid und Grenzdörffer, Klaus (Hg.): *Kooperation, Netzwerk, Selbstorganisation — Elemente demokratischen Wirtschaftens*, Centaurus, Pfaffenweiler 1996: 161-197.

[157] Renn, Ortwin und Webler, Thomas: *Der kooperative Diskurs: Grundkonzeption und Fallbeispiel*, in: *Analyse und Kritik — Zeitschrift für Sozialwissenschaften*, 18. Jg., Nr. 2, Dezember 1996: 175-207.

[158] Renn, Ortwin, Webler, Thomas und Kastenholz, Hans: *Procedural and Substantive Fairness in Landfill Siting — A Swiss Case Study*, in: *Risk, Health, Safety, and Environment*, Vol. 7, Spring 1996: 145-168.

[159] Renn, Ortwin, Webler, Thomas und Wiedemann, Peter (Hg.): *Fairness and Competence in Citizen Participation — Evaluating Models for Environmental Discourse*, Kluwer, Dordrecht u. a. 1995.

[160] Renn, Ortwin und Webler, Thomas: *Kooperation in der Umweltpolitik — Theoretische Grundlagen und Handlungsvorschläge*, in: oikos: Umweltökonomische Studenteninitiative an der HSG (Hg.): *Kooperationen für die Umwelt — Im Dialog zum Handeln*, Ruegger, Chur und Zürich 1994: 11-52.

[161] Reuter, Norbert: *Der Institutionalismus — Geschichte und Theorie der evolutionären Ökonomie*, Metropolis, Marburg 1994.

[162] Rodwin, Lloyd (Hg.): *Appendix B — Hirschman: Response and Discussion*, in: Rodwin, Lloyd und Schön, Donald A. (Hg.): *Rethinking the Development Experience — Essays Provoked by the Work of Albert O. Hirschman*, The Brookings Institution, Washington D. C. und The Lincoln Institute of Land Policy, Cambridge MA 1994: 314-321.

[163] Röttgers, Kurt: *Spuren der Macht — Begriffsgeschichte und Systematik*, Karl Alber, Freiburg und München 1990.

[164] Rolshausen, Claus: *Macht und Herrschaft*, Westfälisches Dampfboot, Münster 1997.

[165] Rothschild, Kurt W.: *Power (II)*, in: Hodgson, Geoffrey M.; Samuels, Warren J. und Tool, Marc R. (Hg.): *The Elgar Companion to Institutional and Evolutionary Economics*, Bd. 2, Edward Elgar, Hants 1994: 173-177.

[166] Rothschild, Kurt W. (Hg.): *Power in Economics — Selected Readings*, Penguin, Harmondsworth u. a. 1971.

[167] Ryan, Mary: *Gender and Public Access — Women's Politics in Nineteenth-Century America*, in: Calhoun, Craig (Hg.): *Habermas and the Public Sphere*, The MIT Press, Cambridge MA und London 1992: 259-288.

[168] Sabel, Charles F.: *Learning by Monitoring — The Institutions of Economic Development*, in: Rodwin, Lloyd und Schön, Donald A. (Hg.): *Rethinking the Development Experience — Essays Provoked by the Work of Albert O. Hirschman*, The Brookings Institution, Washington D. C. und The Lincoln Institute of Land Policy, Cambridge MA 1994: 231-274.

[169] Samuelson, Paul: *Wages and Interest — A Modern Dissection of Marxian Economics*, in: *American Economic Review*, 47, 1957: 894-905.

[170] Sandole, Denni J. D. und van der Merve, Hugo (Hg.): *Conflict Resolution Theory and Practice — Integration and Application*, Manchester University Press, Manchester und New York 1993.

[171] Schneider, Hans K. und Watrin, Christian (Hg.): *Macht und ökonomisches Gesetz*, Duncker und Humblot, Berlin 1973.

[172] Schön, Donald A.: *Hirschman's Elusive Theory of Social Learning*, in: Rodwin, Lloyd und Schön, Donald A. (Hg.): *Rethinking the Development Experience — Essays Provoked by the Work of Albert O. Hirschman*, The Brookings Institution, Washington D. C. und The Lincoln Institute of Land Policy, Cambridge MA 1994: 67-95.

[173] Scott, John (Hg.): *Power — Critical Concepts*, 3 Bde., Routledge, London und New York 1994.

[174] Seguino, Stephanie; Stevens, Thomas und Lutz, Mark A.: *Gender and Cooperative Behavior — Economic* Man *Rides Alone*, in: *Journal of Feminist Economics*, Vol. 2, No. 1, 1996: 1-21.

[175] Seiler, Hansjörg und Webler, Thomas: *Prozedurale Demokratie — Ein Beitrag zur schweizerischen Demokratiereform?*, in: *Zeitschrift für Schweizerisches Recht*, N. F., Bd. 114, Heft 2, 1995: 171-199.

[176] Seiz, Janet A.: *Bargaining Models, Feminism, and Institutionalism*, in: *Journal of Economic Issues*, Vol. 29, No. 2, June 1995: 609-618.

[177] Sen, Amartya K.: *Rational Fools — A Critique of the Behavioral Foundations of Economic Theory*, in: Mansbridge, Jane J. (Hg.): *Beyond Self-Interest*, University of Chicago Press, Chicago und London 1990: 25-43.

[178] Sonderforschungsbereich 504 (Hg.): *General Information — The Research Program of the Sonderforschungsbereich 504*, Internetseite: http://www.sfb504.uni-mannheim.de/general.htm.

[179] Stanfield, J. Ronald: *Economics, Power, and Culture — Essays in the Development of Radical Institutionalism*, Macmillan, Houndmills und London 1995.

[180] Susskind, Lawrence und Field, Patrick: *Dealing with an Angry Public — The Mutual Gains Approach to Resolving Disputes*, Free Press, New York u. a. 1996.

[181] Teubner, Gunther: *De Collisione Discursuum — Communicative Rationalities in Law, Morality, and Politics*, in: *Cardozo Law Review*, Vol. 17, No. 4-5, March 1996: 901-933.

[182] Trapp, Wolfgang: *Kleines Handbuch der Maße, Zahlen, Gewichte und der Zeitrechnung*, Reclam, Stuttgart 1992.

[183] Ulmer, M. J.: *Economic Power and Vested Interests*, in: Rothschild, Kurt W. (Hg.): *Power in Economics — Selected Readings*, Penguin, Harmondsworth u. a. 1971: 245-254.

[184] Ulrich, Peter: *Integrative Wirtschaftsethik — Grundlagen einer lebensdienlichen Ökonomie*, Paul Haupt, Bern u.a. 1997.

[185] Ulrich, Peter: *Integrative Wirtschafts- und Unternehmensethik — ein Rahmenkonzept*, in: IWE, Institut für Wirtschaftsethik der Hochschule

St. Gallen (Hg.): *St. Galler Beiträge zur Wirtschaftsethik*, Nr. 55, St. Gallen, Februar 1993.

[186] Ulrich, Peter: *Transformation der ökonomischen Vernunft — Fortschrittsperspektiven der modernen Industriegesellschaft*, Paul Haupt, Bern und Stuttgart 1987.

[187] Veblen, Thorstein B.: *Theorie der feinen Leute — Eine ökonomische Untersuchung der Institutionen*, Fischer, Frankfurt a. M. [1899]1993.

[188] Waller, William T. und Robertson, Linda R.: *The Political Economy of Consumption and Desire*, Ms. eines Vortrags, gehalten auf der Konferenz der Association for Institutional Thought in Albuquerque New Mexico am 25. April 1997, wird erscheinen in: Brown, Doug (Hg.): *Thorstein Veblen in the Twenty-First Century — A Commemoration of The Theory of the Leisure Class 1899-1999*, voraussichtlich 1999.

[189] Waller, William T. und Robertson, Linda R.: *Valuation as Discourse and Process — Or, How We Got Out of a Methodological Quagmire On Our Way to Purposeful Institutional Analysis*, in: *Journal of Economic Issues*, Vol. 25, No. 4, December 1991: 1029-1048.

[190] Waller, William und Jennings, Ann: *On the Possibility of a Feminist Economics — The Convergence of Institutional and Feminist Methodology*, in: *Journal of Economic Issues*, Vol. 24, No. 2, June 1990: 613-622.

[191] Wayand, Gerhard: *Pierre Bourdieu — Das Schweigen der Doxa aufbrechen*, in: Imbusch, Peter (Hg.): *Macht und Herrschaft — Sozialwissen-*

schaftliche Konzeptionen und Theorien, Leske und Budrich, Opladen 1998: 221-237.

[192] Weber, Max: *Wirtschaft und Gesellschaft*, J. C. B. Mohr (Paul Siebeck), Tübingen [1921]1972.

[193] Webler, Thomas: *„Right" Discourse in Citizen Participation — An Evaluative Yardstick*, in: Renn, Ortwin, Webler, Thomas und Wiedemann, Peter (Hg.): *Fairness and Competence in Citizen Participation — Evaluating Models for Environmental Discourse*, Kluwer, Dordrecht u. a. 1995: 35-86.

[194] Weidner, Helmut: *Mediation as a Policy Instrument for Resolving Environmental Disputes — With Special Reference to Germany*, in: Wissenschaftszentrum Berlin für Sozialforschung (Hg.): *Schriften zu Mediationsverfahren im Umweltschutz*, Nr. 3 (FS II 93-301), Berlin 1993.

[195] Widmaier, Hans Peter: *Individuelle Genesung duch Gemeinschaft — Ein Beitrag zur Begründung demokratischer Sozialpolitik*, in: Biesecker, Adelheid und Grenzdörffer, Klaus (Hg.): *Kooperation, Netzwerk, Selbstorganisation — Elemente demokratischen Wirtschaftens*, Centaurus, Pfaffenweiler 1996: 87-110.

[196] Widmaier, Hans Peter und Wichert, Christian: *Kultur- und Demokratietheoretische Begründung sozialer Bedürfnisse*, in: Grenzdörffer, Klaus, u. a. (Hg.): *Neue Bewertungen in der Ökonomie*, Centaurus, Pfaffenweiler 1995: 149-158.

[197] Williamson, Oliver E.: *Markets and Hierarchies*, Free Press, New York 1975.

[198] Woodbury, Stephen A.: *Power in the Labor Market — Institutionalist Approaches to Labor Problems*, in: *Journal of Economic Issues*, Vol. 21, No. 4, December 1987: 1781-1807.

Institutionelle und Sozial-Ökonomie

früher:Ökonomie und soziales Handeln

Grenzdörffer, Klaus / Biesecker, Adelheid / Heide, Holger
Neue Bewertungen in der Ökonomie
Band 1, 1995, 182 S., ISBN 978-3-89085-977-4, 39,80 DM

Biesecker, Adelheid; / Grenzdörffer, Klaus (Hg.)
Kooperation, Netzwerk, Selbstorganisation
Elemente demokratischen Wirtschaftens
Band 2, 1996, 220 S., ISBN 978-3-8255-0073-3, 39,80 DM

Wolf, Sabine
Ökonomie und Geschlechterverhältnis
Zu den Möglichkeiten und Grenzen der Einbindung des
Geschlechterverhältnisses in die ökonomische Theorie
Band 3, 1997, 162 S., ISBN 978-3-8255-0001-6, 58,-DM

Grenzdörffer, Klaus / Biesecker, Adelheid / Vocke, Christina (Hg.)
Neue institutionelle Arrangement
für eine zeitgemäße Wohlfahrt
Band 4, 1997, 216 S., ISBN 978-3-8255-0147-1, 49,80 DM

Biesecker, Adelheid / Elsner, Wolfram / Grenzdörffer, Klaus (Hg.)
Ökonomie der Betroffenen und Mitwirkenden:
Erweiterte Stakeholder-Prozesse
Band 6, 1999, 284 S., ISBN 978-3-8255-0253-9, 49,80 DM